漢學與跨文化思維

宋灝

自序

　　我在歐洲修業完成並且開始累積學術研究和大學授課經驗之後，由於偶然的因素，於不惑之年搬遷到一個陌生的生活世界，並得以使用嶄新的學術語言，安頓在台灣與華語環境中。剛開始在完全不熟悉的文化環境、語境及大學體制下任教時，面臨了不少挑戰與困難，迫使我不得不從根本來反省個人的處境，重新規劃我的未來與學術前途。認識新生活環境、結交新同事和朋友、面對新的學術氛圍和教育制度這些因素都給在壯年人生階段的我帶來刺激與靈感。依賴之前的經驗和養成，在哲學事業上我可以調整個人的取向，並從漢學這個歐美的語文學背景過渡到純屬哲學思維的領域，發展新抱負和鞏固信念，與之同時這也是我能夠將台灣當代處境以及當代華語思維的局勢充分與我的哲學立場整合起來的大好機會。

　　另外，在高雄這個城市美麗的山光海色渲染之下，我不但重新提筆作畫，而且察覺繪畫這個藝術實踐，還有各種美學工夫，對我個人變得愈來愈重要。總結這些影響，在哲學方面我愈來愈認真追求一種既介於藝術經驗和哲學省思、又介於歐洲傳承與當代台灣之間的跨領域且跨文化式的當代思維。如今這段歷程已經走到了某種階段，重新調整往前的路途時必要的事是回顧，因此匯整組編成這部論文集，收入我於各種期刊發表

過的中文論文，意在反思這十幾年來我所經歷的思路，以及我
迄今為止的研究在華語脈絡中所導出的整體成果。在此特別向
內人致謝，她不僅在原初就支持並鼓勵我應用迄今仍然讓我困
窘的中文來書寫，而且她一直都是我的第一個讀者，我的文字
內人都一再詳細閱讀，反覆和我討論語法、修飾風格、潤飾並
嚴謹地校對。

　　雖然收入本專書中的論文主題不一致，但所屬領域均為跨
文化思維，所有的文章都聚焦在華語思維的當代處境這個問
題，基本上也都仰賴現象學運動作為思考場域。故此，我相信
這本書的結構和內容並不局限於我個人的偏頗，反而某種程度
上已達到更廣泛的哲學意涵，可以讓讀者充分明白現象學的思
考模式固有之優點，同時也讓讀者重視現今華語思維足以伸展
的普遍啟發。我真誠地希望在這些文章重新問世之際，本書不
會僅只被視為我個人在過去所進行研究的報告，同時也被看待
為一系列思考試驗以及對開闢未來思維的努力。

　　最終，特別感謝國立中山大學哲學研究所諸位同事朋友，
即游淙祺、洪世謙與楊婉儀，他們澆灌慷慨的友誼在我身上，
並對我抱持支持的態度。也非常感激楊儒賓、何乏筆、黃冠
閔、賴錫三、劉滄龍、林俊臣、林素娟、鄭凱元等學者以及
所有其他台灣朋友這十幾年來這麼友善地給我啟發和鼓勵。經
由與大家開放地討論各種公私問題，不僅讓我在學術上收穫良
多，生活上也時時受到安慰，他們是我人生與思想發展到現今
能夠發表這部作品的重要原因。

2018 年秋天於高雄

目次

導論

　　歐洲思想自從18世紀以來發生學院化與體制化之後，逐步轉成名為哲學的專科。特別是在洪堡（Wilhelm von Humboldt, 1767-1835）的教育構想於19世紀初在各處引發的大學改革之下，哲學在當時成為核心學科，甚至在自然科學開始蓬勃發展直至20世紀中旬為止，哲學至少在人文學界中依然維持領導地位。現今即使從學院這個生態環境來看，哲學已逐漸喪失了這種不會被質疑或挑戰的優先性，但是就哲學本身來說，從19世紀末開始，也就是自尼采（Friedrich Nietzsche, 1844-1900）、胡塞爾（Edmund Husserl, 1859-1938）、維根斯坦（Ludwig Wittgenstein, 1889-1951）等思想家開啟嶄新的批判精神與思索路徑以來直至如今，現、當代哲學思維的演變其實驚人地豐富。所謂現、當代哲學都具備極端的轉化能力，各種思考模式都非常嚴謹，各個領域的想像力也敏銳繁盛，各支流的創意精彩。現、當代哲學毋庸置疑地不僅對人類思想的影響深刻多樣，而且也特別講求從各種狹隘的專業領域以及學院機制跨出去，因此培養各種跨越的潛力，這在許多方面已經導出意義深厚的跨領域與跨文化思維。

　　然而，19世紀與歐洲的人文學同步發展成熟的學院哲學，自從第二次世界大戰之後便開始落入一種弔詭的困境：哲學雖

然在人文學裡處引導地位，在某種程度上也仰賴人文學，但人文學——特別是在自然科學的方法論遏制下，愈來愈從哲學中獨立出來，當今人文學界不僅不再需要哲學理論的協助與指導，而且也越來越不願與哲學界交流，也不再支持哲學思維的發展，甚至由於大規模的典範轉移，自20世紀末端開始，學院以外的社會立場愈來愈深刻地動搖整個洪堡式的學術界，對哲學這個學門以及對所有傳統人文學科施壓干涉，實行對大學體制可能是致命的、大規模的改革政策，以致哲學以及整個人文學界當前都落入危機。此危機同時涉及各學門的深層構造、學術狀況以及人文學整體的實際局勢。

另一方面，若單獨自哲學內部的角度來看，還有另一種威脅哲學的力量已浮出於時代的表面。最晚在進入21世紀之際，也就是在所謂的後現代以及歐洲的殖民時期同時結束之際，哲學被暴戾地逼迫要離出歐洲文明這個古老的生態環境。英語界唯利是圖的心態已普遍籠罩整個世界並展開優勢甚或霸權，而歐洲同時必須面對全球化的龐大權勢。於是，哲學面臨歐洲文明的普遍化與去殖民化這種處處弔詭的情勢，在不得不面對高科技的快速發展以及經濟主義全面化之時，哲學必須承受新時代連帶的種種理論挑戰和現實壓力。近20年來的歷史演變促使至少三百年以來都抱著優越感的學院哲學內部也發生徹底的變質與變形。在哲學業已成為了似乎僅只局限於某種區域和某種傳統脈絡下的「歐洲哲學」、「歐陸哲學」之際，當哲學於學院裡作為一門學科這個情況被體制本身強烈攻擊之際，哲學若依然要捍衛自己的立場，將自己當作一個嚴肅的思考場域，哲學這個學門便勢必得要重新奠建其整個導向、執行

模式和存在意義。此時此刻，哲學被迫捨棄長久以來支配這個
學門的若干習性與信念，要離棄某些保護自身的抉擇和立場，
也不能再對各種生活面貌抱持驕傲、有距離的態度。當今思考
者不得不跨越某些難以逾越的界線，思考者必須違背某些一直
以來被認為是理所當然的價值與標準，隨而將自身向傳統哲學
尚未充分認知把握的「他者」以及各種「陌異狀態」敞開。有
幸的是，至少在尼采，或者甚至浪漫時期的一些思想家看來，
在學院哲學之外早已出現過某種「另類」的思維在敲哲學的大
門，讓哲學自身對當今它所需要的自我敞開與自我逾越業已作
了準備。哲學在歐洲對其當今所面臨的困境其實已經醞釀了不
少潛力，可以拓開未來思想的場域。

　　歐洲的哲學「傳統」在今天已經成為一個重大的問題，無
論我們置身於歐洲或歐洲以外，凡是仍然關連到歐洲的思想資
源和思考模式的人，凡是依然企圖就哲學的立場來追求合於時
宜之思考的人，恐怕都不得不先賦予自身所身處的歷史情境以
關注並且深入省思歐洲與歐洲以外的當代關係，甚至必須從一
開始將各種哲學及非哲學、歐洲及非歐洲的資源皆納入自己的
思維視域。當今從事哲學思考的人必須賦予新思路和新思考模
式這雙面的問題性以嚴謹的關切，必須讓自己盡可能地脫離已
落入危機和窘境之學院哲學的老套作風，並對新模式下的哲學
書寫進行種種試驗。如今思考者只可能經由一種持續不斷地被
調整的、非常嚴肅且謙虛的「哲學工夫」來推展名實相符的當
代思維。

　　在三十多年來從事哲學思考的我個人來看，為了應對以上
所勾勒的危機與困境，我能夠應用的文化資源和生活經驗並能

採取的思考模式以及可行的探索途徑，也就是我個人所能推進的哲學試驗當然各方面都是片面性且局限的，均有不足之處，因為各個環節都為我個人的經歷和養成所拘束，也受限於我個人的生活情況。我個人著重現象學與藝術，這是我兩種最重要的思維來源。再者，我吸收華語界的歷史傳承作為主要啟發和資源，進而從一種具體化、體驗化的跨文化式立足點來關懷當代華語思維的情形與潛力。鑑此，本專書匯集身體現象學、跨文化思維以及藝術經驗這三個主軸，企圖在現象學的省思場域上引發一種融合跨文化經驗和藝術經驗的思考模式，藉以省思當代性的問題。

首先說明我為何在逐漸脫離最適合於漢學這個語文學之需求的詮釋學以後，選擇現象學這個歐洲哲學運動作為首要研究架構。依照胡塞爾給整個現象學運動所提出的基本構想[1]，現象學式的觀察、描寫與省思都要求思考者首先得要將自己的關注由「自然態度」（natürliche Einstellung）轉成「現象學態度」（phänomenologische Einstellung），再要對一切現有學說、範疇、概念以及種種實際判斷進行一種「懸擱」（Epoché）。藉由這兩個方法論環節，現象學家並不懷疑萬物的實質存在，而且也並不打算將任何實際情況自自身所採取的視野和思考範圍裡排除，剛好相反，藉著這個方法性轉換，現象學家意圖將世界中所有實際情況看清楚，並揭露其普遍性的本質。經由避

1　Edmund Husserl, *Ideen zu einer reinen Phänomenologie und phänomenologischen Philosophie. Erstes Buch: Allgemeine Einführung in die reine Phänomenologie*, ed. W. Biemel, Den Haag: Nijhoff, 1950 [Hua III/1].

開所有現有的理論架構與研究動機的方式，現象學的思考者能夠轉回自己所「切身體驗」的實情（leibhaft Erlebtes）。他返回任何思維都不可以合理地質疑的平面，亦即一切被給予者在此處原初地被給予的這個內在層面。只要實質地採取現象學的眼光，來觀察這個原初平面上湧現而直接被給予的諸種意識內容與實有情形，這些現象並非所謂的主觀，反而是歸屬主客尚未分隔之前的原本思考場域，亦即現象作為「現象」（Phänomen）湧現的所在。所有意識內容作為意識中的顯現發生乃是思維可以切身體驗並關注的「顯像」（Erscheinung）。任何顯現的發生都由兩個面向所組成，即「能思」（Noesis）或「被給予狀態」（Gegebenheitsweise）以及「所思」（Noema），來作為此顯現發生的必然內涵。對此實際顯露的現象內涵進行觀察與闡析，進而揭示其實際面貌與情形，這乃是現象學構想中所謂「本質還原」（eidetische Reduktion）的目標。

　　由此觀之，現象學的探究方法追求的是某種客觀性和普遍性，它與「嚴謹的科學」（strenge Wissenschaft）確實名實相符，而且現象學的優勢同時就在於，此切入方式不但讓思考者將實質的生活情況如其所是地納入思考脈絡，而且也讓其非常密切地扣緊自己與世界的一整個生活關係，也就是讓思考者從一開始關注所謂世界的一整個實質情形。原因是，環繞任何被給予者即「有」在此原初體驗中固然呈現的「意向性」（Intentionalität）為主軸，現象學思維從一開始並不局限於純意識哲學或主體性哲學的立場，所思考之真實「有」其實只是思考者與外在於自身的世界之間的一整個生活關連，亦即自己「擁有世界」（Welthaben）這個原本的存在情境。然而，在

另一方面現象學顯然不崇尚某種天真的經驗論或實證主義，因為它不假設某種外在世界、客觀世界或存有者整體作為不可質疑的前提，現象學思考始終就世界作為現象而實際顯現的這個層面來專注該世界，藉以追究世界之作為「世界」是如何被給予的這個問題，也就是就世界被切身體驗的這個發生場域，來探究人與世界的生活聯繫。易言之，只有現象學這個哲思架構才足以讓研究者在毫無假設之下接觸所謂的世界，進而探討世界的世界性，猶如胡塞爾或梅洛龐蒂（Maurice Merleau-Ponty, 1908-1961）詢問世界「如何」作為世界被體驗，或者依循海德格（Martin Heidegger, 1889-1976，亦作海德格爾）探問「存有之意義」（Seinssinn），即藉由對人之存在與此存有的整體關係究竟為何這種追問，來思考存有本身之「如何」。

最終，人之「擁有世界」這個大現象學課題自然涉及人的「身體性」（Leiblichkeit）問題。一百多年來，身體現象學這個支流已經充分伸展人獨有的「身體性」作為人與世界之交換點，環繞「身體自我」（leibliches Selbst）為主軸，深入探究人的存在如何落實在「運作著的身體」（fungierender Leib; corps opérant），以便藉由「作為身體而存在」（Leibsein）的方式關連到世界。然而，身體現象與感官知覺這兩個哲學課題是密不可分、一體兩面的。知覺雖然是一個古老的哲學課題，但由現象學來看，所謂的知覺不再局限於近代意識哲學的範圍，不指認知論者以「感官知覺」（Sinneswahrnehmung; perception）與「感觸」、「感動」（affect）等名義抑或經驗主義者以「印象」（impression）或「刺激」（stimulus）等名義所曾劃分出來的現象脈絡。感官知覺將個人所有的意識活動與實踐行為從一

開始安放在一種原本之時空敞開中，也就是將意識具體帶入一個超越純意識脈絡的「世界」，而且此「世界」是意識的「他者」。藉由知覺活動被開闢的「超越的世界」不僅是外在於意識的意向性對象的整體，感知所敞開的世界場域同時也就是外在於身體自我的一整個物質世界，而且特別是針對身體自我，此物質世界展開各種抵抗狀態。反過來看，在世界作為一個知覺場域而不僅是知覺的對象界之際，感知便時時刻刻將世界連回到個人的一整個運動和實踐脈絡。個人存在是經由知覺活動以及諸種行為擁有世界，而且也屬於這個世界。

　　毋庸置疑，現象學作為一種求知活動某程度上免不得依賴概念化工夫，而且任何歷史脈絡下的現象學畢竟都會受某個語境包含之可能性、慣性和限制的影響，就其關注、論述以及詮釋的介入，現象學思維仰賴某一個文化和歷史脈絡。然而，若從另一個角度來看，現象學的進路則非常適合跨領域式和跨文化式的思考情況，因為現象學並不局限於固定的論述模式和固定的語境，也致力批判並排除任何現成理論架構和概念範例的拘束。現象學的研究態度正好是要讓思考者藉由固定的方法來反思並批判自身所屬的實際處境這樣一個任務。故此，比起任何其他探索進路，現象學經由體驗的切入則更容易能夠對各種不同現象展開親密深入的關注，現象學足以更貼切地扣緊值得受思考探究的各種實情本身，無論該現象之前是否曾被納入到哲學的論述脈絡，無論該現象是否屬於哲學所曾拓開的視域，甚至也不管該現象歸屬何種文化脈絡或牽涉何種語文界域。現象學開啟的哲學敏感度與哲學想像比任何其他現有的理論架構與方法導向更廣更濃厚，尤其針對任何差異性與任何「陌異狀

態」，現象學特別敏銳開放。

　　總之，一旦現象學思維的基本切入點置於人與世界的關係這個課題上，現象學從一開始便讓思考者既對個人以及各式各樣生活實況、又對個別不同的「文化世界」都採取異常開放的態度。比起任何其他現有的、受限於固定文化脈絡和語文傳承的探討模式，尤其相較於任何以根植於某固定語境和論述傳承之「概念」為主軸或目標的研究立場，現象學不但更適合於探究尚未被任何哲思所掌握的「生活世界」以及梅洛龐蒂所謂的「野生意義」（sens sauvage），而且也特別適合針對所有廣義下的「文化現象」發揮作用，因為現象學的思考模式不會從一開始就將某個「文化現象」歸結至某種歷史性的詮釋脈絡，現象學的思考者可以將這些現象如同任何尚未確定歸屬之「野生意義」一般加以關注並就其實際內涵分析，思考者可以猶如對任何現象一樣首先「來體會」，「來看」，以便將某個文化現象的特色「歸回至其實情」，也就是有關某文化現象如何被接觸並且它做什麼被接觸，來進行現象學的「本質還原」。故此，對於各種跨領域的研究，現象學都具有非常強而有力的優勢，又特別符應於跨文化式省思的需求。

　　基於上述考量，本書試圖將現象學的優點落實在幾個不同思考脈絡中，以便從不同視角具體印證現象學作為觀察和思考方式所隱含的潛力和當代意義。整體看來，除了跨文化思維的方法論問題之外，本書的關懷集中在種種人與世界的生活關連，但由於人通往世界的所有通道都根植於人的身體性，因此本書有部分討論特別聚焦在身體運動相關探討。針對此哲學課題，能夠給思考提供豐富且詳細的啟發和滋養的就是廣義下的

美學，即美學作為知覺之學與美學作為藝術理論。因此，在撰寫收入本論文集的幾篇論文之外，我個人這十幾年來另一個研究重點乃是美學。這方面的具體思考都承載著或烘托著本書的思路，但由於篇幅的考量，藝術相關著作則得另待時機編成專書，重新發表。

　　本書第一跟第二部討論跨文化思維的方法論問題，而第三部則試圖以漢學與中國古代思想為出發點，更加具體來驗證置於跨文化思維下之身體現象學固有的啟發性。於是，收入第三部的三篇論文都脫離單純的文化詮釋與方法論關懷，進而展開幾條倫理學思路。整體看來，本書企圖藉由合併跨文化思維與身體現象學，來彰顯身體自我在人的存在上究竟標記著多麼關鍵而且多麼豐富的情境，並為了身體觀的轉化作辯解。簡而言之，讓人向世界敞開的是身體運動，所謂身體乃是一個一直不斷地在運動當中湧現的身體自我，身體其實可以依照草書的文字範例被理解為一種「動勢」。除了當代哲學思維以及各個藝術領域之外，這種觀點將來對醫學、教育、運動界、人際互動以及社會的體制化等場域皆可能展開重大的影響力。

　　另外，為了在以上所勾勒的背景下脫離傳統哲學以概念為主的這種思考框架，進而認真將思維的目光轉向現象本身，也就是為了落實胡塞爾的口號「返回至實情本身」（zurück zu den Sachen selbst），因此本書也企圖以現象學為方法，為中國古代的思想傳承來尋覓、拓開新理路。對於歐洲的概念式哲學而言，一般跨文化思維都可以展開一種珍貴的鬆解效力，況且在思考者於現象學懸擱下對現象本身追求新專注和體會時，任何跨文化的研究進路其實更是一種非常有用的敞開修練。此進

路另一個長處在於，從中國文化，特別是透過書法獨有的身體
經驗以及修養思維，本研究取得一些關鍵的現象與啟發，進而
爭取任何停留在一個純屬歐洲文化脈絡的現象學省思一向都排
除或是根本無從接觸到的觀點和論證。不過，為了符應本導論
一開始勾勒的處境意識與問題意識，這種跨文化現象學的切入
必須將整個當代性問題以及與跨文化思維的可能性、限制和意
義相關的種種課題都納入思考範圍。因此，與學術主流可說是
逆向、由東至西邁進的「視角交換」，或者說一種雙行道式的
跨文化反省便特別重要。研究者除了得從歐洲哲學與當今已普
及於全球的學術立場來探索並詮釋取自歐洲文化脈絡以外的研
究資料之外，更有當代意義的課題在於，另一方面也必須反過
來揭露源自歐洲以外的經驗與思想如何可能滲入到歐洲式當代
思維的核心處。換言之，除了經由常見的進路，也就是除了將
歐洲的視線延長至中國這個另類的、位於某種「域外」的文化
資源之外，研究者反過來也得將一整個古今華語思維這個脈絡
視為多少已經成為了一個全球化下當代哲學場域以內的成員。
研究者務必得要明瞭的現況是：當代華語思維不但有賴於一般
所謂「當代哲學」，而且它早已經開始代表一種隸屬於一般哲
學的特殊場所。經由華語界的生活世界發生徹底西化的演變，
又基於歐美的當代學術用語滲透到當代華語思維的核心處，而
且歐美哲學之優越性和領導作用目前已成為不可否認的事實，
所以值得深入思考的課題在於：華語思維這個特殊的當代思維
場所究竟如何具體質變而形成其現今所代表的這種弔詭的「內
在域外」？本書致力證成的就是，華語哲學界早已經開始由整
個當代思維以內的立足點來發言，並且正是為了這個原因，華

語思維可以對歐洲的思維情境有重大的貢獻。

　　上述思考途徑比起其他跨領域、跨文化的研究計畫或許複雜一些，而且最終還涉及哲學與漢學之間的緊張關係。若由華語界這個歐洲以外的文化世界來看，除了一般跨文化思維的方法論探究之外，這個進路另外至少還有兩個研究對象，一是牽涉華語界當代處境與當代華語思維，另一也牽涉對歐洲哲學甚或對整個當代學界都扮演通往所謂中國文化遺產之管道的漢學這個歐洲的人文學科。為了能夠將中國古今文化傳承這個歐洲以外的資源脈絡，包含古代諸子百家思想、書畫理論以及當代諸派哲學論文等文獻，亦包含書帖與畫作等文物，都在專業水準上引入上述現象學視域，本書便不得不參考漢學這座近代介於中、西之間所搭起來的橋梁，也必須更嚴謹地思考漢學這個學科本身所具有的時代性、限制和潛力。某種程度上，本書所反映的研究過程也可以被理解成一種對漢學的批判及轉化努力，本書嘗試在當代思維這個哲學脈絡裡賦予漢學以新意義和用途。

　　雖然這部專書內容看起來繁雜，雖然收入本論文集的幾篇文章各自關注不同主題，甚至也歸屬不同研究脈絡，但其實以上所提的跨文化思維式理路乃從不同出發點，以輕重有所不同的狀態貫穿本書所有的討論。值得特別強調的是，跨領域或跨文化的視角交換其實是哲學思考不可或缺的重要的方法性環節。為了閱讀便利，收入本書之論文的安排先是從漢學的角度帶入跨文化思維的立場，再專門討論方法論問題，以便最終針對此跨文化式的哲學關懷進行幾個具體的驗證。故此，章節的安排無法維持個別論文原來撰成的時間順序，而且若干章節內

容也難免產生一些重複。

　　本書目標定在介於漢學和歐洲哲學之間被展開的跨文化思維。第一部反映我從隸屬漢學對中國古代傳承的關懷逐漸過渡到哲學與跨文化思維的立場，試圖以宋明理學與華嚴佛教為例，藉中國的文獻逆向來擴充歐洲的詮釋學思想，尤其是高達美式哲學詮釋學。第二部收入我近幾年對漢學與跨文化思維的方法和處境所進行的批判和反思。第三部是在此方法論架構下，採取現象學及當代歐洲思維為出發點，來探討中國古代傳承的啟發。

第一部

從漢學詮釋到哲學詮釋學

第一章

普遍理解與個人理解
——以現代詮釋學看程朱詮釋學

一、當代詮釋學的問題

　　身為西方人作關於中國詮釋學的報告，最好的辦法是先
描述出發點，再試著解釋當代詮釋學主要問題。以語文學
（Philologie）、詮釋學（Hermeneutik）作為基本方法的歐洲人
文科學的傳統一向尊貴，卻好像漸漸開始衰老了。相對的，以
「社會」、「人類」、「語言」、「溝通」、「媒體」、「文化」等口
號命名之各種新的流行學問，在歐洲社會價值觀上占有主流地
位已近30年，似乎已經把詮釋學從現代主義的主位擠到了邊
緣。如果從外在角度來看的話，不可否認，如今一般人眼中
所謂的詮釋學幾乎已流於所有語文學、文學、史學等學問的
基本用具，不然也僅是思想史所研究的一個特殊題目而已。
現代歐洲人文學界多半已經以源於自然科學方法論的「描述」
（Beschreibung）、「分析」（Analyse）、「還原解釋」（reduktive
Erlärung）、「歸納推理」（Induktion）等原則代換了詮釋學之
「意義理解」（Sinnverstehen）這一特殊的傳統典範。

　　基於20世紀70年代左右人文學界裡所發生的典範轉移，
現代詮釋學哲學不論是以海德格與學生高達美（Hans-Georg
Gadamer, 1900-2002）或以沙特（Jean-Paul Sartre, 1905-1980）
與呂格爾（Paul Ricœur, 1913-2005）為代表人物，其對歐陸人
文科學、哲學之學術界的影響力不但不會超過以系統理論、結
構主義、意識形態批判以及言談倫理學等思潮為中心的後現代
意識主流，甚至比不上目前被德國哲學界快速吸納、但與詮釋
學一直是對峙之勢的英美分析哲學。這裡問題太複雜，不多贅
言，可是如今談「詮釋」（auslegen）與「理解」（verstehen）

這個主題，卻不能省略阿培爾（Karl Otto Apel, 1922-2017）與哈柏馬斯（Jürgen Habermas, 1929-）首先提出且時下深受重視的言談倫理學（Diskursethik）。此文若試圖接納中國詮釋學思想與其獨特長處「個人理解」這一範疇來給當代詮釋學鋪一條復甦之途迳的話，就應該針對上述一整個當代意識情形，伸張「意義理解」及「詮釋活動」，留心詮釋學對於任何學術固有之原本性和主要性，而且從給詮釋學哲學帶來若干批評，同時與之有稠密連結的言談倫理學下手最為貼切。

　　言談倫理學所指乃是以社群中人跟人之間實在發生的「相互了解」（Verständnis）和「取得一致」（Verständigung），亦即是意見分歧之下，在實用領域上以溝通、討論、談判、諒解等等現實行動來補充僅僅只是以主體求知即意圖獲得「真理」（Wahrheit）為焦點之理性主義哲學。無論世界觀、價值觀、實用範圍與言論規矩是多麼不同，言談倫理學的目標在於，針對所有個人與個人或兩個國家、宗教、文明之間發生之辯論與衝突以和平交談的方式來解決，希望結果是雙方相互贊同，意見一致，爭論歸於平靜。言談倫理學企圖讓大家在「自由對話」之空間裡歷經一種個人憑藉其主體理智主動實行的審議過程回歸到大家承認的某理論或價值觀實際上是共通有效的觀點亦或傳統所謂「真理」[1]。

1　Jürgen Habermas, *Theorie des kommunikativen Handelns*, 2 Bde., Frankfurt a. M.: Suhrkamp, 1995, vol. I, 28-33; J. Habermas, "Erläuterungen zum Begriff des kommunikativen Handelns," in: J. Habermas, *Vorstudien und Ergänzungen zur Theorie des kommunikativen Handelns*, Frankfurt a. M.: Suhrkamp, 1984, 571-606; J. Habermas, *Der philosophische Diskurs der Moderne*, Frankfurt a. M.:

　　此言談倫理學至少有三個條件。一、參與對話的雙方必須相信所謂超越的、普遍的「真理」和與之相對立的「理智」即「理性主體」（Subjekt der Vernunft）確實存在，而且全人類無例外，人人本性必然含有此普遍理性；二、前所描述的共談過程不可或缺的前提是，爭執者都願以和平談話方式互相接觸，一起努力追求答案，雙方都必須同意，談判勝於打仗；三、言談倫理學不可忽略共談雙方一旦運用象徵界中某固定語言（Sprache）和言論（Diskurs）來弄清楚其所領悟的是什麼，並以此向他者表達，他們一旦就某固定能指秩序來說明其對所指「意義」（Sinn）的共通理解來實際溝通，認真建立「意見一致」之相處情形的那個時候，一定會遇到的困難是，他們還是要以言語方式來「解說」（interpretieren）、「闡明」（klarstellen）言語上之意涵，所以必定會面對傳統詮釋學中業已發端的各種問題。由此可知，言談倫理學並不遺棄詮釋學範圍，它其實僅僅等於一種詮釋學實用學所追求的「理性化」而已。

　　談到這裡該提及本文標題中「普遍理解」（allgemeines Verstehen）與「個人理解」（individuelles Verstehen）兩個命題。「普遍理解」即「可普遍化」之理解，其所表示者也是，被理解之對象不因個體而特殊化，是任何人可能甚至於必然贊同之「共通理解」這樣一個理念。相反的，「個人理解」強調所有理解活動實際上是在某個人生存的這個「場所」[2]上所發生

Suhrkamp, 1988, 344-378.

2　出於日人西田幾多郎哲學所說的「場所」，本章第四節第三段將詳細說明，於其意識哲學上要還再加上「身體」（Leib）這個要素。原來「場所」這一語詞乃意味著人的意識活動中對象與自己能夠分開顯現兩體的這種作用本

之「體會」、「體認」中才可能實現的，乃是理解作用本身。顧名思義，「普遍理解」所著重乃所理解之內涵為「普遍」有效，那「個人理解」重點便移到理解之具體產生與個體來源。

　　在某人和某人於某時節來共談的情況下，應用擁有內涵的語言象徵秩序來展開溝通，闡述其各方所信任之意義以及達到大家贊同而且真正有效之結論，這是尋求「普遍理解」之言談倫理學的理想。可是，此「普遍理解」究竟是否在個人心臆中發生？此理解是否只有通過個人於其個人意識中開闢意義這種活動，即通過一番具體生活行動，它才可能成形？還有，即使雙方認為其共通有此「普遍理解」，但到最後這不就等於說，雙方雖然應用共通的語言、符號體系，雙方仍然勢必要依賴著非個人不可得之的觀點來「對話」、「溝通」？是否只有立足於其各自分別所在，他們才可能確認其共通理解內涵到底如何，而且也才可能確認此理解實在是「共通的」、「普遍的」？同理推論到最後，言談倫理學理性主義還是包含在某派詮釋學主張之「個人理解」所擁有之內。換句話說，「普遍的」竟然只是源於極端個人化的一番詮釋過程，各個場合之下所稱謂「普遍」亦或「共通」（das Allgemeine）也只是基於「個別」（das Partikulare）亦或「個體」（das Individuelle）之一具有相對性的歷史、言語構造而已。

　　在歐洲詮釋學來講，最早將「個人性」（Individualität）呈

　　身，亦即是非空間、比「主體」更為原本而且以體驗過程形成的世界性之自我現象；參考〈場所〉一篇論文，載西田幾多郎撰《西田幾多郎哲學論集》，上田閑照編，4冊，東京：岩波，1987，第1冊，頁68、72。

現在意義此現象上，又將離棄辯證法的一場「創造性的真正
對話」（das schöpferische oder eigentliche Gespräch）清清楚楚
地凸顯出來，而且強烈地主張，人跟人之間的任何溝通非含
有詮釋方面不可的哲學家，就是活躍於德國浪漫時期的士萊
馬赫（Friedrich Schleiermacher, 1768-1834）[3]與洪堡。尤其是
洪堡在言語上發現視角性、無邊際性、歷史性等特徵。關於
語言概念，洪堡將其跟「作品」（Werk 或 Ergon）對照而命名
為「產生者」（das Erzeugende）和「施行活動過程」（Tätigkeit
或 Energeia）以及他認識漢字以後所提出之「精神上之工作」
（Arbeit des Geistes）當關鍵觀念看，隨而以「話說」（parole,
Rede）和「言語」（langage, die Sprache）兩個要素來說明所有

3　Friedrich Schleiermacher, *Hermeneutik und Kritik*, ed. M. Frank, Frankfurt a. M.:
　Suhrkamp, 1977, 78-79/167；F. Schleiermacher, *Dialektik*, ed. M. Frank, 2 Bde.,
　Frankfurt a. M.: Suhrkamp, 2001, vol. II, 9-23；Manfred Frank, *Das individuelle
　Allgemeine. Textstrukturierung und Textinterpretation nach Schleiermacher*,
　Frankfurt a. M.: Suhrkamp, 1985, 121-133/153-154/313-358；M. Frank, "Der
　Text und sein Stil. Schleiermachers Sprachtheorie" 與 "Einverständnis und
　Vielsinnigkeit oder: Das Aufbrechen der Bedeutungs-Einheit im 'eigentlichen
　Gespräch'", in: M. Frank, *Das Sagbare und das Unsagbare*, Frankfurt a. M.:
　Suhrkamp, 1989, 15-37/38-105。高達美雖然原先對士萊馬赫之角度懷著疑惑
　（Hans-Georg Gadamer, *Wahrheit und Methode. Grundzüge einer philosophischen
　Hermeneutik*, Tübingen: J. C. B. Mohr, 1990, 177/188-201），要明白他某程度
　上卻仍然繼承此傳統，著重歷史上進行之「言語活動」（das Sprechen）、
　「對話」（Gespräch）等觀念來形成其詮釋學哲學，便可參考 H.-G. Gadamer,
　"Klassische und Philosophische Hermeneutik（1968）", in: H.-G. Gadamer,
　Wahrheit und Methode. Ergänzungen und Register, Tübingen: J. C. B. Mohr,
　1993, 113-117。

個別「語言」（langue, eine Sprache）必具，並且是在時間上施展之「流動性」（Fluktuanz）[4]。經由這批在語言與文化上開始發覺歷史維度的思想家，除了康德（Immanuel Kant, 1724-1804）批判主義和德國唯心主義以外，歐陸哲學史上還出現了長達兩百多年的史學、語文學、詮釋學的人文學傳統。今天如果哈柏馬斯等人還堅信，沒有任何分歧是不可根據言談倫理學方法解決的，假如他們竟樂觀地肯定，近來某些地域或文明以宗教為名所引起的衝突是可能以共談方式被夷平的話，他們豈不傾向於輕視「個人理解」之觀點和詮釋學經驗？這就表示，當代哲學思考上一定要整理得更清楚的問題就是，在語用學和溝通實用方面「普遍」與「個人」關係如何。任何理解既源於言語活動，言語活動上個人現實存在是扮演怎樣的角色更該研究。這也就是筆者所關心之問題，所以本文為了強調作為任何跨文化哲學之前提的詮釋學角度，將一般詮釋學和宋理學連結起來。

當西方要跟詮釋學思想歷史長久、內容豐富的華語界共談時，以歐洲理性主義傳統為其歷史來源的言談倫理學學派至少應該考慮到，中國歷史上有那些理解意義之體驗、言語理論以

4　Wilhelm von Humboldt, "Essai sur les langues du nouveau continent", in: W. v. Humboldt, *Wilhelm von Humboldts Gesammelte Schriften*, ed. Königlich Preußische Akademie der Wissenschaften, 17 Bde., Nachdruck, Berlin: W. de Gruyter, 1968, vol. III, 308-340; W. v. Humboldt, "Ueber die Verschiedenheit des menschlichen Sprachbaues und ihren Einfluss auf die geistige Entwicklung des Menschengeschlechts［1830-1835］", in: W. v. Humboldt, *Werke in fünf Bänden*, ed. A. Flitner und K. Giel, 5 Bde., Darmstadt: Wissenschaftliche Buchgesellschaft, 1963, vol. III, 408-410/418/672.

及詮釋學觀點要注意，進而將之收進自己所主張之溝通理論與其實用要素裡去。尤其一千年來在中國文化上影響力極大的宋代詮釋學傳統，是該讓西方哲學佩服師從的。關於此項，筆者個人特別關懷的是，在所謂修養、修身活動上，個人如何應用詮釋學的方式來體認自己所歸屬之語言、歷史、文化社群的意義，而且詮釋學世世相傳不絕之意義產生是如何以「個人性」與「親身性」（Leibhaftigkeit）當作其教養主軸。這裡若問詮釋學開拓者士萊馬赫語言哲學上所主張之「個人性」對任何思索和言說是否有意義，再問「個人性」對言談倫理學能夠成功是否非常重要，並不是為了多了解詮釋學本身，而是為了給予跨文化的各種流行言論一較穩定的基礎。在這種背景之下，學術、生活上程朱道學對當代哲學貢獻之巨大無可置疑。不過這裡撇開言談倫理學不談，其他的哲學家或許還有一個問題：為什麼西方哲學一定要到中國來學習？試圖妥當地回答這個疑問恐怕不容易，而且會超過本文範圍。可是假設哲學除了要考慮到人所處一整個世界所有可能發生的現象和情形，任何哲學思考更是一定要反省到自己本身固有之前提和限制的話，現代哲學則必須擴大視野始能往跨文化思維的方向邁進。

二、現代詮釋學是跨文化的詮釋學

　　如果我們在近、現代歐洲詮釋學史這個背景之下，更加詳細來探討中國詮釋學傳統的話，我們將會遇到很大的困難。這樣一個研究所包含的前提起碼有如下幾項，在此根據辯證法分成四段來講：

　　（一）因為語言、文化、習俗以及整個生活世界各種要素，中國文明與歐洲文明顯然並非一體，而且歷史上幾乎無交流，觀察中國文化通史的西方人不得不注意，觀察者與其所觀察對象之間隔著分秒不消失之距離這一原則。眾所周知，照高達美的看法，詮釋學者與其闡明之傳統、文獻或他人思想之間，這個距離也必然會出現，否則詮釋學根本無用武之地。當歐洲和中國、西方和東方相互觀察與探究時，我們只有把時間焦點挪到近代來討論，差異問題才稍微變得小一點。尤其在近代以前東西文化史互相對立的情況之下，若希望藉高達美就歐洲文化世界所提出之「視域之融合」（Horizontverschmelzung）這一詮釋學標準進行跨文化的詮釋、比較、解說與理解工作的話，這個開始便大錯特錯。雖然歐洲與中國向來有交流，世界史上東方傳統和西方傳統仍然分屬兩個獨立文明，是兩個分開的文化世界。因此至少在現代學問彼此所詮釋之對象上該注意，東方與西方傳統確實沒有高達美所稱「共同效應歷史」（gemeinsame Wirkungsgeschichte），所以詮釋學研究上也沒有簡單的「視域之融合」發生。

　　（二）反過來看，現代東、西方若有比較密切之關係的話，是依賴著早在三百多年前已開始慢慢形成，而且變成越來越豐富的溝通脈絡。我們大家在用語、生活習慣和世界觀上處處可發現，如今東、西方兩個生活世界互相影響深遠。雖然此交流目前還是不平等的，與理想的取與情形和對話情形還是相隔甚遠，但是就旅遊、政治、經濟、藝術、學術等等各個方面上發生的交往來說，人跟人之間、語言跟語言之間、文化跟文化之間，東西方便已經有了比較穩定的溝通關連，而且站在東

方或西方或兩地之中間的我們大家,正在天天一點一點組織新的「共同效應歷史」。現在既然已有這麼一個貫穿東方和西方交換活動持續發生,這與古代中國和歐洲當時是兩個世界的歷史情況完全不同,西方人所進行有關包括古代在內之中國文化世界的詮釋工作,直到今天才真正有道理和意義。這個新近統合的「共同效應歷史」也就等於是我們今天形成跨文化詮釋學的前提與合理可能性。千萬不可忽略,只有靠著現代之交融情況,我們才可能研究對方之歷史,正是因為當下對話、溝通關連已被建立了一些,所以我們大家才可能試著以學術方式,互相解說和理解過往常是此路不通之對方文化。

（三）只有在當代有了這個溝通結構之後,我們才能夠認真開始相互認識與相互了解的這個詮釋學工作。可是今天才可能發生的那個跨文化詮釋學,不可忘記即使其所詮釋的對象或許就是近、現代文學史、思想史上之文獻,雙方所在之跨文化詮釋學工作的立足點,仍是深入根植於其個別不貫通的文化背景。這也就表示,我們各自所探討之言語、意義秩序與觀察者本身所包含之言語、意義秩序還是來自不統一的淵源,不是根據「視域之融合」直接可掌握的「共同效應歷史」,因而仍然應該透過一番反思工夫,把所解說之對象,與詮釋學本身所運用之用語、觀點以及言論範圍相當嚴格地分隔才是。做詮釋學工作的同時,現代的跨文化詮釋學者必須關懷並加強思考之課題,就是學術界既開始有了一「共同效應歷史」,過往雙方文明之分離事實,反而在目前研究情況當中持續浮現上來,所以真正平行一致的言論脈絡和用語習慣,迄今為止並不存在。

（四）與前述之交集情形作對的是,現在尋求跨文化詮釋

學所應用之各種言論，乃我們這裡實行詮釋學解說的這些言論，亦即是我們今天在所有學術討論所憑藉的各種言論框架，這些居然已經變成了東方與西方同時所屬的溝通脈絡，而且這並不是別的，這就是近代學術活動本身造成的新統合效應歷史。早在效應歷史能成為我們研究對象之前，它已經成為了我們大家在進行詮釋、反思以及了解活動之現實。可稱之為「統合的新效應歷史」並不限於僅僅只是在共同的歷史上把詮釋學觀察者與其對象結合的一種聯繫，它並非早已完成之相互溝通的歷史條件，反而猶如一般歷史一樣也是一開闊的、時間上持續的、由人所形成的發展。如同所有其他東西方之間的交往一樣，學術交流以其言語、思索活動來組織完成此「活生生的效應歷史」。

在此若先推論以上四項意義何在，那麼可說，某些學者情願著眼於第一層次上的文化差異，而且猶如第三者站在不相干外在之觀察立場，很完整地利用這個出發點所給予詮釋學者的距離感與控制意識。就西方情況來說的話，這批人方法論上所表現之研究精神是比較傳統的語文、人類、東亞學等學問之基本態度。另有一種學者會強調上述第二個角度，他們因為在他者或異國語言、文化上只觀察到抽象理念，而不看各個具體現象和其呈現之特殊風格，所以相當樂觀地趨向統一，可稱他們為非經驗論且非反思之「普遍主義者」（Universalist）或「理性主義者」（Rationalist），他們容易蔑視甚至於全盤忽略前一批人所特別在乎之文化、語言、生活世界各個要素上必有之差異。不過這樣的人自然不太會以語文學和詮釋學的解說工作來「理解」一個他者，多半因為停留在普遍主義籠罩下，寧願

「認識」和「判斷」對象，所以他們意識到差異問題的機會一向也不多。在西方漢學界甚至有不少人抱著一種天真的普遍主義，乾脆就忽略有關語言、文化差異之疑問。這跟他們不尊重甚至歧視哲學思考應該大有關係，筆者建議在研究對象上多注意言語特色、美學面向以及實用範圍，或許稍有助之。

　　無論如何，很少有人會著眼於上述第三與第四項所提及之情形，也就是現代統合之效應歷史帶來之「同中有異」、「異中有同」極其繁雜之現象，亦即是研究對象與學問本身所屬之文化、語言、生活世界以及東西各別學術界裡，各種言論上凸顯的「又是同又是異」甚為混淆的新研究情況。其實學術用語上，我們大家不可不留心的現象是，在發展近乎一百五十年來的東亞學研究，終於漸漸開始滲入一般西方精神的同時，中文、韓文、日文以及其他東方語言早已開始強烈地吸收歐洲語言的影響。因此現代亞洲語言與其歷代相傳固有之傳統言語活體有越來越明顯的距離，而且現代漢、日語裡的學術用語實際尚未完整形成一穩定之現代語體。這個鮮活「流動」之言語事實同時也許是當代東方語言重大長處和發展潛勢所在。尤其言語在語文學與詮釋學研究範圍裡影響嚴重，照目前「半文半白」、又是「半東半西」這麼錯雜的一個言語情形，將所有溝通脈絡與效應歷史弄得更為繁複。學術言論秩序和學術的實用方面上，大家既然參入了一統合之溝通體系，在這樣的背景之下，從事追求跨文化之理解的現代詮釋學有哪些課題以及何種意義？

　　以實用學的角度來看，憑藉上述之統合溝通脈絡，跨文化之現代詮釋學若仍然追求一種理解的話，它首先應該以「對話」（Gespräch）情形當模範，來替代人文科學方法論上較古

老之自然科學式的「認知」（Erkenntnis）與「知識」（Wissen）典範。這意味著，要承認詮釋學是一種「哲學思考」，它要從「科學」轉變成比較開放的溝通形式，也就是說，進行人跟人、文化跟文化之間的反思行動與相互了解。同時，詮釋學也就會是一無窮盡之現實歷史過程。歐洲和中國之間世界史上罕有的隔離給了現代哲學挑戰，是哲學家一起要保護之思維機會，因而成為了跨文化的現代詮釋學要思索之首要課題。在此領域上應該形成更加關懷學問之實用方面、以相互了解為核心理念且富於人生道德價值的一對話式詮釋學。即使聽起來奇怪，基本上為何要追求這麼一個對話式詮釋學的原因還是，我們大家既處於急速全球化的文化世界當中，那麼無論是西方人或是東方人，都無法避免面對對方以及面對世界史上直到現在才真正凸顯的東西方文化距離之事實，來進行我們的個別自我了解與認同工夫。

　　學術卻應當把「理解」概念歸納至其實用前提，亦即是人類團體裡必定發生之相互了解活動。因為我連續地被他人「呼喚」，所以才要接受以及要理解其所示，甚至同時透過我本身生活所形成之回應也要「解說」他者，隨而也就讓他了解自己本身。因為原來必定有這個呼喚、回應聯繫，所以詮釋學行動上應當將人際上相處即「了解」（Verständigung）理念置於闡述意義即「理解」（Verstehen）這個傳統詮釋學標準之上。詮釋學若是一種人與人之間發生、一起嚮往著一共同生活未來的意義展開亦即歷史過程的話，便可以憑藉這樣一個指導觀念來擺脫主要是對於過去意涵界望得到完整、「客觀」理解的傳統詮釋學範圍。

在方法論上發生這一個轉變以後，詮釋學才可能離棄仍然基於傳統認知論所教「真理即是理智與事實之符合」（veritas est adaequatio intellectus ad rem）的「視域之融合」理念。然後才真正可能把詮釋學哲學從絕對真理論之統治下釋放出來，在人類文化史上，使這門學問成為一具體的學習、思索過程，隨而在不遺棄對意義之責任的同時，讓詮釋學在實用學思考視野裡，接受來自意識形態批判、言談倫理學和語用學各種新學說的刺激與挑戰。在這樣的轉變之下，跨文化的詮釋學也才可能把現代西方試圖解說、理解古代東方文化這麼一個詮釋學課題當視域之擴展看待，既而讓歷來運用詮釋學為口號的人文科學脫離歷史博物館而回到當代思想之中央地位，跟著再令詮釋學式的學術對人類之自我了解和人生實踐展現其所固有之長處。

本文是在這個革新的詮釋學思維背景下，試圖與史學、人類學、傳統漢學以及比較哲學劃下分界，建立其他的研究觀點。接下來說明對當代歐洲詮釋學情況來講，中國詮釋學傳統有什麼意義，之後就程朱學派的詮釋學這一角度來具體探索上文給跨文化詮釋學視野所畫的輪廓是否貼切，其在前述理解意義與實踐溝通兩層次上是否讓我們實際有所得。通過這一思路同時希望能夠藉著德國浪漫派的詮釋學眼光給程朱詮釋學一現象學的闡述。這番遠路繞到中國詮釋學再重新回到歐洲，乃期望提供給現代思想一外在觀點和內容省思。

三、西方詮釋學與中國詮釋學的特徵

在中國詮釋學史上引人矚目的特點是哪些？筆者這裡若

暫且先使用粗糙的比較方式來闡明中國與歐洲詮釋學之不同何在，敬請原諒。筆者嘗試藉著加強對照方式給兩種不一樣的詮釋學潮流劃出幾條支線。歐洲詮釋學傳統認為，詮釋學之「解說」（interpretieren）不是別的，它基本上就等於是我們通過言語活動所實行的一種「翻譯」（übersetzen），而且其目標是，要在能指秩序（Ordnung der Zeichen）上來揭開和傳達所指「內涵」、「意義」（Sinn）與其「意旨」（Bedeutung）。因此詮釋學一般被當作一種精神活動及認知方法。高達美將「歷史意識」（historisches Bewußtsein）居然作為一種「本我認知」（Selbsterkenntnis）的詮釋學[5]。作用就在於象徵界上要把能指與其所指意涵結合起來，讓處於固定的歷史、生活世界中的個人針對傳統文化得到更為系統性的理解，也可說是「文化理解」（Kulturverstehen），因為傳統文化緣於時間上的隔離，它一邊是「他者」另一邊卻仍是詮釋者要認同之傳統文化。再來眾所周知，歐洲詮釋學傳統或者認為，此歷史象徵界裡存容的意義，乃是通過一系列解說過程，我們某日畢竟會將之理解得徹底，或者認為，由於其歷史性、個人性之故，闡明活動必然沒有窮盡的一天，我們無法掌握意義之整體，完成我們的詮釋活動。無論其對於了解意義之期待為何，兩個學派都固信詮釋活動重點在於，通過譯釋「意義」可能建立人的知識。換句話說，詮釋學工作所趨向的也就是，根據象徵秩序之可解性，在別人、別代、別文化以及一整個世界裡追求一掌握真理、真相的知識。

5　Gadamer, *Wahrheit und Methode. Grundzüge*, 239.

　　雖說歐洲的求知詮釋學為了其主觀性，歷來被懷疑到底是否合理、是否是完整的「學術」，但是我們不能忽略它的理想仍是「普遍理解」，也就是一種理論性的知識，乃一種意識狀態。甚至士萊馬赫詮釋學理論亦不外乎此，雖然他著眼於，詮釋者意識中套在「比較」（Komparation）這種普遍性的學術方法上，有對於代表真理之「個體風格」（individueller Stil）直接所發生之個體性的一種「預見」、「猜度」（Divination或Erraten）[6]，根據他所主張，詮釋學之「理解」仍然屬於「認識」即「求知」範圍。然後一直到高達美、呂格爾，以溫故精神為前提的詮釋學發展，絲毫沒有擺脫以認知功效為標準的歐洲哲學主流之典範。即使士萊馬赫多麼強調詮釋活動之理解是不可窮盡、世世代代與人人必得重新努力的「開發意義」過程，高達美又多麼著重「應用」（Applikation），認為解說傳統、歷史的詮釋學基本上不可能脫離要如何應用其理解這一有關實踐範圍之問題，他仍然認為各個詮釋學家意圖憑藉抽象、理論、普遍化的方法來掌握對象，亦即追求含有行動價值的一種「知識」而已[7]。如果就另一種較近於中國詮釋學習慣的外在觀點

6　Schleiermacher, *Hermeneutik*, 169-170/318。此「預見」或「猜度」（Divination）作用一直被誤解為「移情作用」（Einfühlung），不過此觀念類屬美學並不表示一種「直覺」，如同法蘭克（Manfred Frank）所說明（Frank, *Das individuelle*, 313-333；Frank, *Das Sagbare*, 30-34)它超越「感情」，是「意識」活動，而且其對象乃是象徵秩序中個體化且具體呈現的「風格」（Stil），並不是對方思臆中隱藏之主觀「心意」或某過去時代真相或者純粹普遍真理本身。

7　Gadamer, *Wahrheit und Methode. Grundzüge*, 312-316/335-346.

來看的話，把歐洲一整個詮釋學稱為「向意義求知的客觀學問」，實無可置疑。

　　原則上和目標上仍然是極端客觀的西式「詮釋學認知」（hermeneutische Erkenntnis）與中國的「詮釋學實踐」（hermeneutische Praxis）大不相同。不過敘述到這裡，我們就能夠將後者與上述士萊馬赫所提及之個人、體悟、對話等理念，再與洪堡所發現言語活動之歷史性和個人性一哲思以及整個現代實用學思維結合起來。從這個角度看來，中國詮釋學居然就可能給哈柏馬斯一流所主張之「對話」實現一具體突破。這是什麼意思？不論是儒家傳統也好，佛學也好，中國詮釋學一邊要解說歷代相傳而文字上存在之文化意義，一邊要讓實行詮釋學工作的個人面對母國文化透過終生不斷之解說、理解工夫來培養其個人之本性。那麼也就可主張中式詮釋學基本上就等於人間展開意義之一種「歷史對話」，是一種以世世「相互了解」為主在歷史言語活動中發生的個人工夫，卻乃是一相當具體之「個人體會」，是一整個歷史文化上非常重要的個人修身過程。

　　就這些特徵已可得知中國詮釋學傳統的長處何在。中國詮釋學思想是以人人皆處於共同世界裡作為其出發點，首先是將人與人之間持續發生的具體溝通、了解互動這個局面當作個人完成其修養的「場所」看。照此想法，在歷史象徵秩序上實現團結作用的同時，個人可把此文化活動所包含之「理解」直接運用在其個人的修身工夫上。一整個詮釋學活動上所謂「理解」以及有相互了解價值之「對話」，就貫穿於個人努力在涵養做人這麼一個過程。反過來說，在各個時節上人人來

創建、繼續某社群之歷史文化的前提便是，只有人人具體來
「體認」、「體會」即「負擔」別人歷史上共同參與之意義，只
有人人終生實踐一個人詮釋學和修身培養工夫，也只有詮釋學
遺棄了「客觀理解」、「普遍理解」等理念而歸入於個人化之
「個人理解」典範，亦即只有在個人之具體人生上，歷史文化
與人間團結才可能成為事實。

　　與西式詮釋學相反的，中國、尤其是宋代理學的詮釋學所
企圖的是要以具體方式把個人人生與共同世界連結起來，因而
利用象徵界上能指與所指間發生之歷史性的連繫作用來發揮人
跟人之間的溝通、了解、團結效果。以歷史社群團結為目標的
這麼一個個人修養活動和這種詮釋學，本來不異乎居處於生活
世界中和意義裡這個現實人生本身。詮釋學排棄以言語來傳達
一超越而不可言之的真理，脫離「得意亡筌」、「指月」等普
遍觀念，主張置於歷史中之能指範圍不但大於所指範圍而且更
為重要。這就表示，一般所謂能指之指向功能，其實是向理解
者、詮釋者個人，亦即是向詮釋視野與解說過程、理解活動本
身這一方面來指，是向這邊來擴大象徵界之範圍，而並不是向
所指涵義，即一抽象、形而上之絕對真理超越。

　　再來，與其說象徵界裡所謂能指符號是以示某意義為功
能，不如說先前於此，能指符號已有「呼喚」力。這表示，它
引發人人以個體個人的詮釋、理解活動來重建歷史之溝通脈
絡，亦即是由人際關係所構成之團體。邏輯上這種「呼喚」作
用就比能指作用還要更原本，而且程朱學派曾經發覺這個道
理。在其為了個人修養活動所規劃的詮釋學中，張載、二程
與朱熹承認，「解說意義」利益並不限於理解和知識，除此以

外，詮釋學在歷史的言論脈絡中將「普遍意義」具體、生活、個體化，所以在交互主體的、歷史的、意圖引起同意之溝通過程當中，詮釋活動變成對意義負擔責任的一種「歷史回答」。在能指文字具有歷史性，是時間與空間上占有固定場所的同時，它也具有呼喚性。我們所詮釋之傳統，既然一直喚起我們個人親身以解說其內涵的方式來回應於其存在，所以在較抽象、指向意義的另一層面上，才可能藉詮釋學追求學問。

雖然士萊馬赫思想仍然以求知為主，而且與團結作用和個人道德修養上應用詮釋學大有差異，他還是能最早提出「風格」現象即擁有意義的一種具體歷史狀態，進而以親身了解個人的風格當作詮釋學之標準。由此可知，那種企圖通過個人歷史上所實行的詮釋、學習之修養活動，將意義即「理」在人類的社群中加以個體化、具體化而呈現的程朱詮釋學，還是與德國浪漫時代思維相當接近的。所以本文最後一節就是要以這個角度，也就是在這個相當複雜的跨文化情形為研究背景之下，從外向內、從大向小更詳細地討論程朱詮釋學幾個主要特徵。要強調本文之特殊角度即以「個人理解」為主之論點，同時也要避免贅文，所以很多資料和內容無法納入，乃是為了從權。

四、程朱詮釋學的特色

（一）詮釋學、道德、教育與文化

就實用學而言，程朱詮釋學與歐洲詮釋學傳統大有不同，其實歷史上和學術邏輯上它並不源於認知論，反而屬於道德哲

學與教育思想。宋代道學一批人每當討論「學習」之方法與意
義時，他們的詮釋學理論之輪廓和特徵呈現得最清楚，而且多
半是跟「修身」、「涵養」、「立身行道」等道德教育理念稠密
地連在一起，正如把詮釋即「讀書」、學習即「思」以及道德
即「行」三個範圍平行提出。朱熹曾經說過：

「若得一書，須便讀便思便行。」[8]

　　《朱子語類》裡有關詮釋學理論最有代表性的部分大概是
卷7至13講「學」這個命題的一系列篇文。一般來說，「學習」
內涵既近於「詮釋學」本義，又表示一道德上的進修工夫。早
在漢代揚雄所著《法言》之〈學行篇〉中，這個想法也曾經出
現過：

「學行之，上也；言之，次也；教人，又其次也；咸無
焉，為眾人。」[9]

　　照此說法，「行」即「行道」，要學才會，而且在行為上
發道性就是「學習」之本意和價值所在。以此推論中國古代
所謂「學」，並不限於尋求知識、準備行動之一種業務而已，
相反的，若揚雄這句話呈現了歷代儒者對「學習」活動的

8　出於〔宋〕黎靖德編，王星賢點校，《朱子語類》，8冊，北京：中華，
　　1994，冊1，卷12〈學六‧持守〉，第39條，頁183。
9　〔清〕汪榮寶撰，陳仲夫點校，《法言義疏》，2冊，北京：中華，1987，上
　　冊，頁5。

尊重，把學習當德行基礎看待的話，那麼我們面對別人以及整個象徵界或「文化」所進行的詮釋學學習活動，抱著「問道」的態度，隨而成為個人於社交和歷史溝通上展開之一具體道德行為。而且若根據此意涵廣泛之學習理念來奠定詮釋學的話，便知道詮釋過程本身也可成為一修行方法。詮釋學基本上如果是面對自己「體認自家心是何物」[10] 之「本我理解」（Selbstverstehen），亦即面對「他者」、「陌生」尋求正確理解（Fremdverstehen）的一種學問的話，再且假若它具有嚴格的學術原則和目標如「虛心」、「得聖賢意」、「得正理」等[11]，在大歷史社群生活看來，程朱道學所主張的詮釋學，實際上不就等於一般溝通行動？這裡提出更多具體例證之前，首先從此實用學角度來描述一下對程朱詮釋學之整體印象暨其跟「文化」有何關係。

　　以學問來探索真實這麼一求知活動，在程朱詮釋學中只占一小部分。重點在於，個人應該靠著終生閱讀、解說和漸漸理解典籍之意旨的鍛鍊，將傳統所傳達之理與道，亦即是以人倫上「三綱五常」等項目為中心之儒家人文價值觀，在自身上落實，進而個人化、具體化。經過一詮釋學的學習與修身過程，在一整個行為上，個人便可以完成其德性，這也就是詮釋學之道德意義所在。再來，基本上趨善之詮釋學也等於一領導個人

10 出《朱子語類》，卷12〈學六・持守〉，第39條，頁204。

11 《朱子語類》，卷11〈學五・讀書法下〉，第22、26、30等條，頁179-180。千萬不能以「先自立了意後方觀〔書〕，盡率古人語言入做自家意思中來。如此，只是推廣得自家意思，如何見得古人意思！」這麼一個態度來讀書（見同前第30條，頁180）。

深入某歷史社群之傳統文化的教育方式。但是根據詮釋學的學
習過程，如果個人與傳統文化趁便融合為一體的話，這不是單
止發生於個人意識裡頭的精神活動，而是所謂「一體」表示，
猶似佛學所說的「化身」一般，歷代相傳的意義，即「義理」，
藉著個人生命真正復活於今世。換句話說，詮釋學學者一邊潛
沉於其所歸屬的傳統文化裡，一邊也將過去在其現時的個人身
上重新「活出來」。從這樣的詮釋學範圍來看，含有道德意義
之「文化」所扮演之角色，並不限於所解釋之對象，「文化」
反而成為這一整個詮釋學的學習、修身過程本身之名稱，甚至
該說詮釋學活動本來就等於某歷史文化之活生生之本體。

　　人人若藉著展開意義之詮釋學這一生態來持續改善其一整
個生活世界和文化世界的話，那麼與其說令個人學者與歷史文
化融合成一體的詮釋學實類西式的語文學詮釋學一般僅僅只是
一種「解說文化的詮釋學」（Kultur interpretierende Hermeneutik），
不如說該將之命名為「文化體的詮釋學」（Kultur verkörpernde
Hermeneutik）。當然這麼一個「文化體的詮釋學」不完全異
乎歐陸哲學近於兩百多年以來所追求的詮釋學哲學[12]。那麼主
張「個人理解」的「文化體的詮釋學」與文化、歷史、團體之
間的關連，若不太可能根據高達美、呂格爾所發揮，即尋求認
識歷史的詮釋學主流來了解，還是可以憑藉起於士萊馬赫與洪

---

[12]「文化體的詮釋學」一名詞內涵近於赫德（Herder）語言哲學觀點。他業已
　　將歷史上所有語言和所有文化源歸於個人所不斷地繼續開展之共同文化，
　　亦即個人之活著的文化、語言創造。Johann Gottfried Herder, "Abhandlung
　　über den Ursprung der Sprache（1772）," in: J. G. Herder, *Sprachphilosophische
　　Schriften*, ed. E. Heintel, Hamburg: Meiner, 1960, 81-82。

堡、經過尼采、地耳台（Wilhelm Dilthey）直到海德格、沙特
與當代法蘭克（Manfred Frank）世世相傳的德國浪漫時代詮釋
學思想來研究。所以這裡根據士萊馬赫對詮釋學的看法——即
其源於意義落實於個人與社群之間的關係上，而引發無窮盡的
歷史對話——具體來陳述程朱詮釋學若干特點的同時，也給上
文關於程朱詮釋學所作的概論舉出一些根據。

（二）團體文化與歷史對話

　　詮釋學的學習、修養基本上必然是一被人間溝通、人際
對話所完成之努力。「理解」一遇到問題即「義理有疑」的時
候，個人就必須回歸到言語上的溝通來試圖解決其疑問。早在
張載已有一句將此觀點表現得很確實的話：

> 「更須得朋友之助，〔一〕日間朋友論着，則一日間意思
> 差別，須日日如此講論，久則自覺進也。」[13]

　　後來程朱道學奉承先秦諸子師生對話之學風，又學大乘佛
學培養出來之師徒心傳關係與其特別講究的問答教學法，來拯
救學生的思維，指導其對經文之閱讀、背誦、詮釋、理解，透
過這個過程終至令學生達到親身認同歷史傳統之意義及實現道
德涵養。我們如果以那一批思想家的遺書、文集和語錄的一系
列文獻為例證的話，與其說這裡所謂詮釋學是抽象的辯證思考

---

13 據推測是張載門人所記錄的〈經學理窟・學大原下〉，載〔宋〕張載撰，
　《張載集》，台北：漢京文化，1986，第23條，頁286。

法所立之一種解釋技術，不如就教學實用面向來說，「詮釋學」
首先所表示的乃是屬於人際、歷史、文化等脈絡的一對話活
動。這意味著，不只人跟人之間的生活關係，更是師生間進行
之問答與對話這麼一個特殊相處方式，被當作詮釋學學習過程
中之基本因素看。時空上完全落實於個人存在上的現實理解，
根本不脫離此一人跟人之間實行之解說談話。這也就表示，超
越主體單獨意識活動，乃憑一番時間過程言語上發生之個人與
個人的溝通，學生面對老師以及一整個歷史傳統所實現之對話
情形，被承認為詮釋學唯一所有之「場所」。程朱詮釋學斷然
跨出意識哲學的範圍，其原因在於，詮釋學的理解、體會發生
時，包容意義、道理之活生生的文字和言語行動，原來必然就
是歷史上貫穿距離而呈現角度的一場對話。此藉朱熹一言來說
明這一點：

> 「這箇道理，各自有地頭，不可只就一面說。在這裡時
> 是恁的說，在那裡時又如彼說，其賓主彼此之勢各自不
> 同。」[14]

此引文所描述的，豈非就是詮釋學過程原來無法遺棄言語
溝通脈絡，無法超越一時間上從「彼此」、「賓主」不同之觀
點重複進行的歷史對話情形？詮釋學的解說一開始乃屬於歷史
社群的溝通、對話活動。因為就是詮釋學的具體對話本身，企
圖讓學生親身來理會經文之意義，即「理」和「道」，所以如

---

14 出《朱子語類》，卷8〈學二・總論為學之方〉，第12條，頁130。

同老師一般，體會傳統這一詮釋學活動，令學生本身也與歷史文化成為活的一體，同理，時間上所發生之言語行動，即對話教學，原來等於個人修養不可缺乏之條件，而且師生對談並非僅僅止於準備或支持學生另外單獨意識中所追求的一種單純屬認知的詮釋學工夫。

　　程朱詮釋學的學習過程本身若被具體人際對話所擁有的話，便可明白，與高達美所闡明、套於詮釋學的理解和知識上的「應用」（Applikation）範圍是屬於兩個完全不同的典範。在後者的立場，詮釋學雖然也等於我們跟傳統所實行之一種對話，其用途乃在於主體有目的要達到，是要解決問題。就高達美來說，詮釋學的實用，乃來自處於意義之普遍性與某情況之個別性之間的詮釋者主體要調解此局勢這樣一個判斷行動之需求。反之，使用解說方式來促進個人修養活動的程朱詮釋學，雖然到某程度它也是處於文化意義之普遍性與某具體生存情況中間，其實用框架超過一番特殊行動，還是一整個人生上因此所發生之轉變。因此與其說詮釋工作之目標即主體憑藉理解所造成之「行動」（Handlung），便不如說是處於團體所持續形成之歷史、文化、溝通脈絡當中的個人，以「個人理解」，即「體會」，而沉入著作為意義活體之文化裡所成實的「變更」（Transformation）和「發生」（Geschehen）。再來，此變更與其在個人身上發生的同時，也是在一整個文化活體中發生，所以它遠遠地超越有限之某特定行動。在這種「發生」當中，師生和世代與世代之間的詮釋學對話，不等於是行動之用具，反而詮釋工夫本身就等於是整個人生修養變更和個人與歷史文化成為一體的這個具體過程所發生之「場所」。

　　因為程朱詮釋學所追求並非一主體行動，而是歷史轉變與
文化實現，所以詮釋學一開始便擁有人間對話、歷史溝通、團
體了解和互動諒解等因素。可稱之為「文化體的詮釋學」基本
上來自人際溝通之核心，繼而把對話形式投入詮釋活動裡，讓
詮釋者個人與歷史間實行富有「體會」與「了解」兩個層面之
對話，同時也讓詮釋者本身培養其道德性與文化體，也就是並
兼完成個人生存與社群生存。

（三）身體與變更

　　1、這裡一定要提及「身體」（Leib）這個近來西方人文學
界流行的題目。可惜「身體」一名詞早已由笛卡兒哲學所奪，
不然以其既顯現於外又能在社群上代表個人本我的「身」，
內含生命力、自覺、感知、「體悟」功能、內外融合為一
體、居處於一處境中等等特徵的「體」，來翻譯德語獨有概念
「Leib」，亦即法語的「corps propre」，實在最為恰當。要把傳
統存有論哲學和近代心理、現象學等潮流所發覺的人身現象分
辨得清清楚楚的話，用現代語或許只能根據法國現象學幾個作
家特別提出的「chair」，即「肉體」，一概念，來把基本現象
稱為「身體」。「身體」若是物理學所講，在空間裡我們以知
覺所遇到而看見的立體之人我的話，「身體」便與此傳統概念
有異，是讓我們處於一外在世界、同時以內向的方式感覺和
意識到我們「具體」本我的存在「本身」。也就說是我們只有
因為是一個「身體」存在才可能「親身」（leibhaftig）體會到
世界，反之同理，只有我們自己「親身」地「在世存有」（In-
der-Welt-Sein），我們才會體認到我們所謂「身體」乃本我所處

之一「具體場所」[15]。

　　那麼除了言論「道」、「理」、「命」、「性」、「心」等題目以外，張載、二程與朱熹還特別要求學生反省到其個人人生之具體條件。「心」、「性」向善之能力是被個人之「氣稟」、「氣質」昏明不齊所限制[16]。到此已可知，他們真是把「身體」這一現象歸入到其對詮釋學工夫和學習過程的闡明。以下舉三種例證來反對一般學者對宋理學過度偏向意識哲學的解說，然後加以說明，集中一整個詮釋學作為具體「場所」、意味著「具體」與「肉體」的「身體自我」現象，在程朱詮釋學裡為什麼扮演關鍵角色。

　　2、這裡首先提出比較一般性的證例，根據《大學》第一章舉例「修身齊家治國平天下」之道，作為人生總體現象的「身體」，代表一具體進行詮釋學、學習、修養之「場所」即「自我」本身。程朱學關懷意味著「誠懇認真」一個「誠」字，乃是如同中國佛教一般要留心「自得」[17]、「心得」[18]

---

15 有關「身體」現象著作眾多，可參考梅洛龐蒂寫的《行為之結構》與《知覺現象學》（Maurice Merleau-Ponty, *La structure du comportement*, Paris: Presses universitaires de France, 1990；M. Merleau-Ponty, *Phénoménologie de la perception*, Paris: Gallimard, 1945）以及華登菲寫的《身體自我》（Bernhard Waldenfels, *Das leibliche Selbst. Vorlesungen zur Phänomenologie des Leibes*, Frankfurt a. M.: Suhrkamp, 2000）。

16 譬如《朱子語類》，卷4〈性理一〉，第11、13等條，頁58。

17 譬如〔宋〕程頤、程灝撰，《二程全書》，3冊，四部備要江寧刻本影印本，台4版，台北：台灣中華，1986，冊3，〈二程粹言〉，卷2〈心性篇第十〉，第10條，頁22a。

18 同上，第50條，頁24b。

之必要，又常常應用「得心」、「存心」、「吾心」、「我身內之物」[19]、「切身處」、「自家身己」[20]、「切己」以及「切己體驗」、「體察」[21]、「體認」[22]等說法來表達此觀點。這就意味著詮釋學之理解活動，其實並不是為了在個人的意識裡頭針對外在對象引起客觀、普遍的抽象概念，而是要指導個人回轉到其原來所處之處境，亦即自我這一生存「場所」。不過這樣一個「理會」又不等於只是相對的「主觀理解」而已。重點根本不在於所理解之意義本身是否是一普遍內涵、是否可信或可辯論比較的一個理論對象，與一整個認知理論哲學相反的，重點在於個人是否實在有所體會，是否實際上能夠靠著其個人對意義之具體體悟成果來進行修養。可是這種自我本身上才可能獲得而為「誠」之體悟，乃非限於心思中才能發生，反而剛好代表一個具體「體驗」的這種「體悟」或「體會」，必定是貫穿著個人之一整個存在由作為此存在之總體的「身體」所擁有。此道理乃是從時間上展開之各個具體人生過程當中才可得之「自得」已甚為明白。這種「心得」不得不依賴著我們個體處境與經驗和我們一整個具體生存行為。

就一般認知實用學邏輯上來講也是如此，個人必定要在自

---

19 譬如《朱子語類》，卷9〈學三・論知行〉，第44、45、50等條，頁154-155。

20 同上，卷7〈學一・小學〉，第8條，頁125。

21 同上，卷11〈學五・讀書法下〉，第38、39、41、43、52等條，頁181-183。

22 同上，卷12〈學六・持守〉，第39條，頁204。又見冊7，卷104〈朱子一・自論為學工夫〉，第26條，頁2616。

己本身的體驗上來「親身」體悟到對象，才有「理解」可講。
因為「親身體會」這件事既然總是前行於所謂客觀理解、普遍
理解，所以令聽者聯想到世界中處於一定的處境之身體之「體
會」一中文語詞才這麼恰當好用。由於就程朱理學而言，詮
釋工夫之目標是行道做人，而非僅知道事實、真理，所以它畢
竟會引發較之「理解」或「知識」更具完整成果之一種「體
會」。詮釋學的學者所追求者，乃暗示著「身體」、「本身」甚
至於「身體」的中文專有名詞「體會」、「體認」、「體悟」所
示之本義，而且這些字眼是在詮釋學歸類個人學習、鍛鍊、修
身這一背景之下乃成其道理，但是與歐洲詮釋學典範，亦即與
其常用「erkennen」（認知）、「begreifen」（掌握了解）以及淵
源於相當狹窄的視覺作用之「瞭然明白」（einsehen）等主要詞
彙實在相隔不少。大概只有就詞源仍然暗示著身體處境和「跨
過去而穩立」之意味的「verstehen」一德語語詞才比較接近上
文提及之漢語說法，但是一旦以指著「普遍真理」和「解剖」
涵義之「理解」兩個字為其固定中文翻譯以後，此聯想也已經
完全給遮住了。因此，「體驗」、「體會」、「體認」等理念才比
較適合於呈現以「身體發覺」為其特徵之「個人理解」。

　　還有反過來也就該說，關於上述「文化體的詮釋學」一觀
念，若將詮釋學的「理解」轉稱「體會」而言其身體來源的
話，亦乃貼切地表示，通過詮釋學學習方式，個人把其所歸屬
的歷史團體之傳統納入其個人生命裡來，也就是把自己個人之
活的身體存在「借」給普遍意義，給意義提供一個落實所在。
那麼一來就真的是歷經詮釋傳統之學習、修養活動令個人成為
傳統含有之意義所生存之「具體場所」亦或「活體」。前述個

人與傳統文化融合為一體，這裡的「一體」乃真是歷史文化所憑藉之個人的身體存在，是詮釋學的學者以己身、己體乃「親身」來提供給傳統一復活之所在。

3、程朱詮釋學注重「個人理解」乃明確有團體與個人兩個方面。除了追求常理所謂理解以外，其主要目標在於要令個人經過一連續不斷的詮釋學學習、修養工夫，從而令個人人生與傳統文化生命成一致。但是，在詮釋學活動意圖讓歷史文化於個人身上活下去的同時，除了教個人如何將團體道德觀納入其個人生存中以外，詮釋學若另有意志要讓個人身上發生變更，乃是清晰地以「親身變更」理念來補充甚至替代歐洲詮釋學所常執「納入到意識」一典範。

照張載源於「身體」存在個人「氣質」上「自胎胞中以至於嬰孩時皆是習」，所以憑「學」要「長而有所立」[23]。這意味著，透過一系列詮釋學學習工夫，個人可以改進其從尚未出生之前就已經開始集中於其身體存在上之惡習慣來「立性」，也就是要「為學」而「自求變化氣質」[24]。詮釋學要達到的乃是靠著禮「滋養人德性」、「集義」、「克己」[25]，即只有擁有內外兩個面向之一整個身體存在上才可能發生的一個轉變。剛好是因為個人「無奈何有此身」[26]，所以修身活動所追求之改進也就表示一整個身體存在要改變，而且就據張載所說，向善德「立性」

---

23 出於《張載集》，〈張載語錄下〉，第15條，頁329。

24 同上，〈張載語錄中〉，第26與27條，頁321；又可參考〈經學理窟・義理〉，第29條，頁274。

25《張載集》，〈經學理窟・學大原上〉，第1條，頁279。

26 同上，〈經學理窟・學大原下〉，第19條，頁285。

之修養成果即全身為「誠」後來還是在身體上明確凸顯出來：

> 「誠意而不以禮則無以徵，蓋誠非禮無以見也。」[27]

跟張載身體思想契合，程頤也強調，詮釋學工夫要超越意識活動中單純解說文字意義而透過一種直覺方式來學習：

> 「欲學〔聖人〕須熟玩味聖人之氣象〔。〕不可只於名上理會〔。〕如此只是講論文字」。[28]

句中當作含有美學意義之「玩味」所嚮往之對象卻非限於一般詮釋學所觀察理解之文字本意，而是聖人傳統上所顯現、謂稱「氣象」的一整個具體生態和意旨。也就是透過其包括「氣質」在內一整個身體存在，學生始能以近乎美學的玩味感應方式貫通這樣一個文化、道德事實。程頤還有注重尋求身體上進行變更極為重要的一言：

> 「學至氣質變〔，〕方是有功」。[29]

朱子也有類似的例證。他反對佛學，特別著重意圖本來必定要發生於個人「自家身心上」的「事事是自家合理會」[30]這麼

---

27 出同上，〈經學理窟‧氣質〉，第3條，頁266。

28 出《二程全書》，冊1，〈二程遺書〉，卷15，第114條，頁12a。

29 出同上，卷18，第39條，頁7a。

30 見《朱子語類》，卷8〈學二‧總論為學之方〉，第91條，頁141。

一個具體領悟變更，才是儒家詮釋學所鼓勵之修養工夫，亦即是具有身體性之一完整的「個人理解」。另外朱子若還將「體認著自家身己」、「著身己體認得」[31]這麼一個擁有個人具體存在、時間上所發生之變更套在詮釋學之「理解」上，這難道不表示，發覺、「體認」自己本身並不是單純依賴著意識活動可得之一自我認識？「體認」所言者反而是個人以其「體」即其整個身體存在當體認之「場所」來得到自己本身的同時，他因此「體認」發生也就是在自己本身上應該經歷一番具體轉變。那麼這裡個人豈非早已脫離了意識哲學以及反思範圍在其身體存在上來「具體」實行此「變更」？至此我們可以了解為什麼朱熹常常在「心」一字上又特地補充「體」字一再重複地說：

> 「人為學固是欲得之於心，體之於身。」[32]

　　4、眾所周知，尤其在二程思想裡除了「誠」以外支持一整個學習、修養過程的出發點與基礎的人生態度就是「敬」，即以恭謹尊敬面對「他者」與外在世界[33]。接著朱子也主張：

> 「學者工夫，唯在居敬、窮理二事。此二事互相發。能窮理，則居敬工夫日益進；〔……〕」[34]

---

31 見《朱子語類》，卷11〈學五・讀書法下〉，第41條，頁182。

32 出同上，第1條，頁176；也可參考同頁第2條。

33 譬如見《二程全書》，〈二程粹言〉，卷2〈論學篇〉，第1條，頁10a：「入道以敬為本」以及「敬為學之大要」。

34 出《朱子語類》，卷9〈學三・論知行〉，第18條，頁150。

　　這裡提出「居敬」一言，是為了強調包括身體狀況、個人所處分秒不離之一生態乃為詮釋學之修養工夫所起之具體「場所」。再來，讀書過程嚮往之全身變更，實在是跟個人「生活感」、「情緒」、「心態」等事稠密連結起來的，亦即是個人在其整個身體態度上實行且呈現的一種轉變，乃朱子藉著「居敬」二字昭然顯現。不過或許有人疑問，這裡為何非由「敬」講到「身體」不可？至少就現象學的描述來說的話，基本上「敬」意味著個人面對世界與他人、社群所執及所表現之既專心恭謹又向外開闊這種生存行為。但是因為這樣的向外開闊一定跟我們的身體存在有關係，所以我們要承認程朱學特別尊重的「敬」一字所指也就是擁有個人面對一整個世界的「具體」生活情形，「敬」之恭謹尊敬乃必定源於身體在世界中這個基本人生事實。

　　有關此論點，程頤另有一言，乃其解釋《論語‧顏淵》中孔子為了闡明「克己復禮」所回答四戒意義為何時所說：

　　　「四者身之用也，由乎中而應乎外，制於外所以養其中也。」[35]

　　這句話雖然不能完整地給上述之推論當作證據，從中至少還是可以了解總合具有內和外兩個面向之「身」這裡並不表示一抽象概念，而是接近於現象學所特別凸顯出來之活動「身

---

35 出〔宋〕朱熹編，《近思錄》，台北：金楓，1987，卷5，〈克治〉，第3
　條，頁64。

體」現象，這才可能充分滿足引文中提及之「用」一字所意味者。「身」所指乃根基於內裡而向外在世界開闢、同時把外來的影響儘量吸收進入個人生活過程上之核心的一「仲介者」。再者這裡既提及「身」會「應乎外」，亦即是「感應」功能的話，便不可置疑與現象學所顯現跟身體現象直接連結的「呼喚」（Anspruch）與「回應」（Antwort）這個題目[36]確實有相通之處。

（四）總結程朱詮釋學與「個人理解」

由以上一段所整理資料可看出，程朱詮釋學既特別著重個人應該以閱讀、解說經文這一終生不斷的詮釋學工夫來漸漸體會傳統所含蓄之「義理」，接著應該於其行為中展開此理解，「體認」傳統文化，並將其個人化、具體化。就此呈現，作為道德修養方式的詮釋學所不可或缺的前提即是「對話」、「場所」、「親身」與「身體」等指導觀念。尤其是「身體」現象以及身體各個作用上才可能發生之「具體體會」和「具體變更」，可讓我們將宋理學的一整個詮釋學取向和內裡前提整理得更清楚。如果說高達美、呂格爾式的詮釋學終究並不背離一般哲學觀點以認知某歷史對象為標準是有道理的話，就一整個思考取向來說，程朱詮釋學與此剛好相反。原因是這裡「意義」與「理」本身不表示所謂普遍的、超越歷史與人生溝通範

---

36 相關資料可參考列維納斯、梅洛龐蒂、華登菲一系列著作；或許最能代表的論文乃是華登菲寫的《回應錄譜》（Bernhard Waldenfels, *Antwortregister*, Frankfurt a. M.: Suhrkamp, 1994）。

圍的「真理」，反而始終不遺棄個人之體會，亦即不外乎在人
與人之間溝通上由對話所建成之歷史意義、文化世界的活生生
之現實「理」。甚至可以推論說，個人化的詮釋學理解所趨之
「意義」或「理」，原來是跟整個生活世界以及整個歷史、溝通
情況不可分開的，它就是此歷史對話、詮釋歷程本身。因此詮
釋學的目標不在於離棄一具有源出歷史、文化、語言、個人角
度之各種限制的相對偶然性象徵界，精神上掌握了解一超越時
間之絕對真理，其所尋求的反而是「生存於意義中」的一種生
態，亦即是以個人生命來實際體會、造成一種「具體而活」的
實理。不過此「實理」本身不就跟「文化體的詮釋學」這個人
間歷史活動合成一體？

　　張載、二程與朱子不但把社群人生與對話情況當作個人理
解體會到傳統文化中之意義的合理範圍來看，還確認人始終應
當靠著符號體系才可能趨向其所指的意義，而且真正實踐道德
與人倫。為了支持人人親身實行「個人理解」，他們同時完全
同意，詮釋學的解說活動不可能離棄其固有之個人處境，也就
是說，詮釋學一定要於某某時代某某人所占有的固定「場所」
即具體觀點上發生的對話中演變實成。不過這不表示這種「文
化體的詮釋學」等於類似個人在某特別歷史情況之下獨自領
悟一專有道理一般的「主觀理解」。相反的，若說其以個人之
具體生存處境為焦點的話，意思也就是說，個人親身進行的詮
釋學工作本身與其同時所靠的文化體系，亦即與其講話與思維
自然所處的歷史溝通脈絡絲毫無差距。此卻不表示，個人思維
全盤是靠著現成之「習慣」或「可能性」甚至於「規則」來形
成的，這意味著，這樣一個作為原則或可能之規定性的現成脈

絡根本不存在，而是所謂歷史、文化、語言乃至任何「溝通脈絡」、「言論秩序」都如同言語一樣，為活著、流動著且是時間上持續由個人詮釋學工夫與思維活動重新所構造。那麼根據士萊馬赫與洪堡的理想，程朱詮釋學實際上是從歷史文化以及固定的象徵界正對個人所發出的「呼喚」作用開始的，而且是個人具體到此符號秩序本身，也就是到一場持續發生的溝通、對話過程上來發揮意義。這樣的「文化體的詮釋學」與其特殊的「個人理解」，才可能引起意義，即理，之於人類歷史對話中，各人各代各個文化上真正實現。

五、結論

　　現在要是把本文嘗試描述的程朱「文化體的詮釋學」工夫安放於由社群上之歷史溝通所建構的象徵界中的話，便可明白，其能給當代西方詮釋學哲學的大貢獻何在。詮釋學若肯把矚目焦點從「理解所指內涵」與「了解他者」等認知典範遷移到實踐方面，便會發覺解說活動以及安置在「與他者互相了解」這種行動理論視野中之詮釋學的解說工夫本身已代表一創造文化之行為。然後我們便可以認出詮釋學如何成為認同傳統、認同歷史團體的「場所」，再則個人行動與共同行動如何於詮釋學活動中會合實行歷史對話。再來，我們既然不得不承認，言談倫理學原來是一種理解行動，類歸於詮釋學，而且它的「理解」意味著「個人理解」，並非單純「普遍理解」，便得更加留意此理解中社群和個人之間的關係如何，亦即是「文化體的詮釋學」、「修養」、「身體」等觀點，而且有關這些問

題，程朱詮釋學也提供甚為豐富正確之論說，可引用發揮在現代跨文化詮釋學上。

　　不過若藉此詮釋學理論為背景，最後來講本文剛剛所闡明，也就是此項具體溝通發生，亦即我們筆者與讀者本身言語上所實行之活動的話，我們得要承認的事實乃是，在某固定的傳統視域當中所進行的「學術詮釋學」也好，近現代各種「跨文化的詮釋學」也好，任何稱之為語文學詮釋學或象徵界之詮釋學以及與其相關之詮釋學理論所講之「理解」，正被我們應用語言之具體情況所限制，也就是被語用學平常提及的實用這一方面，即溝通範圍、對話權力、個人話語觀點所擁有。那麼雖然我們對某歷史意義界的「理解」總是相對的，要是反之就另外一個角度來看的話，這也就表示，本來該當作「體會」、「體認」的相對「個人理解」，正是「身化」於某人個人與某歷史社群具體生命當中所存在、所呈現之文化意義本身。我們無論從事比較哲學、比較文化研究、詮釋學哲學思索抑或言談倫理學，與其嚮往自然科學之絕對、客觀意識形態之「普遍理解」，不如承認我們這樣一個詮釋工夫中，「個人理解」為其不可或缺之要素，而且這才是歷史上人與人之間進行的「真正對話」。就此觀點，跨文化的詮釋學豈不與藝術家參與意義創造互動而形成文化活體無有不同？

第二章

意義、時間與自我

——從哲學詮釋學的角度看
唐代華嚴宗思想

一、當代歐陸哲學上的「主體」問題

　　研究華嚴宗佛教思想時，如何將當代哲學問題納入研究
視野中，已成為當今佛學面臨的重要問題。中國古代佛學與
當代歐陸哲學很明顯相呼應的關鍵會是詮釋學面向與「主體」
（Subjekt）問題，因此若從關懷「去主體化」的角度來看佛教
「無我」、「無心」、「緣起有」等主張的話，對理解雙方會有幫
助。本文試圖先談廣義下之當代歐陸哲學詮釋學一些主要發
展，然後以唐代華嚴宗詮釋學思想中關鍵觀點「場所」及「時
間」為例，給跨文化哲學開闢新的視野。

　　近、現代歐洲哲學持續不斷地討論「主體消失」（Verlust
des Subjekts）當中的、亦即「去主體化」這個趨勢之下的「自
我」（Selbst/soi-même），而且雖然有不少相關爭論，但「去
主體化」議題對所有人文科學迄今仍然有很大的影響。傳統
形而上學中的本體論所固信的「存有主體」、普遍性的「主體
性」及「超驗主體」等概念雖早已深入各種特殊且具體的形式
架構中，可是現在卻被心理分析學與各種「生活世界現象學」
（Phänomenologie der Lebenswelt）共同追求的某種「自我」詮
釋學」（Hermeneutik des Selbst）這個研究範圍吞沒了。現代新
興起的一些觀點將哲學思考的焦點從個人主體性與其先驗結構
移到具體生活情況，亦即個人「自我」所生存的歷史處境。尤
其是詮釋學在懷疑「主體」與「我」（Ich/moi）存在的同時，
仍然對個人「自我」尋求新的界定，重新提出：「人之『自我』
何在？」。若再從稍擴大的跨文化哲學角度來看的話，圍繞著
「自我」問題的佛教思想及其歷代累積之詮釋學經驗，針對當

代歐陸詮釋學這一問，不容質疑地深具啟發。為了建立東、西方與古今可以互動之橋梁，在此先介紹歐洲哲學詮釋學傳統以及結構主義和現象學這兩個當代思想潮流，然後再來討論取自中國佛教傳承的若干例證。

18世紀末、19世紀初的德國浪漫主義之下，有一些思想家反對啟蒙時代的批判主義與理性主義，他們曾經認為，任何作為實體存有者的「主體」不得不因為沉湎於經由歷史、文化及個別語言等因素所形成的特殊「象徵秩序」（symbolische Ordnung/ordre symbolique）當中而完全失去其原本性與獨立性。藉此觀點，個人身所處的歷史處境乃被注意到，逐漸也被揭開，陸陸續續便出現了使整個歐陸人文學界轉向的新史學、語文學、文學方法和關懷。近兩百年來發展成熟的這個詮釋學傳統，在現代人文學視為前導的語言學、社會學、人類學、文化學等學科，乃至於結構主義、解構主義等潮流上，留存下不可忽略的痕跡。尤其是目前在歐陸人文學界上流行的海德格、列維納斯（Emmanuel Levinas, 1906-1995）、德希達（Jacques Derrida, 1930-2004）、德勒茲（Gilles Deleuze, 1926-1984）、呂格爾、傅柯（Michel Foucault, 1926-1984）以及拉康（Jacques Lacan, 1901-1981）等思想家都直接承襲了自浪漫時代以降發展出來的詮釋學，因而在探索個人生存且強調「自我」之關鍵性的同時，他們激烈地反駁古老的「主體性」論說，尤其質疑任何能夠完全掌握、理解及控制自身存在的「自我」或「主體」的存在。

接著從拉康談起[1]。根據直承佛洛伊德（Sigmund Freud）心

---

1 這一段的概略陳述尤其依賴著法蘭克的引發，Manfred Frank, "Das 'wahre

理分析學的拉康所主張，一但將思維過程中凸顯出來的主體
命名之為「我」，在講一個「我」字這一當下，被預設先於或
離外於所有語言、思維獨立存在的具體「我」，即原始「自
我」，便都消失了。拉康以法文當作對象之「moi」與當作作用
之「je」分別所提之兩種「我」的範疇，不可以跟康德哲學所
講的「體驗主體」及「超驗主體性」混合，但也不可以將這個
作用之「je」跟胡塞爾所提出之處於意識活動當中之基本「作
用『自我』」（fungierendes Ich）夾雜在一起。區別在於，從
笛卡兒（René Descartes, 1596-1650）與康德、費希特（Johann
Gottlieb Fichte, 1762-1814）、黑格爾（Georg Friedrich Wilhelm
Hegel, 1770-1831）及至胡塞爾的早期現象學以來，這種觀念
主義還是預設屬於經驗脈絡、是通過省思所觸及之「我」當中
或底下應該隱藏著更原本之另一種「我」，是以積極或消極方
法可以歸納的一固定而超驗之「自我」本身。與之相反，拉
康所主張之「je」仍然不脫離言論的形式結構，它處於象徵秩
序乃在經驗範圍以內[2]。按照拉康作為一個「je」的「主體」不
但不同等於傳統觀點所指「我自身」（das Ich selbst），更是
「主體」根本不置於「我」中間，反而該說「我自身是一個他
者」[3]。基本上「je」這個「自我」或「主體」就歸屬「他者」，
因為在屬於「想像界」（l'imaginaire）的工作當中，主體一直

　　Subjekt' und sein Doppel. Jacques Lacans Hermeneutik," in: M. Frank, *Das Sagbare und das Unsagbare. Studien zur deutsch-französischen Hermeneutik und Texttheorie*, erweiterte Neuausgabe, Frankfurt a. M.: Suhrkamp, 1989, 334-361.

2　Jacques Lacan, *Ecrits*, nouvelle édition, 2 tomes, Paris: du Seuil, 1999, vol. I, 42.

3　Lacan, *Ecrits*, I, 117: "le 'Je est un autre'".

僅僅只是「為了他者」、「作為他者」以及「透過他者」重建自己的存在[4]，而「主體的潛意識是他者的論述」[5]。當代流行所說的「主體」再不屬於「主」，反而屬於「他者」的範圍，這個「主體」永遠只不過是言語活動之意義界所擁有且所凸顯出的一個「他在自我」。不過，被整個當代思想[6]所凸顯出來的這種「自我沒收」（dépossession）、「異化」（aliénation）[7]其實也表示現代主體中在發生一種「沒收」與「異化」，而這之中確實包含難以接受的困窘。企圖描述、理會人生體驗的當代哲學可以滿足偏重於否定這樣的觀點嗎[8]？

在這種哲思背景下當談「去主體化」這個議題時，唐代華嚴宗所闡明的詮釋學觀點會刺激推動當代思想。華嚴宗主張「事事無礙」說來補充「理事無礙」說，這直接牽涉到「去主體化」這一問題。在某程度上，要是可能將按照拉康及整個後現代派的見解乃糾纏於思索、言語過程當中的「自我」所分秒不能少、具有意蘊的各種現象或「能指符號」（signe signifiant）與華嚴宗佛教詮釋學所稱之「事」聯繫起來，再將歐洲傳統所謂的「意義」（sens）或「所指」（signifié）與佛學所說的「理」互相合併，便可以更具體地推翻柏拉圖式的形上學，批判在屬於符號秩序的「能指」以上有一超越的純粹意義層面存

4　Lacan, *Ecrits*, I, 247-248: *"pour un autre, […] comme une autre, […] par un autre."*

5　Lacan, *Ecrits*, I, 263: "l'inconscient du sujet [est] le discours de l'autre".

6　除拉康之外可以引呂格爾作為這個潮流的代表，參考 Paul Ricœur, *Soi-même comme un autre*, Paris: du Seuil, 1990.

7　語出 Lacan, *Ecrits*, I, 247-48.

8　法蘭克曾經從類似的疑問談起，參考 Frank, *Das Sagbare*, 340.

在的這個信念。那麼，作這樣一個關連，雙方相似性當然有限，肯定不會讓我們徹底理解整個華嚴宗對「理」與「事」之間的關係所採取的基本觀點。奠基於歐洲形上學傳統「意義」的超越性與佛家所言「理事」中的「理」自然有所不同，「能指」的暫時性跟「事」所表示的虛假性也不等同，但就一個跨文化的哲學思考工夫而言，此舉還是有獨特的意義。這樣的中西聯繫有什麼好處呢？若從這個角度來看，就很容易明白，哲學所缺乏而佛教可以提供給它的是何種貢獻。近來西方的思想當中所謂的「主體」和「自我」若逐漸失蹤不見了，顯然也是因為抽象的、理論式的、著重「概念」的思考方式，使歐洲哲學其實無法著眼於作為一整個人生實踐之主軸的「主體」，觸及一個既符合個人的「自我」體驗且實際在作用的「自我」。反之，大乘佛教應用其他的角度，懷疑在作為思索對象之「理」這個觀念範疇下可以掌握住我們的「自我」本身，亦即是經歷生死因果、業報輪迴的「主體」。尤其是華嚴宗思想就「自我」的具體來源來追尋此「自我」，將「自我」觀念具體化、時間化，亦即將整個討論「實踐化」。為了陳明這一論點，該再加入另一個角度。

二、當代哲學上「場所」與「身體」

接著柏拉圖（Platon）對於 χώρα（chora）即「場域」的古老論說[9]，20世紀初日本哲學家西田幾多郎（1870-1945）也以

9　Platon, *Timaios*, 52d3.

「場所」這個議題來談相關現象。西田幾多郎所界定之「場所」是只有通過具體修行活動實踐才而盡得此「場所」，是人的意識活動中對象與自己同時顯現這種作用之絕對基礎，亦即是體驗過程當中才形成體現的一種「自己」即「自我」[10]。相對於思維、意識活動此場所性的「自我」並不是抽象的、超越的、超驗的存在，而是由個人人生之最具體核心所含藏而「活出來」的，是我們只可能經由親身經驗體會到之事實。此場所性的「自我」不是概念，而是比「此岸」更為「此岸」。可是，就哲學的抽象界定這一層面來說，本身無所有的這種實踐式的「場所」是西方哲學除了現象學之外迄今尚未展開的議題。

自從海德格說「在世存有」（In-der-Welt-Sein）為人生或「此有」（Dasein）的基本特質，近來歐陸現象學試圖透過「場所」與「身體」現象之分析換代「主體」概念。接著海德格思想尤其是梅洛龐蒂與華登菲（Bernard Waldenfels, 1934-　）特別關懷所謂「處境」（Situation）以及與表示著客觀概念的「物體」（Körper）嚴格地為區分開來的「肉」（chair）或「身體」（Leib/corps propre）這兩個相互關連的基本議題。他們依據「身體」現象來從另外一個角度在傳統哲學所講的「自我」的位置上將整個生活世界的具體性、實際性或「親身性」（Leibhaftigkeit）重新凸顯出來。

---

10 尤其可以西氏所撰〈場所〉一文，載《西田幾多郎哲學論集》，上田閑照編，4冊，東京：岩波，1987，第1冊，頁68、72等。延續他的思想在日本還有西谷啟治，他也提出所謂的「處」一觀念來談佛學對「自我」或「自己」的理解。〈般若と理性〉，載《西谷啓治著作集》，西谷啓治著，東京：創文社，1987，第13卷，頁37、74、93等。

　　假如笛卡兒哲學以「物體」一名目來指所有時空下占有特定方位的「實體物」（res corporea）、「擴延物」（res extensa）的話，為了翻譯德語系獨有概念的「Leib」[11]，「身體」一詞或許最為貼切。「身體」並不意味著某種事物，反而是貫穿「自我」與世界、通聯意識內外而開闢人之經驗場域的一個基本現象關連。「身體」未必只是處於一定的方位而可看可觸、憑藉個別形狀享用獨立存在之「物質」，它與存有論上的「物體」、「形體」、「軀幹」等觀念有所不同。根據哲學人類學和現象學，「身體」現象表示一個「絕對在此」（absolutes Hier），而前提必須有一個生活「自我」（Selbst）之存在。就現象學而言，在時空下呈現一件事物（Gegenstand）的同時，根據這種理解一個「身體」是涵蓋著「主客體」、「能所」的一體兩面，是將生存者、知覺者、能看能觸者本身以及所看所觸之對象融成一現象關連之一種「作用」。「身體」是動態的，它表示人生上展開著「獻身於世界而存有」（Sein-zur-Welt/être au monde）[12]這種生態的主體。再來，「身體」等於人對自己發生「自我」知覺（Selbstwahrnehmung）的「所在」（Ort）[13]。

---

11 古德語既有的並且辭源上跟「生命」（Leben）有關之「Leib」這個詞語，今日已成與法文「chair」、「corps propre」和英語「body」通用的現象學術語。因為一個「身體」具有骨、肉、血、氣息等面向，確實是一個「身體」或「活體」，所以近來尤其在德、法語現象學中與其使用「Körper」（sôma, corpus, corps, body）一詞，不如稱此現象為「Leib」或「corps propre」。

12 Maurice Merleau-Ponty, *Phénoménologie de la perception*, Paris: Gallimard, 1945, 466/520.

13 Edmund Husserl, *Ding und Raum. Vorlesungen 1907*, Hamburg: Meiner, 1991, ［§ 50］176; E. Husserl, *Die Krisis der europäischen Wissenschaften und die*

　　不過「身體」這個「所在」不同等一個「方位」，當成現象關連理解的「身體」超越其所處時空下一定方位之「物體」面向，它等於是一個作用：世界是「就此」被展開的，時間是「自此」開始的。因此許密茨（Hermann Schmitz, 1928-　）界定「身體」時強調，「身體」不但與靈魂之「無位置性」又與形體所處之位置有所不同，「身體」意味著一個「絕對所在性」（absolute Örtlichkeit）[14]，而其中包含的「身體自我」（leibliches Selbst）本身乃處於一個不容加以確定的「絕對所在」。梅洛龐蒂與華登菲比較強調「身體」現象是一個貫穿時空下展開之動作及感官知覺活動的「身體格式」（Körperschema/schéma corporel/body image）。再來，無論以「精神」還是以「形體」典範來尋覓一個「實體主體」都不恰當，因為在個人「自我」體驗中扮演「在世存有」（In-der-Welt-Sein）之「主體」的角色乃不是一個「實體」，反而是一個「身體格式」，亦即時空下形成「肉化的意義」（sens incarné）[15]之「場域」（champ）[16]。作為作用的「身體自我」（leibliches Selbst）卻代表某種「回應

transzendentale Phänomenologie, Walter Biemel ed., Den Haag: Nijhoff, 1954 [= Husserliana VI], [§ 28] 108-110; Martin Heidegger, *Zollikoner Seminare. Herausgegeben von Medard Boss*, Frankfurt a. M.: Klostermann 1994, 105-118; 248.

14 Hermann Schmitz, *Der Leib* [System der Philosophie II/1], Bonn: Bouvier, 2005, 6.

15 Merleau-Ponty, Phénoménologie, 193.

16 Merleau-Ponty, Phénoménologie, 116; 173-179; M. Merleau-Ponty, *Signes*, Paris: Gallimard, 1960, 215; M. Merleau-Ponty, *Le visible et l'invisible*, Paris: Gallimard, 1964, 302-03.

體」（leibliches Responsorium），而是這樣的「身體自我」來奠
基我們個人與周遭環境以及他者所有的關係[17]。

　　在當代現象學潮流中，要是人生當作這樣一個「身體性
的」、「親身敞開的」活動場域的話，就相當接近日本京都學
派憑藉佛教思想所命名為「場所」之現象。在這兩個文化、
歷史範圍不同的思想脈絡下，「場所」與「身體」所表示的，
乃是以人生的基本「在世」這個意涵來反駁以指「觀念」、
「理念」之「自我」或「主體」為口號的一整個「意識哲學」
（Bewußtseinsphilosophie）。剛好因為無法將「場所」對象化、
客體化乃至概念化，所以傳統思索方式不得不認為，這樣一個
具體「場所」是不能再大的迷惑，也就是「思維之界限」。不
過，在跨文化哲學這麼流行的當代，為什麼就不能向東亞佛教
的教學、修行經驗求學請教，體會如何以言語、思考方式來面
臨隱存於人之體驗中的「場所」？西方哲學界為何不能就向佛
學求教，讓自己稍稍領悟作為哲學一直在尋求但最無法把握的
「思維之他者」，亦即是「場所自我」、「場所主體」？

三、中國思想獨有的詮釋學修行實踐

　　最值得現代歐陸哲學關注的是早期中國佛教思想對人生
之時間性的深入理解以及具體應用，哲學可以跟大乘佛教學

---

17 有關這一整個現象學討論可以 Bernhard Waldenfels, *Sinnesschwellen. Studien
　　zur Phänomenologie des Fremden 3*, Frankfurt a. M.: Suhrkamp, 1999; B.
　　Waldenfels, *Das leibliche Selbst. Vorlesungen zur Phänomenologie des Leibes*,
　　Frankfurt a. M.: Suhrkamp, 2000.

到獨特的一種詮釋學實踐。一般現代佛學很努力將大乘佛教
尤其是華嚴宗的學說當成某種形上學系統解釋[18]，也很努力將
其跟西方哲學各種學派各種理論作對比，因而一概令三論、
天台、華嚴佛教思想甚至於禪宗作風看似是幾套非常周全
講究的理論性學說，可以將之直接跟柏拉圖主義、萊布尼茲
（Gottfried Wilhelm Leibniz, 1646-1716）、斯賓諾莎（Baruch
Spinoza, 1632-1677）、康德、黑格爾乃至懷海德（Alfred North
Whitehead, 1861-1947）等形上學體系相較。佛學界尤其是
將華嚴宗佛教學說理解為一個異常精緻完美的「世界模型」
（Weltmodell），主張其企圖類似西方哲學、神學「理論」一
般，透過言論的描述和教條解說，將世界、存有的「真相」在
佛徒心目裡再現出來。可是遺憾的是，這樣一來，尤其是西方
佛學太過忽視佛教「修行」這一方面，使自己歸入基督教傳統
所稱之為「救贖論」（soteriology）一面向，回歸形上學的理論
論述底下，而且多半全然忽略中國佛教原典文本、詮釋學方法
及話語作風確實呈現的「文本應用學」（Textpragmatik）這一

---

18 Francis H. Cook, *Hua-yen Buddhism. The Jewel Net of Indra*, Pennsylvania:
Pennsylvania State UP, 1977; Garma C. C., Chang, *The Buddhist Teaching of
Totality*, Pennsylvania: Pennsylvania State UP, 1979; Thomas F. Cleary, *Entry
into the Unconceivable. An Introduction to Hua-yen Buddhism*, Honolulu:
University of Hawai'i Press, 1983; Steve Odin, *Process Metaphysics and Hua-
yen Buddhism. A Critical Study of Cumulative Penetration vs. Interpenetration*,
Albany: State of New York UP, 1982；木村清孝著，《初期中國華嚴思想
史》，東京：春秋社，1978；木村清孝著，《中國華嚴思想史》，京都：平
樂寺書店，1992；鎌田茂雄、上山春平著，《無限の世界觀：華嚴》，東
京：角川，1996。

關鍵面向，這種學術趨勢不但可惜，而且必須盡力修正。毛病出在當現代佛學研究中國古代佛教思想時，它顯然跟隨比較發達的印度學研究方向，再來，它也以無所疑的肯定態度接受歐洲哲學和神學的影響，令這門學科一開始便有了對於中國佛教思想之特色及核心的盲點。

　　講中道佛教、三論宗也好，講天台宗、禪宗與華嚴宗也好，中國大乘佛教令人驚嘆的偉大造詣就在於，那些思想家並不停留在理論性的思索範圍，他們始終企圖透過思索活動達成具體修行結果，因而將理論規劃成為修行實踐的「方便」，設法透過一無窮盡之詮釋學修行實踐促使意向著「理」的意識活動回歸至作為思索過程之出發點或核心的「場所」，而詮釋過程當中凸顯出的這種動態性的「場所」，也可以當非主體性、非本質性的另類「自我」被理解，亦即是佛家常言「無我」中可能湧現的「自我」。佛學探討在思索著語言秩序與時間觀念的同時，如何可以將個人的思考過程本身當成其正在思考之題目中包含的具體成分看待。易言之，作為思索對象及目標之「理」或「意義」，與擁有此理、意義之「自我」應當融成一體，也就是在教學、修行活動當中，面對理或意義來實行詮釋學工作所處之「場所」與其所詮釋之觀念之間，任何落差應當消失[19]。因為詮釋過程基本上還是在時空中被展開，與具體線索或場域比較相似，而與本質論之下作為超時空之絕對核心的

---

19 Klaus Robert Heinemann, *Der Weg des Übens im ostasiatischen Mahayana*, Wiesbaden: Harrassowitz, 1979; Mathias Obert, *Sinndeutung und Zeitlichkeit. Zur Hermeneutik des Huayan-Buddhismus*, Hamburg: Meiner, 2000.

「主體」不同，所以可以選擇代表另一種哲學傳承之「場所」命名之。

在當代哲學看來，這樣的「思考工夫」看似會讓個人在其自身存在上體悟到西田幾多郎所提及的「場所」事實。傳統歐洲詮釋學一直認為，人生本來具有意義，但這表示，人的存在是由某種外在且超越的、固定的整體意義所支配著的，因而要努力一步再進一步地靠近此絕對意義，亦即「思索理智符應真理」。由以「場所」體驗為核心的佛教思想而言，則不如說，人生居處於意義中，藉著一連串的詮釋活動在展開此意義，然而這種歷史相續的詮釋過程並不是為了某天終於靠近而完全得到為外在、絕對真理的意義。正正相反，詮釋活動以回顧而投入詮釋過程本身內在包含的「場所」作為目標。加達默爾若承認詮釋過程中意義實際未必是可窮盡的，中國大乘佛教詮釋學便與之不同，強調詮釋過程千萬不可以窮盡終結。原因是，目標並不在於掌握永恆不變之意義的某種靜態「理解」，目標在於使用意義以展開某種動態「修行實踐」，而只有當詮釋學活動持續在發生時，引發「佛性」的「場所自我」才可能取得實現之機會。

佛教思想如果接受人生之歷史性，如果接受時間，並不是為了最後超越時間給予人生的界限。唯一讓我們可能解脫歷史性的業報輪迴、生死關係之辦法剛好就是，人得要透過具體的修行實踐使返回到其生存條件，因此必須體會、接受其存在於意義當中時身所處的「場所」與「時間」。在整個大乘佛教傳統的種種修行方法上，都可以看出詮釋學實踐變成達成「自我」本身原來業已所處之「場所」的方式。用西方的觀點則可

說：詮釋學實踐本身就成為了拯救在「無我」口訣的籠罩下本來應該根本不存在的「自我」或「主體」的機會。但何謂「拯救主體」？

憑藉套在「理事無礙」學說[20]上因陀羅網境界門[21]之「重重無盡」，亦即所謂「事事無礙」教義[22]，事事物物上，也就是個人具體存在上，個人會發覺其實際場所何在。那麼，當人全身投入其生存場所時，他慢慢會放棄對「理」亦即是西方哲學所說的「意義」與「真理」的過度期待。這才可能了解，在「去主體化」當中仍然追求「自我」的話，乃應該把傳統的秩序反過來想。與其一直運用符號體系，經歷概念上的工作，試圖掙求一超越所有現象、所有符號體系的意義或真理，不如

---

20 例如《大正藏》冊45，法藏撰《金師子章雲間類解》，頁663，下；頁665，中、下；頁666，上、中（T45, no. 1880, 663c16/665b10-12/665c13/666a5/666b1）；《大正藏》冊45，法藏撰《華嚴經明法品內立三寶章〔卷上〕・流轉章》，頁618，下（T45, no. 1874, 618c19-20）；同上，《華嚴經明法品內立三寶章〔卷下〕・十世章》，頁622，下（T45, no. 1874, 622c14）。

21《大正藏》冊45，杜順說《華嚴五教止觀》，頁513，上（T45, no. 1867, 513a26）；《大正藏》冊45，法藏撰《金師子章雲間類解》，頁665，下（T45, no. 1880, 665c27）。

22 例如《大正藏》冊45，法藏述《修華嚴奧旨妄盡還源觀》，頁638，上（T45, no. 1876, 638a3-4）；同上，頁640，中（T45, no. 1876, 640b12-13）；同上，頁640，下（T45, no. 1876, 640c13）；《大正藏》冊45，法藏撰《華嚴經金師子章註・序》，頁667，中、下（T45, no. 1881, 667b19/c16）；《大正藏》冊36，澄觀述《大方廣佛華嚴經隨疏演義鈔》，頁70，下（T36, no. 1736, 70c5）；同上，頁71，上（T36, no. 1736, 71a7）；同上，頁72，上（T36, no. 1736, 72a10）。

把「理」或「意義」這個思維層次當作非絕對的一種「辯證法真理」，使用定義如此的「理」觀念來離棄任何抽象、虛無的「意義」，而回歸到符號體系所含有的、所有思考活動固然保管的具體「場所」。此「場所」並不是別的，就是笛卡兒當時所發現的「自我」或「主體」給歷史化、時間化的具體實現。也就可說，要脫離「所指」意義或真理歷代相傳給予人的魔力，因而歸返到「能指」即符號本身，這才能完成人之「於意義當中存在」，然後將能夠承認，場所與時間上的思考過程才是我們的實在生存處境，它也就等於違背任何概念化的具體「自我」或「主體」。

特別標榜「事事無礙」觀念的華嚴宗詮釋學排斥放棄以言語來傳遞一超越且不可言之真理這麼一個普遍觀念。某方面來說，華嚴宗思想甚至於懷疑基於「指月」關係的「得魚而忘筌」等觀點，因而不但主張，符號並非由意義所涵蓋，「能指」並非由「所指」所限制，反而更是，與所指之意義範圍相較，置於歷史符號體系中之能指範圍龐大且實在。原因就在「理事無礙」情況之下，亦即是在辯證法的真理概念下，無「指」則亦無「月」可說，亦即事外無理。除了在能指的符號體系裡被指之意義以外另無其他的「理」可當作所指真理。也就是藉由此哲學邏輯原因，華嚴宗才反駁禪宗「不立文字，教外別傳」。

理論上雖然如此，歷史上仍然有所謂華嚴禪潮流，乃是把此邏輯推論得更為徹底，因而發現，除了所指意義或理這一層面以外，能指文字裡藏有另一個比能指符號更為具體的層面，乃是所以展開時間過程亦即話語、思索活動之「場所」，這才是所謂的「事」本身。就此具體場所來言論「真、俗諦」、

「體用」以及「理事無礙」等教義，才真正有用。華嚴佛教也好，禪宗「教外別傳」也好，若不使用及至個人存在上此場所來教人，任何教法也就不可能成立。

　　一般所謂「能指」的指向和超越，在指涉意義的同時其實也是指涉理解者本身，涉及詮釋所發出之場所與詮釋過程本身。如果說能指、符號、象徵都代表一種超越符號秩序本身的作用，此「超越」作用並不只是朝向所指意義而已，同時它又通向詮釋之場所來超越符號秩序。就處於實踐當中的「自我」此觀點而言，程朱宋理學是因為吸收佛學，才這麼地著重一個「誠」字，也才一再提出「自得」[23]、「心得」[24]之必要，又常常應用「得心」、「存心」、「吾心」、「我身內之物」[25]、「切身處」、「自家身己」[26]、「切己」以及「切己體驗」、「體察」[27]、「體認」[28]等詞語和說法。這就意謂著，詮釋學的活動並不是為了在個人的意識裡引起客觀概念，反而它要引導個人回轉到其「自我」本身所存在的處境即「場所」。可是這種理解並不等於僅僅只是相對的主觀了解，因為重點根本不在於所理解之意義本身是否為真理、是否可信或可比較而辯論的理論對象，相反的，重

23〔宋〕程頤、程灝撰，《二程全書》，3冊，四部備要江寧刻本影印本，台4版，台北：台灣中華，1986，冊3，〈二程粹言〉，卷2〈心性篇第十〉，第10條，頁22a。

24 同上，第50條，頁24b。

25《朱子語類》，卷9〈學三‧論知行〉，第44、45、50等條，頁154-155。

26 同上，卷7〈學一‧小學〉，第8條，頁125。

27 同上，卷11〈學五‧讀書法下〉，第38、39、41、43、52等條，頁181-183。

28 同上，卷12〈學六‧持守〉，第39條，頁204。又見冊7，卷104〈朱子一‧自論為學工夫〉，第26條，頁2616。

點在於個人是否實際有所體會，其是否實際上能夠靠著其個人對意義之理解來修行全善。此詮釋學所導致的具體「場所意識」因此理由，便才可以隱喻著「身體」而稱之為「體會」。照認知應用學邏輯來講，個人體悟既然總是先前於所謂的客觀理解，所以「體會」這個觀念才這麼恰當好用。

　　將話拉回來的話，哲學所謂的「主體」乃是無法以反省思考工作，即以所謂「自我」意識和其內省活動揣測到底。接著海德格與沙特所言，主體就被扔進意義當中的存在裡去，主體本身一開始存在就是先前於其「自我」了解，因而主體不可能以思索方式把握、建立自己本身。作為一個「場所」之佛教的「自我」、主體一樣也是某種「我」沉淪其中之「他者」。思惟活動唯一所有之相當穩定的基礎就是先於個人曾經存在的符號體系、能指秩序，亦即某特定的語言範圍與歷史處境。與以真理或真我為對象、目標之傳統思考相對立，作為修行實踐的思考過程本身才讓人達到其「自我」即「場所」。

　　那麼，華嚴宗以「理」和「事」兩個字所指辯證法工具來考慮所指意義與能指秩序這兩個要素，便特別適合於讓當代哲學理解作為場所之「自我」特色何在。以下一些例證能具體說明華嚴宗所主張的詮釋學哲學（hermeneutische Philosophie）觀點，凸顯出「事事無礙」說對實現「場所」與「實踐自我」的長處何在。在此若時時提及歐洲當代哲學觀點的話，目標是為了要將西方哲學家對中國佛學的觀點以及理論上這種研究之興趣所自弄明白，也要凸顯出未來佛學和哲學之交流可能所在。此並不表示，文化、歷史、生活世界各種範圍上佛學與哲學間沒有一定的隔離，也不表示，在所提到之個人思想以及個

別關鍵觀念上就可以忽略思維體系之獨特性。不過，為了成就
另一種詮釋學哲學，當代詮釋學必須關懷於各種歷史經驗當中
顯現之現象與觀點，所以它還是可以吸收現象學的方法並且採
取跨文化哲學的視角，然後在矚目中國華嚴佛教詮釋學思想
時，將有所收穫。

四、華嚴宗思想對「場所」及「時間」之使用

（一）就「因陀羅網」講「場所」

最早應該是杜順和尚（西元557至640）為了反對「超越」
之期待，提出跟「場所」觀念極近的說法。他在其《華嚴五教
止觀》中解釋「華嚴一乘圓教」，而從其對「因陀羅網」比喻
的詮釋[29]可得知，他要指出，為了進入「緣起法界」，必須首
先進入自己向來所占有之生存、觀察的立足點。眾所周知，此
網絡每一環結上有特別明亮的一顆珍珠，所以可以想像網絡
上所掛每一顆珠都反射顯現一整個環境。聽起來真像近代西方
佛學最愛講的「net of Indra」，亦即被視為「華嚴形上學」之
「世界觀」（Weltbild; Weltanschauung）、表示著「一中有一切」
之「互賴因果理論」（theory of interdependent causation）[30]。不
過這是可質疑的理解，因為華嚴宗詮釋學哲學顯然根本不是一

29《大正藏》冊45，杜順說，《華嚴五教止觀》，頁513（T45, no. 1867, 513）。
30 Cook, *Hua-yen Buddhism*, 6/15-16/63; Chang, *The Buddhist Teaching*, 13/38;
　　Odin, *Process Metaphysics*, XVIII/2-3/23-25.

種形上學理論，它主要目標根本不是要讓我們「理解」存有本身，「透視」所有一切之真理。許多學者所忽略的，乃是這裡「因陀羅網」不過只是個「方便」，其作用並不等於理論上再現存有的一種「世界模型」。根據杜順最後說「法不如然。喻同非喻」[31]可以明白，這裡「因陀羅網」這個意象僅僅只是一個工具，並不是直接描繪一切法、一切存有者、全世界的真實面貌或「真理」。

　　華嚴宗整個佛教詮釋與以「求知」為主軸的哲學基本上是不同的，當華嚴宗引用比喻時，在應用方面上不是要描述法界如何，也不是要表達其「形上學」，更不是要以哲學思考方式來闡明世界真相，而是要引導佛徒領悟到唯一具有「佛性」興起之可能性的具體「自我」何在，使之在自身上體會最原本之一個「場所」。老師妨礙學生停留在一個外在的、光屬「想像」與「意象」的觀點，他要求學生回頭瞻望自身及其身所處之局面。雖然在杜順的論說中這個關鍵可能容易被忽略，但顯然是為了這個原因，所以杜順在其陳述上才一再要求，學生應該自身投入此想像中之返影現象，就一顆珠中具體來「體驗之」。杜順言：

　　「今且向西南邊。取一顆珠驗之。即此一珠能頓現一切珠影。」[32]

---

31 見《大正藏》冊45，杜順說，《華嚴五教止觀》，頁513，下（T45, no. 1867, 513c6）。

32 同上，頁513，中（T45, no. 1867, 513b1-2）。

他又言：

「若於一珠中坐時。即坐著十方重重一切珠也。」[33]

　　因為此隱喻中珍珠的「反映」，在「反射」的同時表示
一種「現」，即「觀看」和「證悟」，所以此隱喻凸顯出的原
理是跟「視覺」的現象學有關，確實圍繞著詮釋學上的「理
解」、「體會」等議題。易言之，只有站在網絡裡頭的任何一
個方位，我們才能夠體會到這個返影現象。可是這裡所說的
「方位」並不等於幾何學、物理學所講的空間中的一點。這表
示，返影現象超過僅只為想像，而是依據觀察者本身具體所在
之「處境」顯現出來的。如果觀察者不肯對此顯現一事「具
體」來負責，若不真正投入其中的一個具體「立足點」來觀看
的話，那麼此顯現現象不就等於實在不成立了嗎？因此所謂具
體投入即「坐」，若推論徹底，乃並不以指涉所想像或所看之
網絡本身裡的某個處所，反而這個陳述其實指向觀看者本身，
這意味著他要歸寄其自己業已居處之「處境」及隱藏著的一種
「作用自我」。此比喻在邏輯上所需要的前提，既與西田幾多郎
所凸顯出的「場所」又與現象學就「身體現象」所申述的、具
有「絕對所在性」的「身體自我」確實為一體的。然而佛教徒
通過比喻所察覺到的亦不外乎此實際「場所」。這也意謂著，
為了要真正「坐」進去而體驗到此返影現象，還有時間要素也
會牽涉到此應用比喻的意義何在。

---

33 同上，頁513，中（T45, no. 1867, 513b6-7）。

　　就詮釋學哲學的角度看來，杜順申述「因陀羅網」這個例證凸顯出的道理是：我們只有以具體的方式進入意義所存在的場域，只有經由詮釋「能指」、符號秩序的時間過程，我們才能夠得到此意義。這也就表示，我們不可能拋棄我們本身的存在，朝向一超越的真理境界走去。正好相反，我們得要肯定我們無法確認之一種「作用自我」仍然就是所有的一切，因而應當回歸我們所立足之點的這個「場所」。與形上學的態度相反，華嚴宗思想讓我們將精神回轉到我們的思索歷程本身，讓我們關注其如何在時間下開展，從而教我們注意我們思考活動從什麼「觀點」出發，又藉什麼「觀點」發生，並且在每一個當下這一「觀點」本身何在的「場所」。不過，此「觀點」與傳統哲學所說的「超驗主體」是完全不同，它是與可以作為抽象題目、思考對象之超越時間及超驗或先驗的任何「存有事實」剛好相反。這裡由華嚴宗的詮釋學反思被發覺的「場所自我」是實際上存在可是哲學反思又無法直接確認之最為「具體」的活動場域本身。我們只可能經由居時空下之詮釋過程來展開這種場所，但是不可能以就言語所指之意義境界來加以思索、闡釋它。

　　在杜順所提出的「因陀羅網」此比喻上，我們就可以把德希達所強調的充替（supplément）概念[34]想清楚。就德希達來說，文字即能指之體系就無法超過而來代替所指即意義。那麼，他所謂「文字」（écriture）這一層面就可以類比於佛教

---

34 Jacques Derrida, *De la grammatologie*, Paris: Les Editions de Minuit, 1967, 207-226.

所謂「事」即「事情」、「有」亦即「事事無礙」所表示之法
界。就杜順上述之比喻來說，我們既然只有坐在一顆珠裡時，
我們通過此顆珍珠在於所有其他珍珠裡頭的反影才可能觀察到
我們自己本身。可是，反思這裡「坐」與「看」這兩個作用
之關係時，我們會發現，「坐」與「看」之間隔著不可超過的
邏輯差距，亦即是時間上的落差。所以在我們面前顯現的這
一「自我」與我們「自我」或主體本身之間，也就是空間、時
間上，就有距離，而且藉著德希達一名句，就可稱此現象為
différance，即「延異」過程。

那麼，觀察「我」（Ich/moi）來尋求「自我」（Selbst/soi-
même）本身的意識哲學到這裡就失敗了，因為在珠網中我們所
意識到的「我」只不過是個影像。但是，從這些影像唯一所
能得到的就不外乎我們所占有的、內容上其實是又空又具體的
「場所」或「處」。這樣來講，乃一整個影像無窮盡地重重相
照的遊戲就充替了我們的「自我」。不過，剛好是於此位在一
顆珠中的具體場所，某方面來說我們才能夠把握到「自我」。
那麼這裡「自我」所指乃非所看透、描述、界定的一種「自
我」、「主體」，反而是一種占有、是所「親身體認」之場所，
亦即反映與觀看的時間流程。

為了上述之場所含有具體性與時間性之理由，華嚴宗根據
三論和天台之經驗創造了新的教法。與其解釋佛經裡之原義，
亦即是真諦或真理，因而闡明獨特的教義，不如說賢首法藏
（643至712）所展開的乃是嶄新的一種詮釋學修行法。原因在
於，法藏顯然領悟到任何詮釋活動一旦含有場所性與時間性，
便會具有視角性與暫時性，乃是無窮盡的。法藏藉此洞見所創

造的詮釋學修行有兩個特色。一邊是以詮釋學理解之時間上的
「發生」本身為主，不執著於所意向且所理解之對象或此過程
之「結果」，亦即是意義和真理。另一邊則有關此修行方式，
法藏強調，即使在超越時間之意義這個層面上可以想像，達到
了般若、完備此詮釋活動以後，詮釋者與其所理解之真理融為
一體，但是就詮釋工作時間上所進行的具體理解之過程本身來
看，詮釋活動基本上包含時間性，因而是根本不可窮盡的。理
由是，只有向意義展開其理解的這個詮釋活動正在發生時，此
意義或般若、真理才存在，是經歷「十門」的詮釋活動過程中
才能呈現出來、也才能「成」即存在的一個「無盡義」[35]。

　　除了承襲西來作風外，導致新的一種「詮釋學修行」的這
個觀點，大概就是為什麼華嚴宗特別趨向將詮釋學的範圍持續
擴大，以辯證法分一為二，並且二、三、四、五門或十門裡又
各設十門[36]，甚至成一百門[37]。與「因陀羅網」中珠珠相映、「重
重無盡」[38]的反影現象相似，詮釋活動應該以輪迴的方法一再
經歷一門中諸「門」解讀，而且每一個詮釋過程中的每一個當
下、角度包容所有其他的詮釋視角，但是無窮無盡的詮釋過程

---

35 見《大正藏》冊45，杜順、智儼撰，《華嚴一乘十玄門》，頁515，下
　　（T45, no. 1868, 515c25-26）。

36 例如見《大正藏》冊45，法藏述，《華嚴發菩提心章》，頁651，上（T45,
　　no. 1878, 651a-56a）；《大正藏》冊45，澄觀述，《華嚴法界玄鏡》，頁672
　　至683（T45, no. 1883, 672a-83a）。

37 例如見《大正藏》冊45，法藏述，《華嚴經義海百門》，頁627至636（T45,
　　no. 1875, 627a-36c）。

38 見《大正藏》冊45，杜順說，《華嚴五教止觀》，頁513，上（T45, no.
　　1867, 513a25）。

當中也只是一個當下而已，所以讀者讀完全文及至最後一句以後，以其閱讀和詮釋過程中間新得到的視角與看法可以再度從開篇第一門第一句重新讀起。至於詮釋活動的無限性，法藏有言：

> 「然此十門同時相應為一緣起。就初門中有十義圓融。隨一各具餘一切義。〔……〕但隨門異耳。是故一一門中各有十百千等。」[39]

符號之體系有限而其意義產生卻是無限。不過，反過來講，也就等於，當作最後意義之真理會沉沒於能指即符號之活體裡頭，亦且近乎全然消失。可確定的不但是非「事」之「理」根本不存在，而且在「理事無礙」以上還再另加指涉詮釋過程所倚仗的語言、文字這個「能指」體系，以及思索活動本身這一層面的「事事無礙」教義，這樣才能避免思索停留在所理解之對象上，避免其無顧於其唯一得到此對象之條件，乃時間上發生之思索過程本身。因此，華嚴宗特別關懷著「事事無礙」說，叫我們完全回到指向意義的符號體系裡面來。可是「事事無礙」說不等於是指某種觀念或意涵，而是個口訣、是個工具。法藏正是依賴著此說法，把表示意義或「理」之符號，即作為所有現象之「事」，提高於「理」以上。轉變角度後，他展開時間上發生之詮釋、理解活動本身作為目標之「應

---

39 見《大正藏》冊45，法藏述，《華嚴發菩提心章》，頁656，上（T45, no. 1878, 656a2-6）。

用學詮釋學」。他應用傳統解說經文的方式，讓學生慢慢地進入其教學焦點，也就是學生所處之「場所」。法藏所規劃的「詮釋學修行工夫」，乃是應用解說活動本身，叫學生進入其原來所處之具體處境。以下分兩段來說明。

（二）「時間」觀念與詮釋學之使用

第一、在《華嚴發菩提心章》一文中，對於華嚴宗的詮釋學者作為虛假「事」的聖言、經文與作為真諦「理」之關連上，法藏提出修行十種態度，首先將對經文所施行的詮釋學實踐，以五個不同角度、對象或目標分五階段辨別：一，「聖言」和「經典」；二，作為其具體代表者乃「文句」和「文字」；三，此言語層次上所指之「意」、「旨」或意義、義理；四，作為此意義所示之事實即「理」和「性」；五，補充和包含這一整個「言教」之言語意義範圍的現實範圍，即「修行」[40]。由此可知，作為解釋、體會經文意義的詮釋學活動即「教」這一層面，直接滲入修行實踐即「行」。理解經文這個詮釋學工夫本身就變成最重要的進修方法。佛教所固守之兩個個別修行方式乃「教」和「行」，在法藏所設計的應用學詮釋學中，內涵上完全融合在一起。但是，因為修行比理解該更為原本，所以法藏將詮釋活動本身當成是華嚴宗修行具體所落實之場域看。反過來講，若修行工夫根本不可能遺棄「意義」這個範圍的話，就表示實現修行活動不可能在詮釋過程之外發生。法藏將意義產生當中所發生之言語應用明白凸顯出來，從而在其獨特

---

40 同上，頁651，下至頁652，上（T45, no. 1878, 651c1-652a1）。

的詮釋學哲學上形成新的應用學詮釋學。令當代哲學佩服的
是，在詮釋學工夫上，將意義面向與使用面向完全融合的同
時，法藏又復意識到，他自己以言語解釋經文之義理這個詮釋
活動本身，業已等於是歷史上所實行的、「教行合一」的言語
使用，亦即是華嚴宗所標榜的詮釋學工夫之開頭。人所居之處
境不外乎詮釋學所關懷之「事事無礙」的文字、意義境界，而
且此境界以場所性、視角性與時間性為其特色。

　　從佛教的角度應該說，「修行」一方面當然比「理教」、
對意義之理解重要，所以連續不斷地在發生之所有詮釋活動不
得不歸屬「修行」之具體展開。但另一方面這也就是承認，
「修行」不只不可能乾脆遺棄「理事」關係與「事事」關係所
示之緣起境界，「修行」不但無法脫離包含「能指」與「所指」
之間辯證法關連之意義、符號體系這個範圍，更是基本上修行
活動正是被解釋教義這個過程所實踐。的確根本沒有另外一個
非為面對著「理」和「意義」所可能實行之純粹修行。為了實
行其修行上所固有的具體成果即覺悟而成為菩薩，卻要預先回
轉到出發點，回歸到眾生所居之處即「事事無礙」之境界，但
在佛教徒看來，此境界也就是意義與文字本身。再更明確一點
地界定場所的話，乃就可說：「場所」等於詮釋者某時節某文
字上所居處而無法以絕對的尺度來界定之具體詮釋學觀點。此
「場所」是詮釋學修行過程當中之「自我」所在。我們若不實
際上進入此無盡之詮釋活動來展開意義，則根本不可能有任何
「自我」，亦即是任何面臨業報或覺悟、解脫之主體可講。

　　卜勒（Karl Bühler, 1879-1963）、奧斯丁（John L. Austin,
1911-1960）與莎爾（John Searle, 1932-　）等學者在現代西方

語言哲學脈絡下凸顯超過傳達意義的言語使用方面，但法藏更早就曾經從詮釋學的立足點將落實於意義產生的使用方面明白指出。與現代語言哲學的說法為對照而命名之，乃可稱之為「文字使用」。根據現代哲學的言語行為理論所示，或許可以將法藏之詮釋學哲學論點稱為「詮釋學的行為理論」。可是，華嚴宗佛教思想當然不符合所謂理論的這一歐洲哲學視域，因而法藏有關詮釋學工夫的價值給予這樣的解說根本不會成為「理論」。法藏的詮釋學哲學本來不外乎那麼一種具體詮釋行為。西方哲學一直無法意識到的重點就是，假設所有言語活動除了指向意義以外還加以含有使用方面，那麼歐洲哲學歷代所闡說之各種各樣的「理論」本身亦非例外，這些「理論」一旦變成「論說」以後，也含有理與論即意義與使用這兩個方面。換句話來說，當哲學提出「理論」時，這也是一種行為，而且是影響力極大的行為。

　　第二、法藏於哲學除了對理解「場所」之外另有的一大貢獻，乃其對時間觀念之分析。在〈十世章〉一文中[41]，他根據佛教傳承，先把時間觀念分成過去、現在、未來三重，然後再把各重另分成過、現、未三重。此九重時間論有三個長處。一，內容上時節和時節便這樣相互交纏而連結起來；二，每一個時節非為固定，它內裡包容距離、分裂和流動性。需要這樣的解說，才能反應人對時間之體驗。也就是當探討「時間」現象時，解說者即是時間上所進行的解說過程本身一直被其所解說

41《大正藏》冊45，法藏述，《華嚴經明法品內立三寶章〔卷下〕‧十世章》，頁621下，至頁622下，（T45, no. 1874, 621c-622c）。

的體驗擁有；三、因為九重往前往後是開放性的，所以此理論能抓到時間是無窮盡的現象這一道理。

　　在此按照順序來討論此三論點。當奧古斯丁（Augustinus, 354-430）接著亞里斯多德（Aristoteles, 385-322 BCE）來分析時間觀念時遭遇大謎，因為根據其存有論基礎，所謂的時間本來指的應該是「時節」，是分開而不連繫的過去、現在、未來三個獨立且不同的「當下」[42]。那麼，在佛教的九重說之下就可以將時間之所有層次在實質意涵上糾結起來，因為邏輯上而言，說過去之未來不外乎現在之現在和未來之過去。如此可見，從某角度所稱之「現在」的時節，若從另外一個角度來看，相對屬其「未來」之時節就該稱之為「過去」。我們習慣所稱之「現在」的剛剛過去的當下既然是整個時間組織的一部分，所以它本身就含有非定性，它本身就亦是驅向未來也是驅向過去，才是「現在」。每一瞬間的「現在」本來就非「在」而表示「往」且「向」。

　　然則於每一個時節當中，一整個時間結構是全然存在的，每一個當下實際擁有整個時間過程。而同理也就該說，一個時節非為限定完整的一個存有者，因為每一個時節內裡具有一定的距離、分裂，它內在就有流動性。法藏這個九重時間論的第二個長處正在於，與認為時間是由靜止而固定的成分所組成的三重論有所不同，法藏將時間剖析成九重的論說，可以在時間觀念上反映我們對時間原來既有之體驗，亦即流動性。照九重論而言，各重內涵上既表示這個又表示那個，並不是確定性

---

42 Augustinus, *Confessiones* XI, 17/18.

的，所以此觀點所注意的再不是各個層次單獨成立，反而是重重之間連續地有過程在發生。這好像僅僅表示，為了要解釋時間觀念，我們就得連續地更換角度，結果有這麼一種「過程」在發生，彷彿這僅僅只是理解時間觀念上顯現的問題，而並非時間本身所呈現的特色。不過，為了理解時間結構，在時間下施行的那麼一種「詮釋往來」也就等於我們對時間之體驗上可發覺的特徵。九重說將時間體驗上本來既有的視角性清清楚楚地凸顯出來。

　　反思動態性可以算是佛教對時間現象所提供之分析為何勝於胡塞爾的現象學分析。胡塞爾纏委於傳統本體論之成見而尚未弄明白，確定時間觀念所要求乃不外乎時間上所進行之解說過程本身。我們若把「時間」當現象或體驗來說時，則「時間」這個題目並不如同其他所謂存有者的對象一般，可以完全在理論範圍裡限制界定，至於與「時間」相反的是解說者本身，亦即是所解說的體驗業已涵蓋時間下被進行的解說過程。藉由形上學偏見，歐洲哲學一直錯過時間觀念裡所不可或缺的視角性。作為複雜過程的時間就不是存有者，也不可以就本體論脈絡下界定，因而海德格才突破性地主張，「此有」（Dasein）即是時間，人生即「此有」的特徵是它使整個存有時間化。不過，另與法藏思想不謀而合的有日本鎌倉時代曹洞宗道元和尚（1200至1253）。道元在其《正法眼藏・有時》一文中也曾經發現此道理。

　　法藏時間為九重論說第三個長處在於我們如果這樣分析時間的話，我們就能夠抓到時間「無邊際」即無窮盡這一道理，因為上文所述九重往前往後是開闊著，是還要再更加上無窮無

盡之重重，我們才把我們對時間本身的體驗描述得完整。而
且，憑時間的具體現象，法藏把每一個層次、每一個時重稱謂
一「世」，也就是「世世相傳」的人世、世代，在上述的基礎
上便很有道理，這個名稱就更是把時間上無窮盡之聯繫凸顯出
來了。

　　不過，根據哲學觀點講到了這裡，才能看透，活躍於佛教
繁榮且成熟之盛唐時代的法藏對時間哲學最了不起的貢獻為
何。華嚴宗時間哲學的真正突破在於，在九世重重編成的組織
上，法藏最後又加上「第十世」一重，乃是「一念」。此「一
念」內涵上是「活著」、流動的，內裡含有一切「當下」所呈
現上述辯證法，可是「一念」不但是跟前列九時重平等之另一
具體的「世」，它復又代表擁有整個時間流程之「總相」[43]。不
可以將此「一念」跟佛教另外所主張的剎那即時間極小的部分
或者跟亞里斯多德所講的「目前一點」混雜起來。當觀察時間
體驗時所使用之立足點就不外乎此「一念」，但是同時此「一
念」亦非外於所觀察的具體現象即時間脈絡。所以根據法藏這
個發現必得說：我們如果要詮釋時間觀念而界定時間的話，首
先得要「參與」時間，我們必須進入時間的具體過程。觀察者
將自己時間化，此成為足以詮釋時間的不可忽略之條件。這
是為什麼占有外在的「客觀觀點」的歐洲形上學傳統，幾千年
來無法好好地解決在描述、分析與闡明時間體驗、時間現象時
所遇及之困難。不過，作為思考者之觀點的「一念」裡既然納

43《大正藏》冊45，法藏述，《華嚴經明法品內立三寶章〔卷下〕‧十世章》，
　　頁622，上（T45, no. 1874, 622a12-13）。

入一整個時間聯繫，則「一念」本身就是所謂絕對的、無法界定的、最基本的「場所」。作為「一念」的這一「世」再也不只屬於所闡明之時間結構，「一念」同時也就是諸思維、詮釋活動的具體「觀點」時間上所在，亦即詮釋者本身的「時間場所」。圍繞著作為場所的此「一念」的詮釋行為由此原因就變成無窮盡且分分秒秒完整的一種向內開闢的歷程，亦即相近曹洞道元所提出的「經歷」[44]。在此終於可以看到「因陀羅網」中那個「場所「自我」的時間化。

五、結論

　　將法藏如何理解時間觀念與其對詮釋學修行的解說聯結在一起的話，可得以下三點來為整個論述作個結論：一、如同時間上之「一念」並不超越時間之九重組織一般，為了得到「所指」即意義或「理」，詮釋學不能脫離具體詮釋工夫、拋棄「能指」秩序，即「事」，這是「事事無礙」說之應用學意思所在；二、為了認真開始實踐此詮釋學修行，在「無我」中要避免忽略一種具體場所性之「自我」，才能遺棄僅僅著重「理」的態度，避免沉溺於天竺龍樹學派以及中國中道之學、三論宗傾向以「中」為「超越」這種見解中。在「事事無礙」之具體境界以內才可以展開法藏根據整個《大乘起信論》的傳統所謂

---

44 見道元著，《正法眼藏·有時第二十》，水野弥穗子校注，4冊，東京：岩波，1990，第2冊，頁50。Rolf Elberfeld, *Phänomenologie der Zeit im Buddhismus. Methoden interkulturellen Philosophierens*, Stuttgart-Bad Cannstadt: frommann-holzboog, 2004.

的「初發心」，其實是在「事事無礙」之境界內裡才能開拓我們個人的時間化之現實「場所」、「自我」及「主體」；三、此「場所」不能跟意義產生以及詮釋活動分開，它等於理解者在某時節面對著某意義所體認而且無法定義之詮釋學觀點。照此看法，覺悟、成為菩薩、歸入涅槃等理念所表示的，並非超越生死輪迴之結果，反而等於「詮釋學修行」過程本身，是輪迴脈絡包括在內的一場發生而已。

最後，假如以詮釋學哲學這個名稱來理解華嚴宗所主張的詮釋學的修行法，如果「事事無礙」這一關鍵詞句和法藏對時間所給出之陳述有關的話，那麼佛教可提供給當代西方哲學者為何這個問題，也已經得到了清楚的答案。必定要反對超越的「理」而提出具體之「事」，就等同於浪漫時代以降，哲學批判各種各樣的柏拉圖式的觀念主義，著重言語、歷史、文化。為了了解場所性的「主體」與時間關連為何，向華嚴宗的教學經驗和詮釋學思考工夫借些哲思將大有幫助。傳統哲學一直既堅持但又無法想通的「主體」、「自我」概念，但是當今處於「去主體化」之下的哲學一旦接受佛教對時間化的一種基本「場所」之闡明的話，乃就可能意識到自己的前提以及自己的界限所自，更會重新考慮到所有言語、意義現象上所謂使用性這個現實範圍，因而將能夠改變其角度，而把哲學思考活動完全當人生行為看。那麼，現代所謂哲學，在「去主體化」這個時代結束之後，或許還是會聽從柏拉圖早期曾經提及的「場所」這個課題，而變成跟大乘佛教平行之另一種場所思索活動。

第三章

介於翻譯和身體模擬之間的
詮釋學

一、理解、場所與身體自我

　　奠基於「彼此互相了解」、「達成意見一致」（sich verständigen）的這種根本經驗，詮釋學所追求的「理解」、「領會」（verstehen）通常被視為某種意義下的「翻譯」（übersetzen），乃將一個語意從原來的、陌生的言語脈絡翻成理解者較熟悉的另一個言語脈絡。即便對「詮釋」（Auslegung）的這種看待並非理所當然，尤其是高達美哲學詮釋學就並不是毫無疑問地肯定以「翻譯」典範來理解「詮釋」這種思路。然由於本文之後為了釐清「何為詮釋？」所解釋的策略，便還是將「翻譯」觀點當作思考的出發點和鋼索，希望經由對高氏論述的某種逆向解讀，對此進路的合理性最終可以爭取某種印證。再來，藉由這樣的研究假設，另一方面要探索的問題牽涉「身體」這個當代哲學課題。不過，茲所謂的「身體」既於笛卡兒主義下的「物體」亦與常識所謂的形體、肢體、身軀截然不同。身體作為現象指涉一件非常獨特的知覺對象，即「靈活體」：「我的身體」和「他人的身體」。「身體」這個現象學觀念同時卻又指涉一種活生生的活動脈絡：身體不但承擔自我連繫自身的這種轉換作用，而且也給自我敞開世界，它讓我通往萬物與他者，並一直不斷地重新劃分自我與外界之間的界線。基於身體涉及一個我的世界性，身體其實等於是一種活動場域，它不局限於僅只是我所擁有的「一具身體」。依據胡塞爾，身體這一現象組織從一開始指涉「運作著的身體」（fungierender Leib），而經由梅洛龐蒂的身體現象學研究，傳統身體觀已經有重要擴充：人的身體是知覺場域與意識之間必須被預設的一種交錯、糾纏關係，身

體主要也就是一種連結情形。最終，由於意識主體、意識我必然落實於身體性，因此可以根據華登菲將傳統上的「身體」更精確地視為「身體自我」（leibliches Selbst）。

　　若將現象學的身體論述作為出發點，另外還值得提問的是：「理解」和人「作為身體而存在」（Leibsein），即「身體自我」，之間有沒有關連？能否將詮釋實踐從「言語」（Sprache, langage）這個拘束解放出來，隨而將「理解」這個現象回溯到身體自我的運作上？為了初步探討此問題脈絡，本文將在詮釋學對「翻譯」這種詮釋方式既有之概念上凸顯不足之處，再概略提出「身體」和「意義」（Sinn）之間的關係。上述兩個問題脈絡之聯結就在於「模仿」（Nachahmung）、「模擬」（Mimesis）這一環節，而且本文目標在於要為「身體模擬」（leibliche Mimesis）是「意義詮釋」（Sinnauslegung）上的關鍵要素這種主張作辯護。

　　介於「詮釋」與「身體模擬」之間有啟發性的橋梁乃是「翻譯」，因此，圍繞著翻譯現象，本文要初步探究的問題是：任何翻譯、詮釋及理解活動如何皆預設超脫言語和語意範圍，而且涉及身體運作的某種模擬？對詮釋學至關重要的問題或許根本不在於「恰當、正確」的詮釋和理解是否可能，而在於，詮釋、理解活動本身如何可能，以及其發生勢必牽涉到哪些生活條件。以這樣的省思所企圖的是，要讓哲學詮釋學超脫潛在其中的認知論影子，將其焦點遷移至某種實踐哲學的場域。與其唯僅關注詮釋和理解的先在條件，詮釋學反省還不如將詮釋活動本身視為某種「發生」（Geschehen），而且是一種貫串整個人生的發生，而不僅只是對理解之可能與否的那種實現和印

證。與其將「意義」僅僅歸結到某種在指涉上發生影響的視域和視角為個別意義之內裡所暗藏的先在條件，還不如追問這個詮釋學情境：基於理會過程當中身體模擬作為最初步驟，任何具體的詮釋視角不再是可以絕對被實證出來的那種要素，反而隱含著某種無法超越的模糊度和偶然性，這原是身體存在上發生之一個原始的模擬活動對思維、語意、溝通等層面上發揮之意義理解勢必施行的「具體干涉」。

　　為了更明確地呈現此疑問和此進路的合理性甚或必要性，首先要從一個跨文化的省思來切入這個問題脈絡，要指出詮釋學一個頗嚴重的盲點。中文語彙和文字本來暗含非常豐富的哲思，而且若以海德格的字源學模式為範例，中文哲學詞彙的啟發實在珍貴。在華語這個當代哲學語境中，詮釋學特別著重的「理解」、「領會」未必局限於光亮和視覺所劃分出來的比喻脈絡，中文的「理解」未必設置「清晰地觀看」當作唯一的或最適合的聯想脈絡。在華語的思考範圍中，「理解」多半涉及一種更為具體的經驗，而且也牽涉整個身體自我。是故，「理解」、「領會」等概念的同義詞其實不少，諸如「體會」、「體認」、「體知」、「體察」、「體覺」、「體悟」等都是。在某種程度上，這些詞語似乎都為了更加扣緊思維、言語上的意義而產生，卻都歸結至另一種更為具體的場域，乃包含身體自我的那種深層的理解工夫。中文詞彙會如此強調身體自我對意義的「體驗」功能，莫非有其道理？

　　只要將中文哲學語彙與西文中的視覺典範，即與歐洲哲學一直以來所著重的「觀照」即「理論」（theoria）、「直觀」（intuitio, Anschauung）、「看出」或「明證」（evidentia）、「明

亮起來」或「啟蒙」（Erleuchtung, enlightenment）等關鍵術語
互相對照，根本的差異就會揭露出來。自古以來，歐洲哲學所
追求的「真理」是一種思考者要視透的「真相」，因此柏拉圖
的「理型」（idea）以及亞里斯多德的「本質」（eidos）皆指
內在於被凝視之現象的另類「外觀」。華語表達顯露一種文化
抉擇，或者說此現象標記一種非常原本的經驗，而此經驗與
「明見」、「視透」截然不同，中文傳承以「體」道這種智慧取
代根本不合理的「視」道。「理解」其實都必須是全身全心的
「體會」才算數，而且學術性的以及詮釋學的「理解」亦不例
外，任何「理解」都根植於比精神活動及對意義的想像更深層
的經驗，皆牽涉到理解者個人以其身體自我所安處之情境。甚
至「覺悟」一詞不就是如此嗎？某種意義下「覺悟」等同於
歐洲文明所追求的「洞察」、「明亮起來」、「啟蒙」，但「覺
悟」顯然歸結至另一種普遍經驗，此詞指向「覺醒」作為身體
自我發生的徹底轉化。鑑此，一旦哲學應用中文思考或書寫，
「理解」自然會包含「體會」這種意涵，「理解」標記這樣的經
驗：任何理解的發生等於是穿透一整個身體自我的一種突破與
轉化，使得人的身與心雙面都「任隨」亦即「體任」被理解的
意義。

　　再來，眾所周知，中國古代思想極度關切詮釋活動以及各
種詮釋學方法，將之作為其基本的思考模式，乃是不能再明確
之史實。那麼與其將此詮釋學傾向僅僅視為一種對文本解讀的
癖好，不如說古代對詮釋學實踐所抱懷的理想實際上等於是一
種「體會學」。換句話說，不管是儒家、道家還是佛門，各個
思潮之下詮釋實踐都牽涉詮釋者本身的生活實踐，詮釋實踐被

視為將傳統所隱蘊的意義真正化為已有的那種閱讀技術。恐怕
只有當我們這樣來理解中國哲學為何如此著重詮釋學時，才會
明瞭，尤其是儒家思想和佛學為何都將經文詮釋當作涉及道德
或解脫之可能的修養、修行工夫看待[1]。可是，假設這樣描繪詮
釋學的生活價值是妥當的，不就呈現了中國古代的詮釋學態度
和高達美的哲學詮釋學確實有重要交集嗎？為了釐清此關連，
亦即本文的出發點，此處概略陳述華嚴宗初祖杜順和尚（西元
557至640）的詮釋學。

　　在其〈華嚴五教止觀〉中，杜順闡釋佛教常用作比喻的
「因陀羅網」，在意義詮釋活動上凸顯出可以命名為「場所」
（Ort）此一關鍵向度[2]。在這個網絡的每一束結上帶有一顆明亮
的珍珠，隨而類似萊布尼茲所言之「單子」一般，每一顆珠會
從其各自所在的角度來反射顯現整個網絡中所有其他的珍珠以
及每顆珍珠各自所反映的景色。該文中杜順緣起論的思考焦點
並不置於某種「華嚴形上學體系」，亦不是為了標榜「一即一
切說」因而引進「因陀羅網」比喻。相反地，杜順的「因陀羅
網」顯然是一個教學上的方便應用，他企圖引導佛徒去領悟唯
一具有佛性興起之可能性的具體自我何在，也就是令佛徒在自
身存在上體會最原初之那個場所。因此描繪「因陀羅網」中呈
現出來的整個景象之後，杜順還特地呼籲學生：

1　有關這類研究可以 Mathias Obert, *Sinndeutung und Zeitlichkeit. Zur Hermeneutik des Huayan-Buddhismus*, Hamburg: Meiner, 2000。

2　杜順說，〈華嚴五教止觀〉，〔日〕高楠順次郎等編，《大正新修大藏經》，東京：大正一切經刊行會，1928，第45冊〔＝T 45, no. 1867〕，513。

「今且向西南邊。取一顆珠驗之。即此一珠能頓現一切珠影。」[3]

然後他又說：

「若於一珠中坐時。即坐著十方重重一切珠也。」[4]

自這些說法可以得知，在這番討論當中，杜順真正要提出的論點是：佛徒與其在詮釋活動上尋求佛法的某種超越意義，還不如逆向歸回到自身生活來，重返至自身本來所處之境。理由是，佛徒自身業已身所處之具體存在場域，乃就是他從對佛法、佛經一整個意義詮釋工夫上可以衍生出之最原本的出發點。此實質場所就是任何理解工夫勢必會牽涉到的視角和處境。唯獨當佛徒捨棄對某種整體畫面的想像與認知，返回到隱藏於任何想像、求知或動之中的具體處所來「體會」佛法之最高境界，方才能有所領悟。易言之，唯有當佛徒就一個具體的、生活的立足點來面對佛法，唯有當他讓佛法義理落實呈現於一個具體場所，方才可能達成名實相副的真實理會。

比喻中珍珠所產生的反映景象牽涉到佛教的證悟，但其原理同時卻亦涉及詮釋學上的理解問題。類如比喻中體驗反映現象的佛徒一般，一個詮釋者也必須將某個意義歸結至自身實際所隸屬之視角而觀察探索之，甚至必須將此意義回溯至其

3　T 45, no. 1867: 513b1-2.

4　T 45, no. 1867: 513b6-7.

生活行為上的具體角度，始可能獲得所謂理會，即「與義理相會合」。恐怕唯有透過杜順所提出的那種體會方式，詮釋學所嚮往之理解才得以實現。佛徒被要求投入網羅中特定的一顆珍珠中，然後從這個具體視角來體驗整個反照畫面，亦即要「體驗」法界義理，才可能理解此文之意義。這個比喻在其敘述邏輯上所預設的前提，與我們的身體本來所代表的「絕對所在性」（absolute Örtlichkeit）現象確實一致。詮釋佛法的佛徒與其嚮往一個文本中被假設之超越的意義境界，還不如回窺自身所處之局面，亦即返回至一個內在的場所。

　　根據海德格對詮釋學情境的申述，只有當詮釋者親身投入某種意義經驗，讓文本意蘊落實在其自身存在上，只有當其投入作為整個意義脈絡最根本的出發點，即自身所處之「詮釋學處境」（hermeneutische Situation）[5]，詮釋者才可能真正有效地「托出」（austragen）某個意義。海德格原本為的是藉由詮釋活動肯定任何詮釋、思考、求知活動不可或缺的「循環性」（Zirkularität），它卻也將思考工夫上的自我透明度提高了[6]。然而，我若將其論述與任何以循環性為特徵的具體生存場所此一現象，例如與上述珍珠中的反映景象及座落珠中觀看的

5　Martin Heidegger, "Phänomenologische Interpretationen zu Aristoteles（Anzeige der hermeneutischen Situation）. Ausarbeitung für die Marburger und Göttinger philosophische Fakultät（Herbst 1922）", M. Heidegger, *Phänomenologische Interpretationen ausgewählter Abhandlungen des Aristoteles zur Ontologie und Logik*. Frankfurt a. M.: Klostermann, 2005 [GA 62], 346-367.

6　Martin Heidegger, *Sein und Zeit*, unveränd. Nachdr. der 15. Aufl., Tübingen: Niemeyer, 1986, [§ 32] 148-152（〔德〕馬丁・海德格爾著，陳嘉映、王慶節譯，《存在與時間》，修訂譯本第四版，北京：三聯，2012，173-178）.

那種情形連結，則與海德格原意吻合，而且這莫非就是詮釋學整個循環問題的原義所在？還是真的猶如高達美所主張，可以將詮釋學處境問題局限於只尋求「對效應歷史的意識」（wirkungsgeschichtliches Bewußtsein），亦即只將之歸結至意識哲學、認知論及思維等架構[7]？

　　當高達美從人文學上的理解來肯定「對傳承的隸屬」（Zugehörigkeit zur Überlieferung）時，他將這種隸屬情形與「歸屬某一幅畫像之透視結構的視點」[8]相對比。高氏強調如同觀者一樣，詮釋者、理解者會「發現其現成的位置」[9]，而且重點在於正確的視點乃是現成存在而應當「被發現」。該視點是由被觀看並理解之對象本身所確定，它等於是某種客觀要素，觀者卻不能「任意」（nach Belieben）選擇恰當之觀點。然高氏卻又激烈否定將重點放在「如同立足點一般尋求並且擔任此觀點」[10]。即便該「視點」作為使理解成為可能之條件，而不應

7　Hans-Georg Gadamer, *Wahrheit und Methode. Grundzüge einer philosophischen Hermeneutik*, Tübingen: J. C. B. Mohr, 1990, 307（〔德〕漢斯—格奧爾格・加達默爾著，洪漢鼎譯，《真理與方法：哲學詮釋學的基本特徵》，修訂譯本，北京：商務，2007，410）.

8　Gadamer, *Wahrheit*, 334: "Zugehörigkeit des Augenpunktes zu der in einem Bilde gegebenen Perspektive"（《真理與方法：哲學詮釋學的基本特徵》，447：「視點對於某幅圖畫的透視的隸屬性」）.

9　Gadamer, *Wahrheit*, 334: "seinen Platz vorgegeben finden"（《真理與方法：哲學詮釋學的基本特徵》，447：「發現他的位置已被事先給定了」）.

10　Gadamer, *Wahrheit*, 334: "wie einen Standort suchen und einnehmen"（《真理與方法：哲學詮釋學的基本特徵》，447：「找尋這個視點並取作我們的立足點」）.

該被視為限制，但依據高氏，它又不等同於主體行為上所抉擇認同的某種「立場」。由此可見，高達美唯一所關切的乃是理解的合理性，然而不是理解實際上發生之可能性和其內在條件等問題。

就高達美所探究的問題和範圍而言，亦即「何謂正確的或合法的理解？」，則這些說法儘管有道理，但其同時也就將另一個道理蒙蔽：即使歷史傳承為詮釋者確定並提供「現成的位置」，但此位置或視點歸屬被理解的歷史傳統這個脈絡的同時，它畢竟亦歸屬理解者本身所處之當下。易言之，任何理解的視角若取決於被理解的歷史範圍，它則同時也必須落實於理解者的當代，亦即一個生活時流。因此不可被忽略的是，詮釋者確實必須具體來接受、擔任此位置，它方才能夠在效應歷史視域中對詮釋者本身成為一個實際有效的「視點」，也才會實現自某固定視角才成為可能的那個最為合法、合理的理解。與其說該視角只關係到理解的邏輯，還不如將其歸結於歷史、時間當中發生之理解實踐，也就是承認它必須注入於一個具體充實的觀看、理解活動，否則並無理解可言。實質「接受、擔任視角」這種努力，並不異乎杜順所強調的「坐」和「驗」，也就是終究牽涉到時空中身體自我所代表的這種「具體」的場所。

我認為此處質疑高達美上述引文所呈現之某種偏見不但合理而且很重要：高達美對效應歷史意識所作的陳述中，外在的描述和唯一是真正相干之第一人稱角度之下的描述恐怕是混淆不分的，而且從外在觀點過渡到第一人稱角度即實質有效的場所這種轉換，依照杜順所提醒，其實就是詮釋工夫務必要留意的關鍵。歸根究柢，高達美哲學詮釋學所追隨的看法雖然似乎

是正確的，但是由於其依然受形上學偏重第三者的觀點以及對象化體系的描述這種拘束，因此高氏詮釋學還未全部發揮處境、效應歷史等觀念的意蘊。

　　那麼，與其沿著上引佛教文獻之思路往下推，本文毋寧探索另一種設想：基於「場所」在詮釋實踐上所扮演的關鍵角色，再基於決定性的這個場所不外乎我自身的「在此」（Hier），亦即身體自我所在，可否藉由此跨文化哲學視角為出發點，進一步來批判乃至補充、糾正歐洲哲學知名的「邏格斯中心主義」，即是調整過度關注言語上的概念和邏輯思索的基本抉擇？易言之，身處華語當代思想脈絡下的我們，當今如果加強著重諸如「體會」等詞彙中的「體」字，我們會不會對哲學詮釋學上所謂的理解，達成嶄新且更為貼切於事實的看待？

二、身體現象學與詮釋學

　　19世紀不僅只奠基於詮釋學上衍生人文學，同時哲學還經歷另外一種影響力頗大的發現：哲學開始關注、省思身體這個議題。《查拉圖斯特拉如是說》（*Also sprach Zarathustra*）中，尼采曾經主張，身體自我是個人存在之最大且最原本之範圍，作為身體而生活的自我乃包含意識、思維、言語、主體及「我」等場域[11]。另一方面，佛洛伊德創辦精神分析為新心理

---

11 Friedrich Nietzsche, *Also sprach Zarathustra*, F. Nietzsche, *Kritische Studienausgabe*, ed. G. Colli/M. Montinari, 15 Bde., 2., durchges. Auflage, München: DTV, 1988〔= KSA〕, IV, 39-40（〔德〕尼采著，《查拉圖斯特拉如是說》，錢春綺譯，北京：三聯，2007，31-33）.

學、精神病治療方法，尤其是以「無意識」、「前意識」及
「衝動」等觀點來打擊笛卡兒以降支配著哲學的思維主體這種
神話，而且在意識範圍內揭示出身體自我的許多影跡。因應這
些強烈的挑戰與轉向，在傳統意識哲學背景之下，胡塞爾發展
出方法更為敏銳可信的現象學。不過，若從胡氏諸如《觀念
二》、《物與空間》、《歐洲科學的危機》等探討可得知，身體
也是胡塞爾現象學從一開始並且終其一身所關切的現象，而且
在某種程度上，此議題煩擾到原先被規劃為純粹意識哲學的現
象學。

尤其是當胡塞爾一再地探究「共同世界」（gemeinsame
Welt）與「主體間性」（Intersubjektivität）這兩項議題時，
他不得不引進身體，而且也不得不區分作為對象的「物體」
（Körper）與活生生且具有內外雙重性之「身體」（Leib）[12]。可
是，若從此角度看來，個人之「作為身體而存在」這個現象，
自然又牽涉到人與人之間的溝通活動以及言語上的整個意義構
成、意義詮釋。早期已發生的這些重大變遷，使現象學愈來愈
專注作為意識活動、思維及言語之歸宿場所的身體自我。因
此，之後隨之逐漸問世的身體現象學為整個意識哲學帶來了視

---

12 Edmund Husserl, *Ideen zu einer reinen Phänomenologie und phänomenologischen Philosophie. Zweites Buch: Untersuchungen zur Konstitution*, ed. M. Biemel, Den Haag: Nijhoff, 1953 [Hua IV], [§ 18] 55-90, [§§ 35-42] 143-161; E. Husserl, *Ding und Raum. Vorlesungen 1907*（Hamburg: Meiner, 1991），[§ 47] 161-163, [§ 50] 175-176; E. Husserl, *Die Krisis der europäischen Wissenschaften und die transzendentale Phänomenologie*, ed. W. Biemel. Nachdruck der 2. verb. Auflage, Den Haag: Nijhoff, 1976 [Hua VI], [§ 28] 108-110.

角上的重大轉折，同時也讓當代哲學對諸種身體現象培養空前的敏銳度。然而詳細而言，對於哲學詮釋學以及理解問題，這些歷史發展表示什麼？

雖然海德格在《存在與時間》（*Sein und Zeit*）一書中並未專門討論「身體」，但在他對「此有」（Dasein）的存在方式所進行的闡明當中，特別是在他論及「世界性」（Weltlichkeit）[13]問題時，「身體性」這個現象組織還是透露出來，某種意義下身體甚至是一整個探究的主軸。再者，戰後海德格奠基於同樣的思考架構，專門討論隱含其中的身體性問題[14]。鑑此已可充分肯定的是，對海德格的詮釋，若將身體性當成其思想不可缺乏的關鍵環節看，則並不為過。到某種程度，海德格實將詮釋學與對意義的理解都關連到身體自我，以下稍微說明。

為了探索「對世界的領會」（Weltverstehen）這個議題，海德格很明顯從具體的「周圍世界」（Umwelt）及其「空間性」（Räumlichkeit）[15]問題談起，揭示此有如何落實於身體自我以「設置空間」（den Raum einräumen）[16]，它又如何首先而且通常以「操勞」（besorgen）的方式與世界、萬物具體打交道[17]。

---

13 Heidegger, *Sein und Zeit*, ［§ 29］137（《存在與時間》，160）.

14 Martin Heidegger, *Zollikoner Seminare: Protokolle-Gespräche-Briefe*, ed. Medard Boss Frankfurt a. M.: Klostermann, 1987 ［GA 89］, 105-127.

15 Heidegger, *Sein und Zeit*, ［§ 14］66;［§§ 22-23］104-110（《存在與時間》，78、122-128）.

16 Heidegger, *Sein und Zeit*, ［§ 24］111（《存在與時間》，129）.

17 Heidegger, *Sein und Zeit*, ［§ 12］57;［§ 14］66-72（《存在與時間》，66-67、78-85）.

光就這幾段討論已可充分肯定的是，海德格將認知論和存有論脈絡互相交錯。是故他接著又將存有論與詮釋學融合起來，進而把此有藉身體來「依寓世界而存在」（Bei-der-Welt-sein）[18]這個存在環節和作為詮釋學主軸的「領會」和「闡明」（deuten）結合在一起。基本上應該將海德格對通往世界之路的提問從一開始歸結至兩種相容相通的脈絡，即詮釋學和身體論。

　　在其他方面的陳述中，這個雙重架構也處處發揮啟發作用。海德格在此有的存在結構上所凸顯出來的「處身情境」（Befindlichkeit）首先指的是，當此有發現自身時，此有業已身處在「此處」（Da），它在某個「場所」（Ort）[19]，也就是此有的存在活動勢必預設某個「處境」。於是，經由其無從逃避的「情態」，此有便遭遇世界作為其他者，也就是接觸到照面而來之物所附帶的一種「抵抗狀況」（Widerständigkeit）[20]。基於此「抵抗狀況」，此有被他異的世界所「碰觸」（angegangen werden），它被萬物所「呼求」、「牽連」[21]。然而，假設此有不從一開始落實於身體性，它如何可能面臨這種「抵抗狀況」，它如何可能「被指派向並依賴於」（angewiesen sein auf）世界，也就是將自身「獻身給」世界，「投降於」（sich ausliefern an）世界[22]？

---

18 Heidegger, *Sein und Zeit*, [§12] 54（《存在與時間》，64）.

19 Heidegger, *Sein und Zeit*, [§60] 299-300（《存在與時間》，341-342）.

20 Heidegger, *Sein und Zeit*, [§29] 137; [§69] 356（《存在與時間》，160、404）.

21 Heidegger, *Sein und Zeit*, [§29] 137（《存在與時間》，160）.

22 Heidegger, *Sein und Zeit*, [§29] 139（《存在與時間》，162-163）.

另一方面，「處身情境」亦表示，「情態」（Gestimmtheit）是貫穿並連繫心理與世界的整體現象[23]。此有將自身所帶入、「所處身」之「境」（Situation）原本就是一種「情境」。可是，普及於世的海德格理解若將「處身情境」這一觀點從一開始化約為單純的「情態」，而忽略內在於此原本之存在處境的身體性，這根本是非適當的文本解讀。當人的存在方式開顯存有而讓存有獲得一個「此處」，當此有同時亦讓自身所在「此處」聯繫到並領會世界、存有的時候，某種「情韻」（Stimmung）如同將樂器「調音」（stimmen）一般貫穿此有的這個存在處境[24]。不管就理論、認知活動而言，還是就實踐方面看來，人通往世界之路統統是由任何情境勢必所充盈之情緒色調渲染而成。總之，人根據海德格所面對並領會的世界，並不是存有論向來所預設的那種最大範圍抑或存有整體，但它也不是某種心理學的「情緒」所提供的世界感覺，世界首先且原本就是一場自從身體自我所在之處，藉由一種整體「情韻」被敞開的「周圍世界」（Umwelt）。此有既然「在世界之中存在」（In-der-Welt-sein），以便藉由「操心」（Sorge）這種存在結構，對世界取得「領會」，即揭露「存有的意義」（Seinssinn），這種「理解」必然奠基於身體自我所承擔的一種「體會」，以身體自我的處境為其淵源。

梅洛龐蒂更直接接續胡塞爾的理路而且更加強調，人若總

---

23 Heidegger, *Sein und Zeit*, ［§ 12］52-59; ［§ 29］134-140（《存在與時間》，61-70、156-163）.

24 Heidegger, *Sein und Zeit*, ［§ 29］134-135（《存在與時間》，156-158）.

是面對著某種意義現象而存在，任何意義經驗、意義詮釋其實皆根植於「自身身體」（corps propre）與「世界的肉」（chair du monde）[25]之間湧現出來的「野性意義」（sens sauvage）[26]。換言之，依據梅洛龐蒂，任何意義從一開始就應該被看成是「化為肉的意義」（sens incarné）[27]。藉此視角，梅氏乃將身體與言語、藝術上的表達活動結合起來，主張任何表達活動興起於身體，任何「身體運用」（l'usage du corps），即所有身體舉動，都業已等於是由某種「原初表達」（expression primordiale）所貫穿，始初奠立所有「符號」（signe）並「創闢一個秩序」（inaugurer un ordre）的，就是「身勢」（geste）[28]。因此，依照梅洛龐蒂在《符號》的第一和第二章所闡述，言語活動、言語上的意義詮釋以及人與人之間的溝通，都不但關連身體自我的「在世界且向世界、屬於世界而存在」（être au monde），言語意義甚至取決於身體自我和世界之間原來固有的那個通道[29]。不

---

25 Maurice Merleau-Ponty, *Le visible et l'invisible*, Paris: Gallimard, 1964, 169; 302-304（〔法〕莫里斯・梅洛龐蒂著，羅國祥譯，《可見的與不可見的》，北京：商務，2008，157、317- 320）.

26 Merleau-Ponty, *Le visible et l'invisible*, 203（《可見的與不可見的》，192）.

27 Maurice Merleau-Ponty, *Phénoménologie de la perception*, Paris: Gallimard, 1945, 193（〔法〕莫里斯・梅洛龐蒂著，姜志輝譯，《知覺現象學》，北京：商務，2003，219：「具體化的意義」）.

28 Maurice Merleau-Ponty, *La prose du monde*, Paris: Gallimard, 1969, 110-111（〔法〕莫里斯・梅洛龐蒂著，楊大春譯，《世界的散文》，北京：商務，2005，88）.

29 可參考其《符號》中的第1和第2章，即 Maurice Merleau-Ponty, *Signes*, Paris: Gallimard, 1960, 49-59, 95-104, 107-122.

管對話中我跟他人所達成的互相了解也好，還是闡釋文本當中被展開的意義脈絡也好，對梅氏而言，各種意義理解皆牽涉人與人共有之「向世界而存在」，因此詮釋學的特殊理解也不例外，它奠基於一原先是為身體自我所敞開之知覺場域之上[30]。

　　之後尤其是華登菲在其《回答錄》一書中，圍繞著「話語」（parole, Rede）和「行為」（Verhalten）這兩個主軸，討論言語上的意義為何勢必關連到某種身體性的實際處境，並詳細凸顯出身體自我如何多方面鋪開言語溝通的道路以及其如何在意義產生起關鍵作用。按照華氏的詳細闡述，重點在於任何言語上被構成的意義並不局限於相關理解的正確性、合法性等問題的溝通邏輯及溝通法則，反而都賴於某種更為原本的實際「回應發生」（Antwortgeschehen）[31]。例如說，當我們與別人進行對話時，我們首先會依據對方的姿勢和表情試圖體會其所訴說的意涵。再者，當我們單獨閱讀指責我們某種行為的書函時，即便無他人在場，所面對的不過是一張紙而已，但是我們居然還是會感覺羞赧，甚至會因為憤怒而不由自主地跺腳。這些實際發生某程度上豈不都是以身體自我上的自發性回應來模擬對象或文本的意蘊，透過這種身體自我回應去體會所發生？

　　然而，符號學和詮釋學將「意義」拘束於某種言語內涵，自上文概略介紹的身體現象學發現看來，該信念得獲頗大的、

---

30 Merleau-Ponty, *La prose*, 182-197（《世界的散文》，147-160）.

31 Bernhard Waldenfels, *Antwortregister*, Frankfurt a. M.: Suhrkamp, 1994, 49-88, 312-315, 463-556。又可以「新現象學」的名義探究身體現象的許密茨：Hermann Schmitz, *Die Aufhebung der Gegenwart* [System der Philosophie V], Bonn: Bouvier, 2005, [§ 292] 97-120.

卻迄今一直尚未被克服的挑戰。對身體自我的這些長達百年的探究難道不也應該涉及高達美在20世紀後半葉所構想成熟之哲學詮釋學嗎？難道貫通整個20世紀哲學省思的這個突破性的轉向不也使詮釋學不得不重新思考其理論性的基礎和架構嗎？難道身體現象學誕生之後，如今所謂的意義卻依然仍可合理地被界定為「言語意義」（sprachlicher Sinn），而為了保存、敞開、傳遞意義，詮釋學思考仍然可以將言語活動當成主要甚或唯一必要關注的場域看待？當今恐怕不再可能依照傳統觀點，將處理意義的媒介角色局限在賦與言語意旨這一層面，以言語意義為哲學典範的名義，來忽略其他主要向度，尤其是身體自我對實際理解活動的關鍵性。接下來從聯結著視角、場所、身體、模擬等環節的翻譯問題來切入核心討論。

三、高達美詮釋學上的翻譯問題

大體看來，高達美哲學詮釋學不容置疑業已將場所、處境以及視角等觀點納入到其詮釋學論述。可是，高氏恐怕沒有充分推演這些觀察所隱蘊的結論。而且關鍵很可能就在於翻譯理論。高氏一邊曾經明文主張翻譯與詮釋之間只有程度上之不同，但兩種活動並無性質差異[32]。然另一邊，對翻譯傳統上被視為詮釋學典範的這一觀點，高氏也曾非常明確地指出翻譯與對話、翻譯與「彼此相互了解」乃具有原本之不同：

---

32 Gadamer, *Wahrheit*, 391（《真理與方法：哲學詮釋學的基本特徵》，523）.

「凡是相互了解這種情形乃是說話而不是翻譯。」[33]

　　高氏似乎也就將翻譯僅僅只視為對某種內容的重新包裝暨傳達，這才謹慎將翻譯與理解區分開來。看似是基於某種刻板式的「內容—形式」區別，高氏才會貶低翻譯，將之與任何對話當中靈活地發生之真正理解對照起來。可是，就高達美所闡述的哲學詮釋學整體而言，此問題並不如此簡單，反而涉及高達美詮釋學上的某種矛盾：即便翻譯和相互了解有差異，但是高氏亦強調翻譯與詮釋乃具有同樣性質，而詮釋又再牽涉理解及相互了解。在哲學詮釋學整體看來，藉由翻譯這個典範可以顯露意義詮釋和理解本來所隱含之問題性。

　　有鑑於此內在矛盾，我接下來將試圖進一步釐清高達美翻譯論，以便凸顯出高達美哲學詮釋學上的一個重要的缺席者，即身體，並且提出一個彌補的途徑。如果本章第一節所述之概略觀察與質疑成立，則可以以作為詮釋學典範的翻譯為線索，就內在於詮釋學的向度來凸顯意義詮釋與理解本來所隱含之問題性，沿著高達美本身所追求之鋼索，將場所、處境及視角等觀點往下回溯至隱藏其中的身體因素。藉由翻譯莫非真的可以體會詮釋活動為何牽涉到身體自我？

　　有史以來，「詮釋」一直意味著「翻譯」[34]，而迄今為止，一般也認為翻譯的確可當作理解和詮釋的一種典範，而且是將

---

33 Gadamer, *Wahrheit*, 388（《真理與方法：哲學詮釋學的基本特徵》，519）.

34 古希臘文動詞 *hermeneuein* 以及拉丁語 *interpretari* 同時指「詮釋」和「翻譯」。

詮釋、翻譯都視為兩個現成的溝通脈絡或語言界之間發生的某種「帶過去」（über-tragen）、「渡過」（über-setzen）[35]。再者，一般認為翻譯就等於是一種模仿，正確的翻譯就應該盡可能在不同語言媒介中模仿原典的表達。然而，翻譯論史上這方面有許多爭議，主張翻譯非即渡過或模仿，而是一種創造。

關於翻譯論上傳達和創造之間固有的張力，此處可首先自班雅明（Walter Benjamin, 1892-1940）所提出、頗為極端的翻譯理論取得引導。班雅明界定言語為對「精神本體」（geistiges Wesen）的傳達，亦即「對可傳達性的傳達」（die Mitteilbarkeit mitteilen）。然相對於「精神本體」諸種不同語言實則同等，其僅只以不同程度或「密集度」（Dichte）來表達，因而作為媒介的言語也就等於甲語言和乙語言之間本來存在之「可譯性」（Übersetzbarkeit），而不是工具[36]。基於此理由，班氏別處強調各種言語表達其實讓某精神內涵落實呈現，而且相對於此意涵每種言語表達互相等同，即是一種翻譯。

然而，在不同語言彼此實質相互「彌補」（Ergänzung）為前提之下，翻譯的真正任務在於要將「真實言語」（wahre Sprache）或「純粹言語」（reine Sprache）的可譯性本身表明

---

35 德語與 Übersetzung 通用之 Übertragung 一樣，從［hin-/her-］über-tragen，也完全反映源自拉丁語的法、英文等語彙：traduction 自拉丁語 trans-ducere，translation 自拉丁語 trans-ferre，亦即「引過去」和「帶過去」的意思。

36 Walter Benjamin, "Über Sprache überhaupt und über die Sprache des Menschen," W. Benjamin, *Aufsätze, Essays, Vorträge* [*Gesammelte Schriften* II. 1.], ed. Rolf Tiedemann/Hermann Schweppenhäuser, Frankfurt a. M.: Suhrkamp, 1991, 145-146; 151.

出來[37]。因此班雅明激烈反駁追求翻譯與原典之間的某種虛假類比關係是譯者的任務。反之他要求將優良翻譯視為是原典的一種「持續生存」（Fortleben），乃即一種「變遷」（Wandlung）、「更新」（Erneuerung）以及「後熟作用」（Nachreife）[38]。而且應該說，原典與譯文是同等的，兩者一樣讓某種隱藏在原典之上、之後的原義落實呈現於一番實際話語。

即便班氏早於1916、1917年間初步釐清的這種看法暗藏著不少尚未解決之問題，但此論述至少讓我們體會到的是，與其將翻譯單純地歸結到原典和某種原意，並將之局限於傳達作用，還不如在翻譯作為一種領會上來發掘翻譯與世界之關連，並且發揮翻譯作為模擬所萌生之創造。

為了闡明詮釋、理解等活動的實情，高達美有時將翻譯作為一個極端例證，但他顯然不再將翻譯當作某種過渡或傳遞理解。高氏多處強調任何一種翻譯活動皆牽涉新的處境，翻譯等於是一種新的創造，而並不僅只是模仿。可是，媒介與模仿等觀念本身並不簡單，而且假如翻譯是這麼關鍵，任何涉及翻譯此觀念之意涵的疑問自然會影響我們對詮釋學既有的整個看法。有鑑於此，此處要更深入探究翻譯的概念，在翻譯活動上揭示模仿即模擬的真相，以便印證詮釋與翻譯共有之性質。

當高達美界定翻譯的性質時[39]，他首先表示翻譯文本乃並

---

37 Walter Benjamin, "Die Aufgabe des Übersetzers," W. Benjamin, *Kleine Prosa. Baudelaire-Übertragungen* [*Gesammelte Schriften* IV. 1.], ed. Tillman Rexroth, Frankfurt a. M.: Suhrkamp, 1991, 13; 16; 19.

38 Benjamin, *Kleine Prosa*, 12.

39 Gadamer, *Wahrheit*, 388-391（《真理與方法：哲學詮釋學的基本特徵》，518-523）.

不奠基於移情這種作用，方法上譯者並不應該企圖設身於原
文作者之處境，翻譯活動不雷同於某種「原初在書寫當中發
生之心理活動之甦醒」[40]。反之，譯者要完完整整地替代作者，
要獨立作主，自身發言。翻譯表示對文本的一種「模擬塑形」
（Nachbildung），而且兩種不同語界之間，亦即在詮釋者、翻譯
者和文本之間發生的這個「彼此相互聯繫」（Wechselbeziehung）
上，必然會存留著一種距離甚或譯者無法跨越之鴻溝[41]。不過，
就形式而言，文本翻譯情境跟兩人之間發生對話這種情況又是
一致的，因為「相互了解」（Verständigung）的情形亦賴於雙
方「彼此相互聯繫」。

再來，根據高達美，翻譯以及當場通譯則都必須透過詮釋
使得意義「在新的言語世界中〔……〕以新的方式落實成效」[42]，
而且此翻譯工夫所依靠「作為媒介的言語性」（Sprachlichkeit
als das Medium）乃為翻譯所「必須技巧地產生」[43]。這段陳述揭
露出翻譯和對話觀念一樣，皆暗藏兩種務必要分辨的視域。一
邊為單純只是某特定之語言脈絡以內發生之言語活動，也就是
產生、詮釋意義這種活動。另一邊則是實際上針對特定的處境

---

40 Gadamer, *Wahrheit*, 389: "Wiedererweckung des ursprünglichen seelischen
　　Vorgangs des Schreibens"（《真理與方法：哲學詮釋學的基本特徵》，520：
　　「作者原始心理過程的重新喚起」）.

41 Gadamer, *Wahrheit*, 389（《真理與方法：哲學詮釋學的基本特徵》，520）.

42 Gadamer, *Wahrheit*, 388: "in einer neuen Sprachwelt [...] auf neue Weise zur
　　Geltung kommen"（《真理與方法：哲學詮釋學的基本特徵》，518：「在新的
　　語言世界中以一種新的方式發生作用」）.

43 Gadamer, *Wahrheit*, 388（《真理與方法：哲學詮釋學的基本特徵》，518）.

被進行的、落實於某事情的、亦涉及某種行為和功利應用範圍
而被進行的那場翻譯、對話活動本身。「作為媒介的言語性」與
某一種特定的語言，這兩種不同脈絡乃是譯者同時所依賴且考
慮的要素。如果是這樣，翻譯活動便勢必凸顯出正常言語溝通
即對話所隱含之雙重層面：言語意義和言語活動、言語實踐，
亦即我們所理解和理解發生本身。那麼，理解發生似乎難免不
牽涉到某一個實際場所，亦牽涉占據此場所的整個身體自我。

　　在翻譯工夫看來，翻譯畢竟不等於是將所說造成某種「摹
像」（Abbild），而且譯者從一開始必須「將自身設入所說的方
向，亦即其意義中」[44]。譯者務必要以其個人的整個意義感遵守
文本所說，對某事情所帶出的整體取向，也就是要業已自身具
體任隨所說之意蘊，讓其影響自身的整個「向世界而存在」，
也就是讓其轉化自身存在本來既有的整個取向。可是，這好像
就意謂，當譯者透過詮釋來塑造新的話語之前，他必須以非常
具體的方式先行使得原來的語意滲透自身存在，也就是要透過
自身存在上被進行之某種「轉向」來回應於原典，譯者才可能
體會並傳遞該文義。

　　若沿著高達美本身的論述往下推，便一樣可得知，與其說
翻譯使得某種言語意義「渡過」，是將某語意從甲處被傳達至

---

44 Hans-Georg Gadamer, "11. Mensch und Sprache（1966）", H.-G. Gadamer, *Wahrheit und Methode. Ergänzungen und Register*, Tübingen: J. C. B. Mohr, 1993, 153: "sich in Richtung des Gesagten, d. h. in seinen Sinn, einstellen"（〔德〕漢斯—格奧爾格・加達默爾著，洪漢鼎譯，《真理與方法：補充和索引》，修訂譯本，北京：商務，2007，184：「把自身置入所說的話的意向及意義中」）.

乙處的方法，還不如說翻譯其實等同於某種「移置」、「移植」
（um-setzen），翻譯即是將取自某經驗脈絡的意義「記入」
（einschreiben）於另外一個經驗環境裡。尤其是對文本、話語進
行的翻譯，等於是某言語活動本身「延續書寫」（fortschreiben）
和「移寫」（umschreiben）到另外一個話語場合或文本脈絡。
翻譯的重點就不應該在「傳載」作用，亦不在「誠實還是歪
曲？」這種原則問題，反之，焦點應該被放在翻譯活動所成
效，亦即意義產生和世界敞開這種實際發生。換句話說，翻譯
問題並不牽涉所翻的內容，相反的，任何翻譯活動會轉化譯者
和接收翻譯者雙方各自身所處的處境本身。與其說翻譯牽涉某
種語意上發生的轉換，還不如說翻譯所意味的是，在接收者本
來所處之場所上發生某種轉化，亦即其世界全受著翻譯這種詮
釋、話語、表達活動的整體影響。接下來又復試圖從側面切入
翻譯現象在高達美關於理解所進行的談論上是否起某種作用這
項疑問，看能否仍然對翻譯的關鍵身分獲得更牢固之肯定。

　　乍看之下，藝術離翻譯和文本詮釋相離甚遠，不太可能
直接關連到翻譯這個議題。然而，當高氏一開始談藝術的詮
釋時，他原則上卻仍然將意義拘束於言語意義，而當他談論
藝術上的真理問題時[45]，他彷彿將對藝術意蘊的詮釋又視為某
種翻譯。依據高氏論述，當我們詮釋藝術時，我們會將作品的
具體感性型態上呈現的意涵譯成相當抽象的言語甚或概念。基
本上高達美藝術詮釋學還是維持某種傳統偏見：言語能說的範

---

45 Gadamer, *Wahrheit*, 139-174（《真理與方法：哲學詮釋學的基本特徵》，189-
　　237）.

圍相較於藝術能展現的範圍來得更廣泛，而且對哲學思考而言，言語表達絕對勝過藝術表達。這樣一來，猶如海德格一樣，為了對抗某種「審美主義」（Ästhetizismus），高達美藝術哲學強調藝術的存有論意蘊，恐怕卻因而陷入單獨關切藝術所開啟的「指涉」（Bedeutung）這種片面性，反而傾向忽略審美經驗當中藝術作品本身無以言喻、無法還原的「意義以為體」（Sinnverkörperung）這個向度。總而言之，高達美藝術論忽略審美經驗為了其極具個別性所以勢必隱含的場所，同理他就錯過專注身體的機會，而且此盲點是不是恰恰來自其居然將藝術詮釋當成某種翻譯看待，亦即把藝術意涵輾轉翻成言語意義，將藝術的表達化約為概念？

　　翻譯看似另外還引導著對兩個議題的探索。一方面高達美以浪漫時代的詮釋學為例，將顯然從事翻譯的語文學情況擱置一旁，先討論史學的詮釋學，申述歷史上的距離如何成為詮釋活動的動機。詮釋學的場所乃介於被對象化的過去傳承與自身業已隸屬此歷史脈絡這兩個相互疏離之面向「之間」（Zwischen）[46]。不過，高氏最終若排斥歷史主義而標榜知名的「視域融合」（Horizontverschmelzung）這一觀點[47]，他不就依然要求詮釋者將某種歷史性的意義從古代的視域帶入到其所身處的當代視域？不就反對以過去的名義描述歷史的歷史主義，以便主張詮釋者反而要到其本來所處的環境來重新實現傳承的意

---

46 Gadamer, *Wahrheit*, 300（《真理與方法：哲學詮釋學的基本特徵》，402）.

47 Gadamer, *Wahrheit*, 311-312（《真理與方法：哲學詮釋學的基本特徵》，416-417）.

義，亦即要透過詮釋活動讓歷史性的意蘊在當代的處境上「落實生效」（zur Geltung bringen）？然而，這樣的進路至少就形式而言完全符應於高氏別處對翻譯的結構所下的規定。再來，自高氏有關近代詮釋學發展所給之一整個討論看來，妙處在於，尤其是作為現代早期詮釋學典範的神學，當它為了重新發揮上帝的啟示而跨過一個由不同時代組成之距離時，它其實同時也就努力跨過幾種不同語言之間的隔閡，而且現代詮釋學首席代表士萊馬赫就是著名的譯者。

另外，相關法學的詮釋實踐，高達美提出「應用」（Anwendung, Applikation）觀點。為了應用而詮釋法規的司法者讓法律具體落實於某個當下局勢[48]。如同「通譯」（Dolmetsch）[49]務必要幫某一個言語意義在一個當下局勢上落實而獲得效應，司法者一樣把某種普遍有效的「法律的法義」（Rechtssinn des Gesetzes）帶入個別案例的情境，因而使其於當下局勢落實成效[50]。由此得以看出，為了透過法學詮釋實現這種應用，司法者某程度上還是必須從事翻譯，因為他得要以「類比」（Analogie）為判準，將法律的普遍性文規和對個別案例乃最為貼切的描述結合，亦即要將兩種敘述相對照。

然後，作為哲學詮釋學的核心環節的相互了解和理解相關討論上，即便高氏猶如以上所述乃強調正常對話並不雷同於

---

48 Gadamer, *Wahrheit*, 314; 335（《真理與方法：哲學詮釋學的基本特徵》，419-420）.

49 Gadamer, *Wahrheit*, 313（《真理與方法：哲學詮釋學的基本特徵》，419）.

50 Gadamer, *Wahrheit*, 335（《真理與方法：哲學詮釋學的基本特徵》，448）.

翻譯的情形[51]，但是整體高氏論述看來，這樣的劃分有一些籠統，會讓讀者懷著一些質疑而追問：高達美詮釋學探究上翻譯到底扮演何種角色？為了進一步釐清此問題，值得更詳細來參考高氏對翻譯活動本身所作說明。按照高達美，基本上人跟人之間的「交談」（Gespräch）是圍繞著某「事情」（Sache）所進行之「說話」（Sprechen）。有關相互了解和理解，高氏首先將歸屬心理學範疇的「移情」（Einfühlung）、「設身處他者」（Sichversetzen in den anderen）、「直接分享」（unmittelbare Teilhabe）等作用從詮釋學脈絡排除[52]，而努力將理解局限於言語本身。高氏將言語活動視為相互了解這一整個現象的主軸：

「理解別人說什麼乃意味著透過言語彼此相互了解。」[53]

他又說：

「言語是雙方彼此相互了解以及有關某事被達成一致意見這件發生的中心。」[54]

---

51 Gadamer, *Wahrheit*, 388（《真理與方法：哲學詮釋學的基本特徵》，519）.

52 Gadamer, *Wahrheit*, 387（《真理與方法：哲學詮釋學的基本特徵》，517-518）.

53 Gadamer, *Wahrheit*, 387: "Verstehen meint […] sich in der Sprache verständigen." （《真理與方法：哲學詮釋學的基本特徵》，518：「所謂理解就是在語言上取得相互一致。」）.

54 Gadamer, *Wahrheit*, 387: "Die Sprache ist die Mitte, in der sich die Verständigung der Partner und das Einverständnis über die Sache vollzieht." （《真理與方法：哲學詮釋學的基本特徵》，518：「語言是談話雙方得以相互了解並對某事取得一致意見的中心點。」）.

　　看起來，理解、相互了解都取決於言語，既不涉及心理活動，亦不牽涉諸如身體、處境等皆是言語以外的要素。換句話說，原則上，對於任何理解、相互了解的發生，某第三者事後應該也可以依據言語溝通這一層面取得正確的理解。然而，高達美亦言：

> 「彼此相互了解成功或失敗，彷彿是一種業已貫穿了我們自身的發生。」[55]

　　要是這樣，嚴格而言之，某個第三者原則上事後無法加入實際溝通脈絡，亦無法單純憑藉言語情形來判斷相互了解是成功還是失敗了。此處高氏是否瞞著自己不承認，作為具體互動之「話語」（Rede）、「言語實踐」（Sprachpraxis）和為了詮釋學所關切的語意提供一般性的場域、媒介的言語乃是兩種不同層面？易言之，高氏是否將言語溝通所關連的某事情，從一開始就視為是以言語溝通便可以完整界定、描述且控制的環節，亦即業已是在言語範圍內及以言語形式而存在的單元？再者，他是否也將所謂的處境從一開始簡約當成影響指涉的某種模糊場合、環境條件，但卻亦假設經由雙方的言語溝通努力，此要素原則上可能得到完整的界定、描述和控制？

---

55 Gadamer, *Wahrheit*, 387: "Die Verständigung oder ihr Mißlingen ist wie ein Geschehen, das sich an uns vollzogen hat."（《真理與方法：哲學詮釋學的基本特徵》，518：「談話達到相互了解或不達到相互了解，這就像一件不受我們意願支配而降臨於我們身上的事件。」）.

　　高達美所忽略的恐怕是，當相互了解、理解實際發生時，如同上引文字所主張，這就是一種實際的發生，而且根據高氏上引引文中居然應用過去時態表達乃可得知，此「理解」是一種出於對話者之意料之外的、先行於言語內容業已發生過的事情。略出於意外的是，高氏整個申述不僅彷彿無顧於時間性，而且該「業已」勢必也關連到身體自我。身體自我若按照華登菲，可以被當成意識自我之「他者」（das Andere）甚或「陌異」（das Fremde）看待[56]，就算依據海德格也應該體會：此有到自身來而發現自身時，身體自我涉及貫穿著此有的基本「運動性質」（Bewegtheitscharakter），代表此有業已「被拋」（geworfen）[57]入其所在之處。「此處」不是別的，這就是此有業已所是的那個「曾是」（Gewesen）[58]。這樣一看，圍繞著理解所隱含之「先行」、「業已」現象，身體自我不就從高達美哲學詮釋學之核心處顯露了出來？

　　若從上引「一種業已貫穿了我們自身的發生」這種說法看來，詮釋處境並不是指任何所說的言語內容不可或缺的意義條件和局限。反之，詮釋處境指向某一實際的發生和某一實際的場所。前者即所說事後或許可能依據對話內容即言語這一層面被第三者認知且重構，然後者則是局限於當下發生之言語實踐

---

56 Bernhard Waldenfels, *Sinnesschwellen. Studien zur Phänomenologie des Fremden 3*, Frankfurt a. M.: Suhrkamp, 1999, 20-32.

57 Heidegger, *Sein und Zeit*, ［§ 29］135；［§ 38］179（《存在與時間》，157、207）.

58 Heidegger, *Sein und Zeit*, ［§ 65］325-326（《存在與時間》，371）.

即話語的當下情況，而且此情況看似不那麼可能由第三者、例如譯者單獨就言語內容來掌握。基於場所性，話語發生本身畢竟牽涉進行對話的雙方身體自我。對話與相互理解都落實於當下參與者的「作為身體而存在」之上而成效。由於此原因，任何第三者若要透過翻譯、通譯方式加入此對話發生，他必須全身投入此情況，他必須又復自身赴此場所。譯者一樣必須引進譯者本身的身體自我，始才可能達成對該詮釋處境真正有效的意義敞開。可是，反過來亦可言，要是譯者成功地重創一整個對話發生，包含其所涉及之處境、發生、「業已」及「自身」等向度，例如班雅明所設想的譯者，翻譯確實可以甚至於應該被視為同等於詮釋和理解，而且關鍵在於翻譯就是很特殊的一種模擬。

高達美對對話、翻譯和詮釋之間的關係所採取的態度及判斷居然有一些模糊，甚至於可說其所執的翻譯概念本身隱含著自相矛盾：一邊他居然主張翻譯與真正的對話和詮釋仍有差別，而且翻譯不及詮釋之高高在上。另一邊，他又不將翻譯視為單純的意義傳遞，而且恰好是在高氏哲學詮釋學取決其上的處境、歷史效應意識、視域融合等觀點相關討論中，翻譯則居然未必不扮演某種典範角色。看起來，翻譯和對話共有之特徵比其差異乃來得多且更重要。尤其是，高氏一再所強調的處境是否暗示杜順之引文所凸顯出的現象，即場所和身體自我？換一種方式來問，能否依據暗藏於對話和翻譯結構中之身體自我這一環節更深層地領會對話、翻譯及詮釋之間有哪種內在關連，亦即更深入地領會理解與模擬之間的聯繫？

四、身體模擬與意義

在1887至1889年間的遺稿與筆記中，尼采曾經提出近乎梅洛龐蒂思想的語言哲學，有關「語言的泉源」（Quelle der Sprachen）推出乍看之下頗神奇的論斷：

> 「諸種語言的生發之鑄爐就在此處：有聲調的語言也是，手勢語言和眼神的語言也是。可是，甚至當今我們依舊透過肌肉聆聽，甚至閱讀我們也是透過肌肉的。〔……與別人溝通時〕我們從來不交換想法，我們所交換的是動作，亦即仿效表情的符號，而在閱讀當中，我們將這種運動、表情符號回溯至思想罷了。」[59]

依據尼采表達活動以及人與人之間的溝通，包含話語、書寫、手勢以及表情，乃都根植於充實意蘊的身體運動。由此觀之，尼采給靈魂、精神、意識等傳統觀點所留的空間極有限制。甚至傳統認為是內在於意識的「思想」（Gedanken）本身也不例外，依據一則出現於1880至1882年間的筆記，思想只

---

59 Friedrich Nietzsche, *Nachgelassene Fragmente 1887-1889*, KSA XIII, 297: "Die Sprachen haben hier ihren Entstehungsherd: die Tonsprachen, sogut als die Gebärden- und Blicksprachen. [...] Aber auch heute hört man noch mit den Muskeln, man liest selbst noch mit den Muskeln. [...] Man theilt sich nie Gedanken mit, man theilt sich Bewegungen mit, mimische Zeichen, welche von uns auf Gedanken hin zurück gelesen werden."

是源自衝動的「姿勢」（Gebärden）[60]，亦即身體運動。

　　在上文所陳述的背景下，尼采這段引文或許已經減少了古怪的風味。延續尼采的洞察，終於可以將「身體模擬」觀點引進詮釋學視域，來闡明此觀點理據和長處所在。簡而言之，「效仿」、「模仿」指涉的是，在原來的類型脈絡，亦藉著同樣性質或方式，對某種摹本產生「重複」、「複製」。「模擬」之不同，在預設某種「變質」和「越界」：透過轉換媒介的方式，某種型態、秩序或狀況被注入新類型的媒介或場域，而重新落實呈現，例如繪畫藝術將處於三維度下的物體，用畫筆與顏料在平面上擬構出來。基於此界定，「身體模擬」意味著，例如舞台表演乃藉由身體作為媒介而進行表達。然而身體模擬更重要的情況乃是：在表演者、創作者抑或審美感受者自身身體上首先發生某種原初模擬活動，造成身體自我相當深層的轉化，而後他們依照此串通自身的轉化另有所應用的媒介來形成表達、體會或詮釋。第二種情形乃是本文所聚焦的現象。

　　自日常舉止行為、尋常溝通和一般表達起，一直到藝術創作和思維，人通常會在身體運作這個層面上進行各種粗糙素樸的模擬探討，也就是透過涉及身體自我的整個狀況和運作的某種轉化，解讀並回應於外來的刺激或感動，然後藉由身體的勢態，具體形成某種程度上反映著發出刺激之「摹本」的一種模擬式的表達活動。舉例而言，如同雲門舞集在《行草三部曲》曾所展演，可以以舞蹈的姿勢和步調回應於毛筆字，也就是模擬「墨跡之舞」，而且透過此方式舞者對書法取得某種清晰體

---

60 Friedrich Nietzsche, *Nachgelassene Fragmente 1880-1882*, KSA IX, 244.

會，亦讓觀眾分享此詮釋與理解。更是，為了理會中文字的筆
畫結構和順序，隨而為了以恰當的方式自己運用毛筆來書寫文
字，書寫者首先必須以整個身體的氣勢來模擬各個文字的型態
和力道，也就是要將「字勢」和「筆勢」以適當的「體勢」都
化為己有之狀態，始能執行書寫工夫。讀者亦如此，在中文的
閱讀當中，讀者勢必多少透過一種身體回應隨從凝聚於文字的
動勢中的書寫活動，他才可能經由此身體模擬將文章的意義空
間開闢出來，進而將文義化為己有的意義[61]。

　　單獨就上提幾項例證已可充分推出本文的設想：詮釋、
理解與身體運動之間存在著交集，因此不應該將理解活動局
限於一個純粹的意識範圍，任何理解反而歸結到身體自我的
模擬權能。有關身體自我和言語之間的連結，高達美本身頂多
作了一些微妙不清之暗示，也暴露出「身體模擬」現象。當高
氏引「一種業已貫穿了我們自身的發生」這種話強調相互了解
之實際地發生時，他以「自身」一語考量時空中無法為第三者
所替代的身體自我，而以「業已」名目畢竟指向身體自我之被
拋狀態。另外，當高氏於一篇講稿中提到言語的世界性時，身
體此一環節又再湧現出來。按照亞里斯多德所界定，高氏來闡
明言語和事物之關係為某種「合約」（Syntheke），可是此並不
意味著這個關係僅僅只是賴於某種人為的「共識」或「公約」
（Konvention）。相反的，言語活動、言語意義和存有、世界之
間本來就有某種「呼應」、「符應」關係（Entsprechung）。然
為了解釋這種符應關係，高達美又引進結構上貫穿任何言語表

---

61 至於對中國文字之特質的詳細探討可以參考本書第六章。

達的「韻律」、「節奏」（Rhythmus）。他說道：

> 「相較於那個聲音排序和另一邊那個賦與節奏的掌握更
> 為原初的乃是兩者之間運作著的符應。」[62]

那麼，這種「賦與節奏的掌握」憑何種能力會創作符應性
的這個節奏？假設世界和言語之關係可以依照模擬媒介所代表
的那種雙重涉及、即所模擬與媒介本身被理解，再假設我們贊
同這種言語節奏論，是不是只有藉由某種與翻譯所從事的模擬
塑形相似的模擬功能，聽者才能夠將言語活動和世界對象結合
在一起？而且此模擬功能彷彿必須是依賴音樂和舞蹈上的震撼
現象，它好像必須是經由某種感應、呼應、回應方式來模擬。
當某聽者聽到某句話的語音排序時，他大概自然而然就會借助
某種串通、轉化其整個存在的節奏感，將言語和世界聯結起
來，隨而透過某種模擬來回應世界的呼喚，以至於經由節奏上
某種共鳴來形成與世界吻合的言語表達抑或對所說之理解。此
處若言及節奏則莫非牽涉身體自我？

由於該講稿之篇幅有限，又由於上提引文極為簡短深奧，
此處本文只能以揣測且追問的方式對之作回應。是不是唯有當

---

62 Hans-Georg Gadamer, "6. Die Natur der Sache und die Sprache der Dinge
（1960）", Gadamer, *Wahrheit. Ergänzungen*, 74-75: "Ursprünglicher als jene
akustische Folge auf der einen Seite und jene rhythmisierende Auffassung auf der
anderen Seite ist also die Entsprechung, die zwischen beiden waltet." （《真理與
方法・補充》，88：「一致性一方面是比聽覺過程要更原始，另一方面又比
節奏化的把握更原始，它就存在於兩者之間。」）.

聽者以某種模擬方式任隨言語上的這種節奏之後，他才開始在言語活動這個層面上追求已被賦與節奏的意義，加以體會、詮釋此意義？可是，為了讓某個聽者實行這種轉化性的模擬工夫，此模擬活動是不是應該比翻譯在言語上所從事的模擬塑形更為原本亦更為具體？可否將任何對語意奠基其上的「具體任隨」、「體任」看成是身體自我發生的一種整體轉化，即身體模擬？然而，如果任何言語活動和世界之間的基本關係一般就是由這種具體節奏呼應以及具體身體模擬所支配，翻譯似乎原來又隱藏著並且遮蔽著更重要的一個詮釋學觀點，即身體模擬。

　　高達美某程度上若看低了翻譯對詮釋學的意義，這樣的看法很可能來自其誤解了翻譯活動的實質情形。而且，高氏翻譯理論若擴大翻譯的範圍和作用，翻譯活動上強調處境和應用等向度，這必然會讓整個意義經驗、意義產生變成翻譯觀點不可再忽略的面向。在向來集中在言語表達活動為其主軸的翻譯論說背後，到處有更為原本的一個觀點顯露出來，也就是生活實踐。看起來，意義產生這個脈絡從一開始比起言語活動的範圍來得更大，它畢竟牽涉整個「向世界而存在」、行為乃至於身體自我等面向。接著，試圖直接從身體論的視角重新思考翻譯、詮釋、理解等環節的意義。

　　凡是活生生的思維，皆必須憑藉潛存於各樣生活經驗中的「意義敞開」（Sinnoffenheit），致力於詮釋諸種充盈意義的現象。然個別生活世界所開啟的諸種意義視域以及任何「前理解」（Vorverständnis）皆關連到經驗甚或「體驗」（leibhaftige Erfahrung）。不源自生活經驗的意義就不再是意義了，它失

去發揮生命活動的力量。如同尼采所主張，藉由意義有脫離活生生之經驗範圍這種趨勢，我們一般所稱為「意義」恐怕早已淪為虛偽的「習慣」（Gewohnheit），甚或一種「本能」（Instinkt）[63]，不再是活生生的意義了。總而言之，哲學省思所面對的某種意義總是牽涉某種處境和視角，而藉由體驗作為意義之起源，可以逐漸將詮釋及理會意義當成一種時間過程，亦即某種歷史性的「哲學工夫」（philosophische Übung）看待。

　　那麼，這樣看來，詮釋學所圍繞的這個「意義」究竟是言語活動這一層面上才開始存有的事物？還是應該另外設想處在言語之前的一種意義，亦即某種「前述謂的意義」（vorprädikativer Sinn）？高達美雖然已曾提及基督教神學傳統上「神化為肉」（Inkarnation Gottes），指出這種想法給語言哲學開啟與古希臘思想乃截然不同的觀點[64]，但高氏所追求的議題是言語和世界以及言語和思維之間的關係，亦即某種「言語的存有論」。故此，高氏並未充分推展有關理解活動的模式問題：意義假設必定落實於「肉」中，言語活動假設亦不得不「化為肉」，對於擁有意義的模式此論點意味著何種轉向？難道理解活動本身不是一樣必須落實於「肉」中？也就是人不能經由純精神的思索活動關連並掌握此意義，反而必須藉由「肉」，經過身體自我的整體存在，理解「化為肉的意義」。

---

63 Friedrich Nietzsche, *Nachgelassene Fragmente 1875-1879*, KSA VIII, 97; *Nachgelassene Fragmente 1882-1884*, KSA X, 315.

64 Gadamer, *Wahrheit*, 422-423: "Verstehen meint [...] sich in der Sprache verständigen." （《真理與方法：哲學詮釋學的基本特徵》，534-535：「所謂理解就是在語言上取得相互一致。」）.

　　若然，則基本上可以將人生所體驗的意義，包含詮釋學所嚮往的、言語中顯露出來的那種意義，俱回溯至梅洛龐蒂所言之「化為肉的意義」，而且與其說我們應用言語活動來掌握並理會此意義，還不如說我們可以在我們「作為身體而存在」上，亦即透過我們的身體自我，開始體驗並領悟此意義。如果這樣的觀點成立，所謂的意義理解究竟意味著什麼？比起說我們「體認」意義，是否還不如說我們「體任」此意義，也就是以我們的身體自我來「承擔任隨」此意義能量？當我們理解某種意義，當我們將此意義「化為己有」（uns aneignen）而體會它的時候，我們所做其實不是別的，就是將自身當「化為身體之意義」的載體。因此，為了自更適當的觀點來肯定處境、視角、意義經驗等觀點對詮釋學固有的關鍵性，我建議將具體實行意義理解這種活動視為其根源於身體模擬這種生活場域。這意味著什麼？

　　意義理解最初興起於身體自我所經歷之某種轉化，並且首先依據身體自我的一整個生活狀況進行某種原初的模擬舉動，具體回應所理解之意義以後，始才達成思維和概念詮釋的層次。那麼，根據高達美作為某種模擬塑形的翻譯活動，為了對某語意達成妥當詮釋和理解，它一樣務必要先行業已讓經驗中的意義貫穿、轉化譯者的整個身體自我，亦即其整個具體的「向世界而存在」，譯者也就必須首先透過某種原初的轉化並模擬舉動「將自身設入於所說的方向，亦即其意義」。如果這些描述中顯示出的具體轉化跟藝術創作、審美感受上經由模擬而發生的轉化看似一致，都歸結身體模擬這種場域，則恰好是因為世界中的意義原來是一種「化為肉的意義」。再者，詮釋學

處境本來牽涉到身體自我的所在性，所以哲學詮釋學所標榜的理解從一開始會貫穿、專化身體自我。換句話說，猶如任何其他模擬式的表達活動一般，言語上的理解、詮釋和翻譯畢竟皆奠基於身體自我深層所經歷的某種原本之模擬。

總而言之，不管我們如何看待翻譯對詮釋學是否有啟發性這場爭議，我們或許還是應該肯定這種事實：任何詮釋都預設某種具體意義經驗，所有詮釋都是依賴特定的身體場所發生的轉化並模擬。因此，翻譯也好，詮釋也好，當「理解」或相互了解實際發生時，這都等於是「坐在一顆珍珠中」來體會某當下呈現的整體意義，也就是說，其多少都等於人在一整個身體自我上所得之某種模擬式的轉化。翻譯若是詮釋，詮釋若是理解，而理解若是「體任」，則翻譯和詮釋其實都取決於原初的某種身體模擬。若以身體現象學的許多洞察為前提而探究理解現象，任何理解原本上恐怕等於是「通過模擬活動而將意義化為自身身體」、「通過身體模擬而體任意義」（leibmimetisches Einleiben von Sinn）。

第二部

跨文化思維的當代處境

第四章

歐洲漢學與跨文化思維

一、緣起：「漢學」？還是「中國研究」？

本文的主要關懷源自一種危機感：隨著中國各方面的崛起，近30年來歐美各國漢學界發生了影響廣大且深遠的變更，而且若由歐洲人文學傳統的角度觀之，此轉變幾乎是一種崩潰或顛覆。當今歐美各國學院制度中古典科系「漢學」（sinology）逐漸在游離歐洲人文學的脈絡，根據近來甚為流行的範本變形而轉成一種有關「中國」這個當代地理單元的「文化研究」（cultural studies）。此新興起的「中國研究」（Chinese studies）彷彿意圖直接繼承其隸屬歐洲「漢學」科學化頂峰時期之前的前身，或者從事一種範圍、內容、目標及學術標準都非常籠統的「地區研究」（area studies），甚或類似其他於殖民時代為了應付商業需求針對歐洲文化世界之外的地區所發展出來的商業和政治顧問這種範例，重新行銷當時所謂「中國通」具備的某種特殊異國知識。

然而，置身於當代全球化脈絡下的新「中國研究」其實蔑視「人類學」、「民族學」的基本認知和理論體系，更別說它也忽視人文學傳統數百年來所培養而且已經成熟的問題意識、方法論意識以及理論成就。以往「漢學」致力涵蓋中華文化世界一整個長久且錯綜複雜的歷史過程為其學術關注的對象，特別是以語文學為基礎性方法，深入研究各種領域的歷史文獻。可是，在「漢學」轉成「中國研究」之際，基於一種深刻的典範轉移，整個研究導向便從文史哲等學門以及藝術學這等領導人文學科系移至一種另類的關懷，以當代中國為立足點，僅關注探索當代中國政治、社會與經濟情況，而且這種探討越來越明

顯地缺乏歷史厚度和思考深度，體證了歐洲人文學精神與人文學養成的缺席。就方法論反思和學術標準而言，新興「中國研究」太過輕易地拋棄人文學傳統一代傳承一代累積起來的、濃厚的學術知識和思考經驗。於是，在研究對象方面來看，新興「中國研究」不但傾向於忽略華語文化世界在歷史文獻、文本傳承以及思想各方面所獨有的特色及其無與倫比的複雜性，更為甚者，這種新的學問也傾向於低估各地當代華語界基於其內在的跨文化組成給不同當代人文學科所帶來的重大挑戰和潛力。

　　針對當代歐美漢學界發生了這樣的轉向，目前重要課題之一，不但在於要重新思考古典「漢學」與歐洲人文學傳統固有的歷史聯繫及其當代意義，而且也非常值得從一個當代的跨文化思維視角重新來評估「漢學」這門學科本身的處境及其未來發展的可能性。鑑此，本文將環繞人文精神、哲學反思以及法國漢學家朱利安（François Jullien, 1951-，亦作于連、余蓮）的跨文化哲學研究為主題，討論新興「中國研究」若違逆主流，依然延續古典歐洲「漢學」的一些優點，並且將研究者以及研究對象雙方的歷史處境納入考量，它可以對一個當代的跨文化思維從其研究對象那裡取得何種重要啟發。

二、「漢學」與歐洲人文學傳統的關係

　　在歐洲的學術體制發生上述典範轉移之前，也就是於20世紀後半葉達到頂峰並已充分普及各國之前，「漢學」[1]當然曾

---

1 「漢學」這門歐洲學科在如今已成為一個問題，「漢學」所指已不再自明、

經歷過不少演變。眾所周知，中國這個猶如神話一般遙遠且陌生的文化世界，幾百年前才開始引起歐洲知識分子與歐洲貴族的普遍關注。當諸如利瑪竇（Matteo Ricci, 1552-1610）、衛方濟（François Noël, 1651-1729）等耶穌會傳教士遠赴明末清初的中國並將各種初步的認識連誤解都帶回至歐洲之際[2]，萊布尼茲[3]、渥爾夫（Christian Wolff, 1679-1754）[4]、伏爾泰（Voltaire [François-Marie Arouet], 1694-1778）[5]、洪堡[6]等哲學家立刻迫不及待地吸收來自「遠東」這個似乎完全另類之文明的種種新聞，也毫不躊躇回應於東來的文化挑戰。透過他們著作中敏銳地分析中國文化的方式，中國在歐洲文人界快速地聲名大噪，除了一般的好奇、驚嘆、佩服等反應，也開始引起恐懼和排斥。後來中國與歐洲在文化暨經濟上發生愈來愈密集深刻的交流，而且此歷史情況不但逐漸形成了中國種種西化的萌芽與壓

理所當然，而且有鑑於本文所反思的主題之一也是這門學科的導向、特質和存在意義，因此下文會盡量維持以引號標出此特殊學門的表述方式。

2　哲學方面對這段中、歐之間的歷史交流最齊全深入的討論即 Iso Kern, "Die Vermittlung chinesischer Philosophie in Europa," Jean-Pierre Schobinger（ed.），［Grundriß der Geschichte der Philosophie］Die Philosophie des 17. Jahrhunderts. Band 1. Allgemeine Themen. Iberische Halbinsel. Italien, Basel: Schwabe, 1998, 225-295.

3　萊布尼茲於1697年寫成的《之那最新情報》（Novissima Sinica）。

4　於1721年問世的講稿〈論中國實踐哲學〉（Oratio de sinarum philosophia practica 或 Rede über die praktische Philosophie der Chinesen）。

5　於1755年首演的劇本《中國孤兒》（L'orphelin de la Chine）。

6　Christoph Harbsmeier, Wilhelm von Humboldts Brief an Abel Rémusat und die philosophische Grammatik des Altchinesischen, Stuttgart-Bad Cannstatt: frommann-holzboog, 1979.

力，同時中國藝術與中國的奢侈品直接影響了歐洲，例如「洛可可風格」（Rococo）、「中國熱」（chinoiserie）等流行浪潮。當初悠久的中國思想傳承也是歐洲的哲學界所關注肯定的，「漢學」自19世紀初因此逐步被收入歐洲大學的學院體制[7]，作為此文化交流最重要的產物。然而，歷史很弔詭，因為一方面「漢學」初始成立，另一方面黑格爾與其他歐洲哲學家卻已經開始對落入政治和經濟危機的滿清中國提出負面評論。

　　毋庸置疑，歐洲「漢學」的起源在於殖民時期的開端，因而富有當時的異國情調、東方主義心態的遺產，換句話說，它擺盪在科學與意識形態之間。然而，另一個不可否認的事實是，歐洲哲學家早就關注並敬佩中國非常發達的政治制度和倫理學導向。同時語言學者從一開始對中國話，特別是對獨一無二的中文字極感興趣，也非常聰明地捕捉到此另類的語言體系和書寫模式對屬歐印語系的文化脈絡之自我理解所代表的重大挑戰和啟發。經過無數探索、誤解、發現及覺察，早期「漢學」仰賴諸如哲學、史學、語文學、語言學、詮釋學等歐洲人文學於19世紀發展成熟的學術風潮，逐漸變成了研究成果精緻可觀的獨立學門。歐洲「漢學」這種學術研究偶爾甚至超越了在同一時期落入內戰並且嚴重瓦解的中國本身所推出的學問，也為北美在20世紀之後接棒的「中國研究」築建了重要的架構和途徑。清末民初中國文化愈來愈明顯地朝向自我催

7　1814年雷暮沙（Jean Pierre Abel-Rémusat, 1788-1832）於巴黎建立了第一個「漢學」講座，1829年諾伊曼（Carl Friedrich Neumann, 1793-1870）受聘慕尼黑大學，1837年基德（Samuel Kidd, 1797-1843）受聘倫敦大學學院，1838年碩特（Wilhelm Schott, 1802-1889）受聘柏林大學。

毀的路線邁進，在這種負面印象下，戰後至1990年代左右歐美「漢學」便更加以「中國文化」、「古代中國」為首要研究對象。然而，在「文化大革命」後與台灣解嚴後各方面逐漸開放，中文學術著作的生產率也大量增加。在華語學界的專業化日深之際，歐美「漢學」有關中國文化與中國歷史在學問上所標榜的優越態度自然越來越不合理，仍舊奠基於史學和語文學為基本學術方法的歐美「漢學」突然自其研究對象中國接受到不小的打擊和挑戰。

此刻，歐美漢學家面臨嚴重的困境，因為他們察覺到華人的文化世界與古代希臘、古代羅馬甚或當代印度的情況並不盡然相同，中國這個文化地區尚未死亡。出於長久以來習慣著重所謂古代為首要研究領域「漢學」的意料之外，「中國文化」並不適合被納入世界博物館的收藏，「中國」還活者，中國的歷史不但尚未結束，反而還在繼續發展，中國的語文傳承也還在繁殖！已經落入了全球化之現代結尾的當代看來，特別是中華人民共和國的影響一日復一日更深更廣。於是，華人界自身也開始借用歐美「漢學」對「中國」這個研究對象所培養的種種觀點與研究方法，形成自己的當代「漢學」，而且比起人力畢竟非常有限的歐美學界，華人學界則更快更深亦更豐富地促進有關「屬己」之歷史文化的各式各樣探究。故此，約自1990年起，歐美「漢學」被這種權力轉移所逼迫，勢必要重新反思自己的基本研究架構以及處身於歐美社會之「漢學」的定義和道理究竟何在的生死問題。

另一方面，差不多在同一個時候，也就是在東歐共產黨國家解體和開放之際，歐洲國家被源自英美世界的商業精神、

資本主義浪潮所沖淹，整個歐洲沉淪於愈來愈馴服一切生活領域的「經濟主義」，而將第二次世界大戰後就已受到重大打擊、早已經衰退的人道觀徹底換成「前進」的理念和價值觀。結果之一在於，一般歐洲社會加強對學院運作的質疑、忌妒和大力干涉，使得大學體制中一整個傳統人文學如同惡夢一般面臨了全面減制、廢除、改造的壓力，傳統人文學的人道精神被來自英美「新自由主義」與絕對化的經濟考量所根拔、扼絕、消滅，整個當代學術包含人文學的傳統科系都要屈服於企業化規範。在「應用」取代了「求知」作為學術努力的標準之後，當代學者被逼著要以經費的爭取與管理取代以往的「自主研究」，也就是要在「產學合作」這種口號下，以種種商業成果取代以往的獨立學問和理論思考。於是，兩百多年前在歐洲成形的「漢學」似乎已不再可能了，它一同落入了上述制度改革，處身對所謂現代化，亦即經濟化壓力下的「漢學」不得不投入一種新類型的營業方式，以便變身成為「中國研究」。大抵，由於社會要求「中國研究」在「產學合作」方面協助歐美各國在「巨大的中國市場」上立足，所以各所大學裡歷史、哲學、文化、語文等等各個領域的傳統研究不再受歡迎，也非常輕易地被淘汰，「中國研究」的研究重心從「中國文化」、「古代中國」等脈絡遷移到最近發展出來的中國、香港、台灣兩岸三地的政治、經濟、社會現況。

　　然而，由於新興「中國研究」拋棄人文學，也拋棄哲學，追求生產而不重視思考，它顯然又呈現出東方主義、異國情調的陰影，基於無知，它也產生本來可以避免的文化誤解和文化衝突，而且從事新興「中國研究」的學生大多表達一種「惘

然」的感受，因為他們不再接觸到一直以來作為傳統人文學之
研究動機的「人生意義」，空洞的「當下實況」替代了對「人
在世存在」的關懷。歐洲漢學界與歐洲哲學界的關係雖然一向
微薄而且緊張，但如今這個聯繫似乎完全斷絕，當今「中國研
究」根本不懂亦不想理會哲學，而哲學界也不期待能自「中國
研究」方面獲得任何收益或啟發。當今唯一猶然足以挑戰歐洲
哲學的只剩下華人世界本身，也就是針對歐美「漢學」保持距
離而獨立起來的當代華語思維。那麼，由此現況觀之，「漢學」
與哲學原來的關係是怎麼產生的？

　　在「漢學」變形而成為了「中國研究」之後，此新興學術
運動企圖成為談「事實」的科學，無論有意還是無意，它因此
全盤拒絕其視為「空想」、「推測」、「思辨」及「批判」的人
文學精神，除了可以描寫、規定、統計的文化模樣之外，排斥
將該文化的意義向度當成研究對象和目標。然而，這樣一來，
這種研究進路的盲點與自然科學一樣，忽視內在於任何「與
料」或「數據」的理論架構，忽略其研究對象，即歷史中的
「中國」以及其研究資料，也就是種種人生情境與人為的文獻
本身所必然具備的某種義蘊，唯有具備義蘊，方才可能變成被
關注、蒐集、解釋的「與料」和「數據」。「中國」的任何情
形都不可能僅僅如同不具任何意義的「物質事實」來被計算
處理，「中國」這個研究內容還是牽涉人與他的世界，所以連
「中國研究」也脫離不了某種程度上的意義詮釋，才會獲得其
所謂的「與料」、「數據」。新的「科學漢學」尤其著重社會學
與經濟學號稱科學式的研究方法，更加忽略暗藏於這種方法的
異國情調與東方主義殘餘。傳統人文學作為史學和語文學一直

以來所提問的，就是這種「科學漢學」不但不在乎而且也根本不能應對的問題：這些「與料」和「數據」究竟意味著什麼？我們為何非得研究這一切不可？

　　不過，對這個問題傳統「漢學」恐怕不是沒有責任。以往「漢學」總是過度費力追求認識其龐大深奧的研究對象，致力掌握中國的語文和中國的歷史文化遺產，反而忽略基礎性人文學養成的深造工作，以致「漢學」從來未曾享有與其他歐洲人文學科對等的地位。就理論水準與思辨能力而言，「漢學」一向停留於布爾喬亞的一般世界觀與一般素養之中，因而無法與歐洲本身的史學、語文學、文學、藝術學等學科相提並論，更何況是人文之首的哲學。結果，傳統「漢學」與學院其他人文學科之間一直以來存在著一種隔閡，彼此互動和交換其實非常有限。而且，「漢學」本身從其興起以來將異國情調與東方主義內化，而與歐洲人文學傳統維持一種弔詭的距離：在早期「漢學」向其他現有的學門求學的同時，它就已經開始以「中國」的陌異性與獨特性為名，對專屬歐洲這種研究對象的理論架構和學術方法產生不滿。可是，遺憾的是，「漢學」從未進一步，而且是系統性地展開自身這種「獨特性」甚或自身對歐洲學界所懷抱的這種「異國優越感」，而且對自身這種不合時宜的基本心態，「漢學」也從未充分反思，導致現今從事「中國研究」的學者也認為自己若直接「跳過」、「捨棄」歐洲人文學十分合理。

　　那麼，新興「中國研究」之可能這麼順利取代傳統歐洲「漢學」，又如此劇烈地反駁「詮釋」、「反思」、「批判」乃及「理論」等人文學立場，歷史原因之一無疑便在於，「漢學」的

學術水準本來不足，地位不高，所以在關鍵時刻得不到其他人文學科的支持和肯定。「漢學」之所以一向對其他人文學科的影響不深也無足輕重，之所以被認為是一種「遠程專業」，是一種「奢侈」，乃至如今轉眼就脫掉人文學的服裝，原因恐怕是「漢學」本身從未成熟，它一向以遙遠的「中國」及其以「另類情況」才擁有的「另類」知識為藉口，而從未認真投入歐洲人文學與歐洲哲學的理論脈絡。由此觀之，難怪歐洲人文學界在巴洛克思想家之後不再願意對中國的文化傳承尋求認識和理解，也難怪歐洲哲學界迄今以根深柢固的歐洲中心主義，不將中國與「漢學」納入自己的求知視野，更難怪歐洲「漢學」與歐洲人文學之間的關係落入眼前這種危機，甚至可能會完全被割斷。

三、歐美「漢學」為何需要哲學思考？

新「中國研究」不僅不可能割斷自身與傳統「漢學」固有的稠密關連，而且它也根本不可能完全地離棄傳統人文學與哲學的基礎。自基本科學標準來看，一旦「中國研究」依賴任何跟語文有關甚或包含語言與文字內容的資料，它勢必投入人文學，尤其是語文學與史學的意義詮釋，也必須判斷種種文獻根據並對自己的研究架構和方法予以批判反思，方才及格。再來，「中國研究」本身所身處的立足點與其觀察對象「中國」仍屬同一個脈絡，這個脈絡也就是效應歷史環繞「意義」與「價值」為軸心，在人間世界所劃分出來的求知視域。只有透過此歷史視域，我們才可能接觸到他人，「與他人共處」。「中

國」即使如同自然科學的研究對象一般被「中國研究」所對象化，但這種研究對象仍然隱含一個普遍化的「他人」，而此研究架構也依然暗藏著「與他人共處」這個源自效應歷史的情境。

　　「中國」與「中國研究」皆以各自不同身分隸屬於歐洲人文學曾所關切的「文化環境」，而且猶如胡塞爾晚年所探討的「生活世界」一般，人文學牽涉的「文化環境」富有人生經驗、意義和價值，隨而包含科學所瞄準的「自然環境」。就認知論而言，人文學的意義脈絡，即人人在其日常生活勢必所面對、聯繫到的「世界」才是第一層次的「現實」，人文學所關注的就是任何科學不可跳脫的最終且最原本的「實情」。「中國研究」若連這些最普遍、基本的學術情形和理論考量都不在意，它勢必落入一種充滿自相矛盾的「前學術」態度，以致最後變成毫無意義的虛假「學說」。總之，光就學術性問題，即學科身分和地位的問題來說，無論是當代「中國研究」或是古典「漢學」，兩者都需要哲學的協助，才可能充分鎮奠自己的學術水準。

　　再來，歐美各地新興「中國研究」其實太過輕易遺忘自己的歷史來源，即作為人文學的傳統「漢學」，以致它在後殖民時代又復落入了東方主義與異國情調的陷阱，隨而將其研究對象當成屍體，當成與自己毫無關係的獵獲物收入當代「地區研究」所經營的「世界博物館」。這樣一來，「中國研究」不僅對其研究對象不公平，不承認「中國」為自己的對等他人，是與自身「共處」於同時的他人。「中國研究」不僅系統性地忽略此他人的當代面貌，而且也犧牲掉華人世界在日復一日更加全球化的當今，對歐洲中心主義之下的歐美社會帶來的反省機會。

　　「漢學」、「中國研究」之所以皆需要哲學，更重要且更有
意思的理由在於當代華人界的內在哲學性與跨文化組成。所
謂「中國」這個研究對象本身近一百多年來非常著重理論與哲
學，也經歷了三民主義、馬克思主義等意識形態之間的鬥爭，
以致如今華人社會有意無意中都處於一百多年來深層吸收歐美
哲學之影響的史況。「古代中國」這個似乎獨立的歷史、文化
世界已經進入了一個空前的情形，而且與南美、印度或非洲等
被殖民化地區非常不同，華人世界不但不再符合古典「漢學」
的一元論，而且也已經超脫了中、西二元對立的研究架構。基
於所謂現代化和西化過程，不但「中國」這個過度簡化的名稱
已不再適用，而且甚至被來自中、西雙方之因素所拼湊成形的
「現代中國」（modern China）實在也不適當，因為歷史的拼貼
力量早已形塑出混雜的、既不屬於「中國」亦不屬於「西方」
的嶄新情況。

　　各地當代華人社會的內部組織錯綜複雜，可稱其為「跨文
化式混雜文化世界」。當代華人的生態與心態恐怕都比歐美人
民的生態與心態來得更複雜，呈現更為跨文化式的型態，比起
歐美的情況，華人中不僅止於菁英與讀書人，甚至一般民眾都
經歷了更深刻而且強制性的跨文化改造。同理，迄今為止持續
無間斷地使用歷史長久的中文這個語境和文字體系來思考並書
寫的當代華語思維的處境，也是一種多層面的「跨文化的混雜
思維」。由於當代華語思維處於古代文言文傳承和近代白話文
及新哲學術語之間，又介於中、歐互相無關之兩種古代傳承和
論述體系之間，因此就其資源的多樣性構成和啟發潛力而言，
比起歐美哲學，它豐富且深厚得多。如今華語思維似乎非常適

合代表一種位於當代歐美哲學內部的「邊緣」或「域外」，因此它非常有潛力以由這種弔詭的「內部立場」來批判並啟發歐美哲學，隨而在當代思維中進行強而有力的「跨文化轉折」。

　　當然，當代華語思維也體現貫穿一般華人文化世界的弔詭情形：除了普遍受關注的「西化」現象之外，在華人世界出現的是非常獨特的一種擺盪於自卑和優越、驕傲之間的不確定的心態。藉由不斷地虛構一種「西方形象」的方式，當代華人學界陷入了介於「西方主義」、「自我殖民」以及「復古運動」之間產生的矛盾和張力。聚焦於當代中國的「中國研究」根本不可能、也不應該避開這種內部緊張。這個研究對象的複雜性明顯超過「文化研究」、「地區研究」等流行進路所能描寫並掌握的程度。這個現況逼迫要探討它的任何學門務必要將各種理論思考與哲學批判恰當的專業水準上都納入考量。

四、當代思維為何需要「漢學」？

　　若反過來自當代思維的角度提問，與古今華語世界打交道此事對哲學，特別是當代歐洲思維，可能帶出何種貢獻和潛力？有幾個項目值得一提。首先，尤其是古典「漢學」對中國古代思想所從事的研究和翻譯工夫在宇宙論、倫理學、美學等領域都足以提供各式珍貴的啟發。再來，由於中國的思想傳承與歐洲傳統哲學距離甚遠，許多基本的差異重大，又由於中國古代思想異常濃稠豐富，因此「漢學」居間中介能為哲學開啟一種獨一無二、富有挑戰性的追問和批判場域。「漢學」能以專業的方式介紹並深入探究許多非常值得歐美哲學界詳細關注

的思考經驗、辯論模式和哲學見識。針對各種議題歐美哲學界
應當將「漢學」的研究成果視為一種優良的哲學試驗場域。

　　若再往下推一步，「漢學」對哲學的貢獻也涉及方法論問
題，牽涉歐美哲學對基本思考架構和基礎性理念與信念的反思。
舉例而言，歐美當代思維作為哲學似乎捨不得其自古以來所尋
求的「理性主義」和其所附帶的普遍主義假設，哲學是否哲學
的關鍵取決於這門學科對「理性」的思考深度，也就是取決於
其對所謂「真理」之普遍性的界定與掌握。然而，中國的思想
傳承具有如此廣泛且精緻的系統性，亦具備如此長久的歷史
連續性，此思想又已經如此深刻地被「漢學」探究，使得歐美
哲學界確實可能依賴中國思想這個脈絡，來更深入亦更有批判
性地對「理性」、「真理」等基礎性概念進行省思。而且，今
日全世界大概沒有另一個猶如中國古代思想一般是獨立、基本
導向相對歐哲則截然不同的思考境域。連同樣豐富的古代印度
思想，由於印歐雙方民族和語系的親緣，歷史上互動交流的頻
繁，而且被殖民地化的現代印度與自身思想傳統彷彿也發生嚴
重的裂斷，故古代印度的情況不能與古代中國的情形同日而論。

　　最後，近四十多年來逐漸發展成形之各式各樣「跨文化哲
學」可以自「漢學」的中國經驗獲取難得的具體且豐富的啟發
與考驗。既然當代哲學中「跨文化哲學」這個支流專注歐洲以
外的種種古今思想脈絡，由於當代華語界透過語言和文字的持
續應用以及各方面的教學、研究努力，所以與自身「古代」維
持又密切又多元且複雜的關係，因此「跨文化哲學」應當特別
珍惜中國文化的當代情況，而且透過關注古代中國與當代華語
世界兩邊史況的「漢學」為中介，一旦歐美「跨文化哲學」得

以深入了解華語思維在古今的整體情形，它便能夠「由古視今」，並且透過當代探討古代思想這種周到的方法，爭取穩固且具體的工作場域。

　　尤其隸屬「比較哲學」、「文化間際哲學」、「間文化哲學」等思潮以往有傾向於採取一種俯瞰視點，僅只關注所謂的傳統文化脈絡，隨而以「中國與歐洲」、「東方與西方」、「歐、印、中」等籠統的名義將不同人類史、世界史的領土相互對照[8]。可是，這些研究介入卻無法將各地當代處境納入考量，以致這些思考努力從一開始呈現嚴重的片面性和弔詭，也就是說它們企圖針對歐美哲學的當代立場與歐洲以外的非當代這兩種不同質的立足點引發哲學討論。甚至專門探索此跨文化對話之可能性、限制及方法等問題的學術嘗試，例如哈柏馬斯所追求的「言談倫理學」（Diskursethik）[9]或維麻（Franz Martin Wimmer, 1942-）所標榜的「多數對話」（Polylog）[10]，甚至這些追求系統性反思與批判的進路也都因為依然仰賴充盈歐洲中心主義餘味的方法論立場而犧牲說服力，對歐洲之外的「他者」未能取得充分具體的認知與理解，而且根本不考慮到不同語境

8　Ram Adhar Mall, *Die drei Geburtsorte der Philosophie: China, Indien, Europa*, Bonn: Bouvier, 1989.

9　Jürgen Habermas, *Vorstudien und Ergänzungen zur Theorie des kommunikativen Handelns*, Frankfurt a. M.: Suhrkamp, 1984; J. Habermas, *Theorie des kommunikativen Handelns*, 2 Bde., Frankfurt a. M.: Suhrkamp, 1995.

10 Franz Martin Wimmer, *Interkulturelle Philosophie: Geschichte und Theorie*, Wien: Passagen, 1990; Fr. M. Wimmer, *Essays on Intercultural Philosophy*, Chennai: Satya Nilayam Publications, 2002.

所附帶的難題，況且對於整個文本傳承以及詮釋學的複雜性問題也不予以思考[11]。由此觀之，「跨文化哲學」運動實在可以藉由「漢學」爭取非常重要甚至是決定性的哲學洞察、外語能力以及詮釋學經驗，而且透過「漢學」做中介便可以完成自己的企劃，終於可以與一個實質的「歐洲以外的他者」，即當代華語思維，落實其「溝通哲學」的方法，實際上進行哲學對談[12]。

　　一旦跨文化思維下決心要與華語思維界打交道，它便難免必須大規模倚靠「漢學」，否則它很可能從一開始就喪失其專業性的一大部分。然而，以上所勾勒的系統性嘗試背後其實有一個更原本且龐大的歷史力量在發揮作用，揭露另一項為何當代思維不捨「漢學」的理由。自從赫德（Johann Gottfried Herder, 1744-1803）、洪堡、尼采等思想家以來，歐洲哲學界內部對古代形上學式的普遍主義以及對近代，特別是啟蒙時期的思想所標榜的普遍主義，都業已提出劇烈的質疑和反駁。接著，在20世紀特別是海德格、法蘭克福學派以及法語區新思潮諸家，也就是所謂的後形上學思維者，他們嚴謹地批判歐洲哲學傳統所固持的「同一性哲學」，也凸顯歐洲文化內部所隱

---

11 Mathias Obert, "Philosophische Sprache und hermeneutisches Sprechen: Kritische Überlegungen zur chinesischen Sprache und ihrer Beschreibung aus philosophischer Sicht," *Zeitschrift der deutschen morgenländischen Gesellschaft*, 155（2005.12）, 545-575.

12 至於更深入的討論科以：Mathias Obert, "Interkulturalität und philosophische Grundfragen? Polylog im chinesischsprachigen Denken der Gegenwart," Gmainer-Pranzl, Franz/Anke Graneß（ed.）, *Perspektiven interkulturellen Philosophierens*, Wien: facultas.wuv, 2012, 341-355.

含的各種「差異性」，並且對「他者」、「他異者」、「陌異者」
等現象發揮敏銳的省思和論述。

　　例如承襲海德格思想的德希達曾經主張，哲學本來所從事
乃是「思索屬於自己的他者」（penser son autre）[13]，使得哲學致
力於朝向非即自己的「邊緣」（marges）、「域外」（dehors）來
跨越自己原來既有的「界限」（limites），也就是企圖「朝向
別處之絕對外在性跨離」[14]。德氏一邊執「哲學論述普遍性」歸
屬西方「某些文化及語言」，另一邊則強調當代「國際哲學交
流」之意義奠基在於，要在歐洲哲學與其「域外」的、非狹義
下屬「哲學」的思想文化之間產生一種「歧執」（différend）[15]。
鑑此，為了解構歐洲的形上學思維，德希達訴求當代哲學應
該「轉換界域」（changer de terrain），甚至應該「以激烈暴戾
的方式來棲居於域外」（s'installer brutalement dehors），並必
須「肯定絕對斷絕和差異性」（affirmer la rupture et la différence
absolues）[16]。

　　然而，在哲學思考開始從「域外」來解構自身之際，哲學
就「必須說幾種語言、同時產生幾種文章」[17]。德希達的觀點和
訴求，若自目前介於文言傳承、現代白話文以及幾種不同外語
影響之間的當代華語思維的情況來看，難道不極為面熟嗎？既

---

13 Jacques Derrida, *Marges de la philosophie*, Paris: Minuit, 1972, I.

14 Derrida, *Marges*, V: "s'écarter vers l'extériorité absolue d'un autre lieu".

15 Derrida, *Marges*, 132-133.

16 Derrida, *Marges*, 162.

17 Derrida, *Marges*, 163: "il faut parler plusieurs langues et produire plusieurs textes
　à la fois".

然德希達猶如海德格一樣堅持所謂「哲學」乃身處歐洲或西方，當他企圖推進「哲學的——亦即西方的——內裡與域外之間的交流」[18]而特地尋求「某種域外」（un certain dehors）[19]時，「漢學」最熟悉的這個「域外」，即華語文化世界，難道不非常符應於這樣的思考架構嗎？於是，傅柯就更確定地斷言：「那麼，若有未來的一個哲學的話，它必定會在歐洲以外誕生，或者它必定會源由歐洲與非歐洲之間的相遇、震盪而誕生」[20]。傅柯似乎很認真地想要請求當代華語思維藉由「漢學」的媒介作用，來援拯歐洲哲學，或者至少可以肯定的是，他主張將來只有在中西之間際上才有可能產生的某種「跨文化思維」會延續已走入了死巷的歐洲哲學。

由此觀之，當代思維所盼望的其實不僅局限於「某種域外」以及「差異性」這個哲學範疇，當代思維頗緊急所渴望要開發的，就是一個盡量具體的「域外」，一個富含哲學深度的他在生活世界。當代華人界不就非常適合回應這樣的籲求？難道為了落實「跨越至域外」的這一舉，在歐洲哲學界已經初步放開而要與當代華語思維產生交談之際，此時此刻思考者難

---

18 Jacques Derrida, *Positions*, Paris: Minuit, 1967, 15: "la circulation entre le dedans et le dehors de la philosophie-c›est à dire de l›Occident".

19 Derrida, *Positions*, 15.

20 Michel Foucault, "Michel Foucault et le zen: un séjour dans un temple zen" *Michel Foucault, Dits et écrits 1954-1988. III 1976-1979*, éd. par Daniel Defert/ François Ewald, Paris: Gallimard, 1994,（No 236）622-623: "Ainsi, si une philosophie de l'avenir existe, elle doit naître en dehors de l'Europe ou bien elle doît naître en conséquence de rencontres et de percussions entre l'Europe et la non-Europe."

道不是非常需要「漢學」的協助？當然，關鍵前提還是在於，
「漢學」本身不但首先必須保存人文學的遺產，不可以轉成毫
不思考的「中國研究」，而且傳統「漢學」也必須首先將自己
的視域擴大，將其關懷的重點自先秦思想擴至一整個中國思想
史，以專業的方式探究近代之後中國接觸到歐洲、西方這段複
雜的歷史，並特別專注近一百多年來蓬勃發展的華語思維這個
當代脈絡。另一個條件在於，將來「漢學」必須比以往更進一
步取得各種哲學知識與理論思考的專業能力，它才不會一直繼
續令歐洲哲學界對其所提供的文獻翻譯與研究成果有所失望。
這方面，「漢學」本身迄今也已經付出一些努力值得參考。

五、朱利安：自「漢學」過渡到哲學的跨領域研究

若要在「漢學」和哲學之間際上從事跨文化思考，首先可
以立足於當代華語思維的立場，以華語的論述和書寫，從當代
哲學的視域之內的角度，而且透過同時參考古今歐美哲學以及
古代中文文獻的方式，將這兩個歷史脈絡和當代處境都連結起
來，以便針對當代問題追求跨文化詮釋、批判思考以及新哲
思。但是，為了避免落入「比較哲學」、「文化間際哲學」等
進路均所呈現的弊病，為了避開上述盲點，務必得對自身當代
處境，即研究者與思考者自身所歸屬之歷史脈絡進行批判性反
思。再來，對自身所引入之語境與哲學資源，又對基本思考架
構、範疇與概念並對被關注之現象與被提之問題的來源和脈絡
這些環節，也必須專門展開考察與反省，否則自己所瞄準的跨
文化思維恐怕既未充分滿足歐洲哲學對反思深度與推論標準的

要求，又無法落實真正可稱為「跨文化式」的思維。無論是國內或國外的哲學界也好，或者是歐美漢學界也罷，凡是認真從事跨文化思維者，皆得留意某些迄今已充分明確化的課題與陷阱。

　　若從另一個當代處境出發，為了更具體闡釋當代歐洲「漢學」本身對當代思維可能有何種貢獻，也為了詳細彰顯這當中「漢學」所面臨之難題，本文接著將以當代歐洲「漢學」為對象，從哲學方法論的視角來討論法國漢學家朱利安的思考工程，並討論其視野與治學方法。在整個當代歐美漢學界看來，朱利安是最確定訴求「漢學」必須從事哲學思考的學者，而且他也已經成功地實現這種企劃。就其哲學視域的廣度而言，朱利安的工作某種程度上似乎承接因為與納粹運動之糾纏致今日已不被引論的福克（Alfred Forke, 1867-1944）與馮友蘭（1895-1990）等學者的開拓性工作。就獨特的創見而言，朱利安肯定超過尉禮賢（Richard Wilhelm, 1873-1930）、馬伯樂（Henri Maspero, 1883-1945）、葛蘭言（Marcel Granet, 1884-1940）、陳榮捷（1901-1994）、葛瑞漢（Angus C. Graham, 1919-1991）、安樂哲（Roger T. Ames,1947-）等漢學家。另一方面，萊布尼茲、渥爾夫、伏爾泰、洪堡、黑格爾、海德格等歐洲哲學家雖然曾經致力開拓通往東方的途徑，但由於他們對一般歷史文化以及中文文獻的知識殘缺不足，所以先輩哲學家，包含上述「文化間際哲學」的支持者，都只可能從一個於華語文化世界是外在的角度，憑藉二手資料來推動某種跨文化思維。身為漢學專家的朱利安則可以將中國古代一整個文化傳承納入到其深入吸收後形上學式當代思維的思考視野，隨而藉「漢學」來提

高當代跨文化思維的哲學標準。

　　大致來說，朱利安的出發點在於，他捨棄普遍主義的假設而採取「文化差異」的觀點，將歐洲與中國視為兩種各自不同的「思考部署」（dispositifs de la pensée），也就是斷定歐洲與中國直至20世紀之前基本上代表兩種獨立且互相無交流的文化典型，人類史上歐洲哲學與中國古代思想等於是兩種完全迥異的思考模式。於是，朱利安承襲傅柯「考古學」式與尼采「系譜學」式的歷史反思，以中國古代文化脈絡為「域外」，來對歐洲文化、歐洲哲學進行某種深層解構。經由這種跨文化式的反思和分析，朱利安企圖更清晰地揭露出隱藏於歐洲歷史發展中的特質、限制、缺點和優勢。朱利安認為歐洲應當將中國文化看成非常有對照價值與啟發性的「他者」，因此，歐洲哲學一旦借鏡遙遠的中國思想便能看透自身，哲學若繞道中國這個「域外」再返回至歐洲，也就是經由一種「迂迴」（détour）的方法，哲學便可能取得對自身更深刻的認知和理解[21]。

---

21 關於朱利安的哲學立場和研究方法可以參閱François Jullien, *Procès ou Création: Une introduction à la pensée des lettrés chinois*（Paris: du Seuil, 1989）, 16/275-88；F. Jullien, *Le détour et l'accès: Stratégies du sens en Chine, en Grèce*, Paris: Grasset, 1995, 7-10/429-30；F. Jullien/Thierry Marchaisse, *Penser d'un dehors*（*la Chine*）. *Entretiens d'Extrême-Occident*, Paris: Seuil, 2000。由於筆者對朱利安早、中期的著作和研究品質評價較高，但對朱氏近十年來發表的著作有頗嚴重的意見，認為例如*L'écart et l'entre. Leçon inaugurale de la Chaire sur l'altérité*, Paris: Galilée, 2012、*Il n'y a pas d'identité culturelle, mais nous défendons les ressources d'une culture*, Paris: Éditions de l›Herne, 2016等書的意識形態過重，思考不夠深入，自相矛盾太嚴重，因此不將其收入本文的討論範圍。

　　毋庸置疑，朱利安的貢獻在於，這樣的思考架構大益於提出一些非常根本的問題，也讓研究者以富有創意的方式，在中國與歐洲兩邊都捕捉各種基礎性文化現象，並釐清雙方各自所奠基其上之根本哲學識見。然而，從整體與細節來看，朱利安的構想與其整個「漢學」式哲學研究都呈現一系列嚴重的瑕疵，脫離不掉任何大體上或者是預設或者是實行「對照」或「比較」的困境：被忽略的乃是高達美所命名的「效應歷史」（Wirkungsgeschichte），因為「效應歷史」已經先行將研究者與其研究對象以無法確定、無法控制的方式在許多平面上連繫起來了。換言之，任何追求「對照」或「比較」的研究進路多少都落入人類學、民族學甚或一般異國旅遊者共同面臨的陷阱，它免不得包含一種根本的自相矛盾，以致朱利安的企劃從一開始傾向於摧毀自己的工作假設和實質前提：一旦歐洲「漢學」開始研究中國思想這個所謂的「哲學他者」，在學者「繞路」前赴那個無法被理解的、截然不同的「域外」之際，此「域外」已喪失了被預設的這個絕對化的陌異性。一旦「漢學」拓開「迂迴」的途徑之後，中國的思想傳承立刻轉成了一種「別樣選擇」，華人文化世界便可以提供與歐洲的傳統是平等的更多參考資料，也就是華語界的思想早已變成了所有當代思維資源中之一，而不再是所謂的「哲學他者」。不但此思考架構所假設的「中國」如今已不復存在，也由於各種西來的影響，包含今日歷史處境的「中國」根本就不再適合扮演「域外」那種角色。於是，此研究進路畢竟也大量依賴當代華人的生活世界和華語學界，即歐洲以外的另一種「漢學」，使得研究對象「中國」這個「哲學他者」早已經轉成為研究者本身所含納的

系統性成分。

　　基於朱利安從一開始採取之辯證法式的思考框架，上述歷史弔詭也就必然轉為方法上的悖論情形，導致朱利安的研究從一開始奠建於不甚穩固的理論基礎上，而且在朱氏的若干論述中，這個大問題隨處可見，令人對這一整個跨文化思維產生嚴重的疑問，以下詳細論述。支撐朱利安的整個「『比較』關懷（即中國—希臘）」（intérêt "comparatiste"〔la Chine – la Grèce〕）[22]的根本假設在於，中國與歐洲的對峙情況被一種無從跨越的隔閡所支配，這兩個文化地區皆具備一種極端化的「外在性」（extériorité），使得兩者以往「互不相識」（s'ignorant réciproquement），亦根本互不了解。對於歐洲而言，「中國」代表一個完整的「他異場所」（hétérotopie），而且「『他異場所』這種別處既非『他者』，亦非『差異者』、『相反者』，簡直（嚴格來講）是無法寫入於我們初始所引進來的框架」[23]。「為了使這兩種思想從其互相漠不關心的情境走出」[24]，朱利安規劃的方法是「他異性的逐漸建構」（construction progressive de l'altérité）[25]，也就是漢學家所要導出的兩者之間的某種「中介作

22 François Jullien, *Du 'temps'. Eléments d'une philosophie du vivre*, Paris: Grasset, 2001, 131; Jullien/Marchaisse, *Penser d'un dehors*, 418.

23 François Jullien, *Chemin faisant, connaître la Chine, relancer la philosophie*, Paris: du Seuil, 2007, 85: "Ailleurs（celui de l' 'hétérotopie'）n'est pas l' 'autre', ni non plus le 'différent', ni non plus l' 'opposé'; mais simplement（rigoureusement）ce qui ne s'inscrit pas dans notre cadre intitial."

24 Jullien, *Chemin faisant*, 86: "pour sortir ces deux pensées de leur *in-différence* mutuelle".

25 Jullien, *Chemin faisant*, 86.

用」（médiation）[26]。然而，這種假設隱含幾個值得質疑追問的環節。

朱利安既將中國預設為一種絕對的「他異場所」，但又追求「對他異性的逐漸構造」。由此觀之，朱氏似乎承認所謂的他異性基本上是源自某種構造過程，這個他異性並非構建工作的先在條件，而是構建的結果，以致整個研究進路有循環論證之嫌。若從歐洲的視角來看，此構建工夫不就是歐洲「漢學」經過兩、三百年的努力早就開始進行的事業嗎？朱利安未來所追求「對他異性的逐漸構造」似乎內部已經隱藏一種類似的歷史構造，即「漢學」之「對他異性的逐漸建構造」。

再來，先秦中國與古希臘的對照從一開始在兩者間際上設置一種關連，兩者彷彿共有一種「可對比性」，而且此關連根植於「漢學」本身所歸屬的歷史脈絡這種後設平面。所謂「互相漠不關心」這種前提自相矛盾，因為此觀點隸屬一個當代的研究場域，預設雙方自近代以來已經開始發生交流。即使古代中國與古代歐洲之間確實有「不相識」、「互相漠不關心」，但漢學家本身猶然立足於現代，他不僅仰賴中國自漢代迄今對自身所進行之歷史詮釋，他也倚靠歐洲幾百年以來對中國所展開的關注和探究。要將古代中國思想與古代希臘思想對立並對照，這種工作在某種程度上是虛假的，因為比較哲學所進行之對比其實奠基於這樣的對比或者透過「漢學」的專業架構早已被完成，或者這個對立本身就源自歷史的構造活動，因而它既

---

26 Jullien, *Chemin faisant*, 87.

非所原有亦非最合理或唯一合理的研究架構。換言之,「他異場所」這個論點恐怕只是一種學術構想與研究假設。然而,這種見解根本無濟於事,它不但將種種實質的差異性與共同性一併遮蔽起來,而且此舉也將整個研究本身所固有之歷史歸屬和歷史條件全都引入隱蔽之中。眾多「比較哲學」的弱點在於,其自身所採取的歷史立足點被遺忘掉,但任何比較型研究架構都務必要對自身所在批判反省,否則在隱瞞自己的前提下,它會喪失學術性與說服力。

　　類似的問題涉及「中國思想」(la pensée chinoise)這種過於簡化的說法。基本上朱利安打算將「中國思想」一詞指定在先秦諸子百家的思想,因此他將漢後思想發展史全部僅視為對古代之注解,除了王夫之外,他不肯將漢後思想史當成真正的哲學資源看待。可是,難道唐高僧法藏、智顗,或者宋代張載、二程、朱熹,明朝王守仁等儒學家皆無高度創見和哲學價值嗎?特別是西來的佛教深刻影響了原有的「中國思想」,對儒道兩家的思想都有莫大刺激和彌補,也就是大規模上改造了中國文化世界的整個語境和思考方式,而且正好針對朱利安所專注的問題脈絡,例如「時間」和「實踐」,漢後思想畢竟深具重要的啟發。朱利安將其所有對「中國思想」的推斷都歸結至先秦思想,同時也標榜其論斷與洞察其實牽涉一整個作為「哲學他者」的「中國」,這種籠統的論述免不了導致朱氏整個學術成就有片面與不足之嫌疑。

　　對簡約歷史脈絡或者乾脆遺忘這個問題可以再回溯至更深的層面來分析:即使將探索範圍縮小是合理的,即使漢學家朱

利安同時也參考「中文集解」（les commentaires chinois）[27]，除了王夫之等「哲學大師」之外，他還是不將「集解」的歷史組織當成哲學原典、第一手思考資源看待，因此他根本不能充分考慮到整個注解資料的歷史力量以及這個傳承本身對先秦思想這個基礎所導出之種種衍生和演變。然而，中國的情況與歐洲恐怕稍微不同，清末民初中國文化的特徵之一正好在於，注疏工夫多處超過僅為史學或語文學的考證工作，長達兩千多年的注解傳統猶如書法上的臨摹一樣，對現有之思想都導出一種歷史性承擔和延續。「歷代相傳」這個任務早已經是「中國思想」的重要特色，若從現在回頭看，一代復一代相傳的注釋努力是所謂「中國思想」之內部構造的因素。不但當代華語思維本身有部分仍然歸屬此傳承脈絡，而且「漢學」本身對所謂「中國思想」所爭取得的知識全然仰賴自古迄今各個世代對古時思想所致力之「更新」和「轉化」，自古迄今在華語界本身發展出來的這一整個構造工夫是當代「漢學」所不可忽略的可能性條件。「漢學」僅只能夠藉由自漢至今的注疏和思考傳承這種在「域外」境內早已發生的「迂迴」，才能接觸到所謂的「先秦思想」，故朱利安所瞄準之「中國思想」其實是漢後的中國以及歐洲「漢學」這兩個歷史脈絡共同構成之觀念，而其所指之內涵既不確定亦非不言自明。

　　即使將研究對象的現代發展全都自研究範圍排除是合理的，但在研究者這邊有另一種現代性來支配並困擾漢學家的思路。即便朱利安時常強調自己立足於歐洲文化，自己所關懷僅

---

27 Jullien, *Chemin faisant*, 87.

是歐洲哲學，但因為如此就能與「漢學」主流共通聲氣，也
就是將「中國」關進馬爾羅（André Malraux, 1901-1976）所命
名的「想像中的博物館」（musée imaginaire）嗎？一個懷抱深
刻「漢學」素養的思考者可以合理地標榜自己自頭至尾僅歸屬
歐洲，亦只關切歐洲嗎？一旦學者藉由「漢學」的專業養成深
入吸收「中國思想」此研究對象的啟發，一旦他甚至被中國思
想召喚，藉以順著該「他異場所」所鋪陳之「迂迴」來回顧歐
洲，這個學者的身分明顯不再受限於歐洲。與其說這樣的研究
者與其研究對象僅維持一種外部關係，倒不如承認此研究者本
身早已經被其研究對象捲入某種位在歐洲以外、與歐洲傳統
或少或多有偏離的立足點。漢學家的研究立場本身到某種程
度勢必早已變形變質，早已轉成一種中西難分之跨文化式場
所。嚴格來講，此所在是於那個被對象化或借用的「域外」，
即「中國」建立之前，便於「此岸」早已形成了研究者不可以
忽略的另一種「域外」。朱利安就算是承認自己是就一種「之
間」（entre）來「描寫」（décrire）[28] 其研究對象，但他顯然忽略
此情況實際所意味的是，漢學家作為漢學家已經變成一個「跨
文化人」，他所立足「之間」的內部結構錯綜複雜，以致他只
能透過中、西當代關係所磨成之鏡片去觀察、「描寫」其研究
對象。漢學家作為漢學家不得不或多或少屬於其所瞄準的「中
國」。就其學術性與哲學價值而言，朱利安天真不自覺的「描
寫」勢必輸給具嚴謹批判性的哲學反思，例如「現象學懸擱」
及其「現象學描寫」與「現象學還原」。任何不充分反思這個

---

28 Jullien, *Du 'temps'*, 116.

雙重「域外」問題的「比較哲學」都體現同樣的非學術性與天真。

　　從實質研究內容和執行方式說來，同樣的矛盾也滲透至朱利安論述的細微處，形成一切「比較哲學」與「文化間際哲學」名義下至今都尚未逃脫的困境：朱利安所企圖的是，要按照歐洲哲學的習慣透過「概念化」的工作重構「中國思想」，也就是藉由「概念創造」（création conceptuelle）[29]方式，研究者要賦予「中國思想」本來所沒有的概念[30]，例如要依據中國的思想傳承，給時間經驗重新開拓一個「觀念場域」（champ notionnel），尤其是要經由「嘗試釐清諸種中國觀念的合理性」[31]的方式，來將「中國思想」所著重的「智慧」，也就是「留在哲學之前、之下的」（l'infra-philosophique）日常智慧，「帶入到羅格斯之光，即建構與概念之光」[32]。然而，所謂「概念」、「合理性」、「羅格斯」等標語都屬歐洲哲學的思辨標準，也都充盈著歐洲哲學的特殊精神。研究者一旦仰賴這樣的思考模式，他究竟還能從所謂「哲學之他者」期待獲得多少「他異性」的啟發，他究竟能夠在什麼深度反省並解構歐洲哲學本身？一旦「中國思想」依據歐洲哲學的範疇，根據黑格爾的名語，「被置入概念」（auf den Begriff gebracht），難道如此受哲學重構的「中國思想」不會從頭至尾僅只體現歐洲哲學的

---

29 Jullien, *Chemin faisant*, 62.

30 Jullien, *Du 'temps'*, 131; Jullien/Marchaisse, *Penser d'un dehors*, 418.

31 Jullien, *Du 'temps'*, 37: "en tentant d'élucider la cohérence des notions chinoises".

32 Jullien, 131; Jullien/Marchaisse, *Penser d'un dehors*, 418: "porter au jour du logos, celui de la construction et du concept".

面貌，不會系統性地被剝奪任何啟發和批判力嗎？這樣一來，當代歐洲哲學到底還能從中國的思想傳承學到什麼？由於朱利安對「概念創造」有所抱負，向「中國思想」尋覓「域外」，進而經由這種「迂迴」企圖對歐洲取得更深刻的認知，看來朱利安的整個研究方法與這個目標恰好背道而馳。

朱利安自身似乎已察覺到此方法論難題。雖然據其所說「概念」的必要性已為普世所承認[33]，但研究者還是盼望透過「中國思想」將自身脫離環繞概念為主軸的「哲學」（philosophie），藉以歸到另類的「智慧」（sagesse）。通往中國的「迂迴」目的在於要辨別哲學與智慧各自所「達成的自我意識」（prise de conscience），而且朱利安肯定「智慧」追求某種「落實」（réalise），不再猶如哲學一般「形成概念」（conçoit）[34]。當研究者企圖依賴中文文獻，以自己的問題為「場所」（lieu），來營造「中國」與「歐洲」雙方為了能夠相遇所需要之「共同點」（le commun）作為兩者彼此相遇之「場地」（terrain）[35]之時，他便宛如海德格對「日常狀態」（Alltäglichkeit）所採取的現象學回溯兼揭示方法，尋求「位於觀念之前、先行於哲學家之工作」的觀點與自我理解[36]。只不過，為何朱利安馬上又將中國智慧對他所標記之「落實」歸結至近代歐洲哲學最所珍貴的、純理論性的「明證」

---

33 François Jullien, *Un sage est sans idée ou l'autre de la philosophie*, Paris: du Seuil, 1998, 70; Jullien, *Du "temps"*, 37.

34 Jullien, *Un sage est sans idée*, 71.

35 Jullien, *Chemin faisant*, 87.

36 Jullien, *Du 'temps'*, 90: "l'amont de la notion, précédant le travail des philosophes".

（évidence）[37]？他為何要將得自「域外」所啟發的「內在性基源」（fonds d'immanence）馬上又還原至歐洲的概念式哲學，為何要透過「掌握」（saisir）此生活基源的方式，使其「重新為哲學所擁有」（réappropriation par la philosophie）[38]？假設朱利安真的打算區分歐洲式理論認知與中國式「智慧」、「落實」這兩種基本思維類型，進而將歐洲哲學引回至更佳且更原始的一種「內在性基源」，為了最終讓此另類基源「重新為哲學所擁有」，那麼這一整個努力少說也包含了一個徹底的矛盾，是難解的悖論，甚至也讓人感覺這是學會後現代主義的時髦論述、虛假空談罷了。

　　就朱利安的整個思考架構、探索目標、研究方法及執行模式來說，基於多方面的自覺批判與深刻反思的欠缺淺薄，所以朱氏介於「中國思想」和歐洲哲學，又介於「漢學」和當代思維之間所從事的工作呈現嚴重的盲點和弱點，以致其多數著作實在不足以在當代思維這個脈絡中實質展開中國古代思想及其文本傳承的優點和啟發性，亦不足以落實一個名實相符的跨文化式思維。然而，此困境背後恐怕還有一種更大的弊病暗地裡在危害朱利安的研究構想。朱氏雖然對戰後當代思維，特別是對法語區興起的後形上學思潮懷抱親密的歸屬感，但一旦更深入考察則不難以發現，朱利安其實忽略錯綜複雜的當代思維的來龍去脈。於是，他不僅絲毫無顧歐美哲學界中近半個世紀以「比較哲學」「文化間際哲學」、「跨文化哲學」等名目曾發

---

37 Jullien, *Un sage est sans idée*, 74.

38 Jullien, *Un sage est sans idée*, 76.

生的種種嘗試，而且也不屑詳細參考並討論現有「漢學」研究成果的得失，以致他對自身所應用的思考工具和思考模式都缺乏系統性的反思與批判，亦無法在一個專業水準上倚靠成熟的哲學涵養，從現有的理論資源中實際衍生嶄新的觀點，實質進行其所標榜之「概念創造」，來對當代思維有真實的貢獻。最終，他又堅持將自清末迄今已展開蓬勃多樣省思和論述的當代華語思維盡然從自己的研究視域中排除。然而，現、當代「中國」，即華人文化界與華語傳承，早已深入吸收了淵源自歐美的理論資源，使得當代華語思維早已經變成了一個涵蓋當代歐洲思維之跨文化式思考境域。如今恐怕不再有任何繞路到古代中國的「漢學」，在這種「迂迴」當中不必同時也繞路到當代華語思維這個複雜的研究機制，也就是「漢學」如今不再能避免將當代華語學界當成通往古代中國之管道來應用。總之，朱利安對跨文化思維所給出的諸種刺激和觀點雖然豐富可觀，而且很多細節不乏精彩的構想與珍貴的洞察，但整體來說，此研究努力仍然被無法反省自己的弔詭和矛盾所損害。由於朱利安忽略對自身歷史處境以及自身的方法論基礎進行一種意識形態批判，因此在歐洲「漢學」當中大概可稱為最前進的這個研究工程其實很保守，也不能滿足站在跨文化思維的當代思考者。

六、結語與瞻望：「返回至事物本身」或開放的跨文化式思維

　　總括以上，在全球化日復一日邁進當中，特別是東亞各處拚命實行所謂現代化與西化等歷史企劃中，華語界既已非常深

入吸收來自歐美的文化影響，又復致力於自20世紀初以來發生的幾波劇烈歷史斷隔之後重新構成、發掘所謂屬己的文化內涵。各地華人社會都希望未來能夠跨越清末民初、第二次世界大戰以及「文革」這三次於自身文化的核心處裂開的巨大縫隙，並在「西化」的同時也接續所謂的「中國傳統」。結果，台灣與中國兩個區域卻都陷入了一種當代弔詭，都處在兩種背道而馳的趨勢之下：同時追求「去殖民」以及逆向的「自我殖民」。然而，在華語界已經投入了構造、成分與權力情形都錯綜複雜之「跨文化式混雜文化世界」這種歷史處境之際，歐洲哲學界便落在後方，無法體會這種跨文化式情境，亦無法在此平面上與華語界進行專業化的跨文化交流。其原因之一在於歐洲「漢學」的失敗與衰退。不但最近傳統「漢學」蛻變為「中國研究」，使得它與歐洲人文學傳統喪失聯繫，並犧牲整個史學、語文學方法以及包含哲學涵養的理論水準。不過，在翻譯與闡釋工作上，歐洲的漢學界一直尚未充分學會哲學思考，「漢學」這個科系從未充分達到滿足哲學界的嚴謹思考標準。故此，歐洲哲學界迄今仍舊缺乏通往中國古代思想以及當代華語思維的專業化通道，甚至也缺少實質開啟當代跨文化思維的機會。如上所述，無論是根植於歐美哲學之「比較哲學」與「文化間際哲學」的諸種潮流也好，或是如同朱利安之研究一般立足於歐洲「漢學」而又企圖進行跨領域探討者也罷，都是短處和盲點過多，導致不論在歐洲哲學界以內還是在歐洲漢學界內，迄今尚無較成功的、展開廣泛影響力的跨文化式思維問世。

　　有鑑於此，假設當代華語思維不僅知足於對中文資料的重

述與考證，亦不局限於對歐美哲學史、哲學文獻的介紹、意譯及義釋等初級步驟，假設如今華語界的思考者意圖認真從事歸屬當代脈絡的哲學省思，那麼研究者一方面應該仔細參考歐洲哲學與歐洲「漢學」所陷入之困境，以爭取更深刻的自我理解。為了避免落入一樣的弔詭、矛盾與不足，當代華語學界應當為了自身的研究爭取更穩固的立足點以及更高的透明度。另一方面，瞄準跨文化思維的研究者應該將焦點從對大體的文化這種概論模式收回，應該盡量專注自身實際可掌握驗證的生活世界為研究領域，藉以對跨文化式的思考處境本身所隱含的各式遺產和潛力培養更加敏銳的哲學直覺與哲學想像。從事哲學思考者應當採取開放的態度，將歐洲的人文學、哲學傳統、古今中文文獻以及當今中、西都置身其中的當代情境均納入跨文化思維的視域和經驗脈絡。於是，學者應當集中在真正牽涉當今人類及其未來的哲學問題上，也就是該向各地哲學傳統所「尚未說」或「無從說」的視域敞開思考。依據海德格的構思來說，思考者該回應於「需要被思考的」（das zu Denkende）與「需要被言說的」（das zu Sagende）在歷史中向人發出的召喚，藉以揭露一個擴大的跨文化式歷史脈絡所隱蔽未明之種種環節，並從跨文化思維的視角來開啟海德格所訴求的「未來思想」。

為了朝此方向邁進，朱利安的一些精彩的啟發的確適合繼承，他透過跨文化省思將中文思想傳承全都引入當代思維的資源脈絡，隨而在此新哲學視域中重新對「存有與時間」、「存有與流變」、「哲學與智慧」、「理論與實踐」、「認知與落實」、「真與善」等等基礎性範疇都追求批判性的探索，甚至也應該由一個跨文化式的視角重新來思考某一種歷史思想所自

的「原本情態」（Grundstimmung）為何，其動機、目標、價值標準及意義何在等等課題。為了再更具體地闡釋此思考態度上的專向，我建議以跨文化的思維架構為出發點，重新來斟酌胡塞爾當時為了現象學運動曾提出的口訣：「返回至事物本身」（zurück zu den Sachen selbst）。這表示，思考者應當將焦點自歷史文獻的論述和概念遷移至現象學所專注的平面，以便採取類似俄巴非（Rolf Elberfeld, 1964-）所提出的「轉化現象學」（transformative Phänomenologie）[39] 作為一個針對某種固定傳統歸屬相當開放、但卻同時也夠嚴謹的跨文化思考方法。

　　要勾勒「轉化現象學」的思考模式，除了一般現象學方法之外，更值得注意的是，除了透過批判性反思這個古老的哲學方法取得某種理論知識、哲學認知之外，這個進路更為核心的關懷定在海德格所謂的「操心」（Sorge）和「籌劃」（Entwurf）、傅柯所謂的「自我關切」（souci de soi）上。研究者要將自己的思考努力自理論平面與成果發表逆轉而收回至自身生活過程本身，讓哲學思考自身轉成一種近乎休養工夫的「哲學工夫」（philosophische Übung）。根據朱利安的提醒甚至可以主張，「轉化現象學」讓哲學歸返至「智慧」與「落實」這個更原本的生活場域。然而，一旦這樣的哲學工夫歸屬一個跨文化式思維處境，其具體進行當中主要環節之一便會在於，要藉由跨文化經驗、跨文化的文本資源在兩個不同脈絡之間所拉開的距離，猶如朱利安所企圖，但以加倍放緩的、耐心的工作節奏，

---

39 Rolf Elberfeld, "Stichwort Transformative Phänomenologie," *Information Philosophie*, 2007: 5, 26-29。更詳細參考本書第五章第三節的說明。

來批判、延續、改寫現成的哲學架構、哲學議題和哲學概念。

　　另一方面，任何當代跨文化思維應該採取比起傳統「漢學」從事的文本詮釋更加富有批判精神與哲學想像的一種「批判詮釋學」（kritische Hermeneutik）作為參考文獻的模式。只有這樣作，思考者才能隨從高達美的洞察，將「漢學」與歐洲哲學皆奠基其上的文本詮釋自狹隘的語文學領域引至廣義下的「哲學詮釋學」這個思維視野。相較於傳統「漢學」的文本研究，「哲學詮釋學」企圖更深入周全地展開諸種隱含於文獻中的問題性、思考可能性及當代意義。於是，相較於局限於歐洲傳統、尚未將眼光向跨文化的思考模式敞開的學院哲學，「哲學詮釋學」可以專門考量各種特殊語言帶來的問題和優勢，又對不同歷史背景以及種種視角轉換來培養敏銳的專注。若可以將「哲學詮釋學」與「轉化現象學」這種哲學工夫再與當代華語思維以及「漢學」連結起來，便可以大量擴充並豐富當代思維的文本資源，思考者對語境、處境、視角、意蘊脈絡的專注能力都會大進一步，藉由跨文化經驗將當代思維帶至更深厚且更合理的境域。

　　這樣一來，從事跨文化思維的思考者或者會從不同視角重新思考各方面的傳承曾經提出的人生經驗和思考課題，或者會直接針對個別當代生活世界中諸種現象從事開放的現象學探究，藉以轉化自身對世界、他人和自己的體會和對待方式。此現象學探討之所以合理地可被稱為跨文化思維，理由便在於，這種研究從一開始接受不同文化脈絡與文字傳承的栽培，因而對各種現象它會展開特別銳利的關注與豐富的衍伸。若與胡塞爾當初所構想的現象學省思相較，由於其歷史與文化歸屬並非

單一、一致，這種「轉化現象學」的思考工夫會足以導出更嚴謹的跨文化式批判，對未來哲思也從一開始會體現更為豐富的想像。結果，華語思維假設採取「轉化現象學」作為基本思考模式，它會將自身所處的跨文化式處境活化，也會在歐美傳統所壟斷之當代思維內促進各種跨文化式「意義演變」、「意義遷移」及「意義衍生」，以對當代思維形成獨特的貢獻[40]。

最後，在上述構想中，「漢學」都繼續扮演一種佐助角色，一旦當代跨文化思維踏上在華語思維、古代中文遺產和歐洲哲學往返之途，「漢學」依然代表一個相當專業化的中介。即使本文所提出的方法論構想基本上仍然歸屬歐洲哲學的思考範圍，只不過猶如種種「現象學詮釋學」、「生活世界現象學」等進路一般，此進路企圖由跨文化經驗的角度來擴充、彌補、糾正現象學這個現代哲學運動，但由於當代華語思維已不再獨立於一般所謂的當代思維，反而早已投入了此全球型範圍，故本構想也無法捨棄華語界的協助，而且當代華語思維恐怕也沒有多少其他選擇，「現象學詮釋學」以及「轉化現象學」這種思考工夫對華語思維的當代處境，即對其所身處的跨文化世界似乎就是最適當的思考模式。

---

40 更詳細的討論可以參考本書第五章。

第五章

轉化現象學與
跨文化哲學思考

一、前言

凡不局限於哲學學問、學術研究的努力，並且意圖進行靈活的思考，皆必須憑藉生活經驗，致力於詮釋諸種「意義現象」（Sinnphänomene），亦即持續不斷地實現新的「意義建成」（Sinnstiftung），並進行批判思索。在此前提之下，任何哲學思考都包含著一定的「前理解」（Vorverständnis），而且其各自所開啟的特殊「意義視域」（Sinnhorizont）皆關連到一定的歷史、語文及社會背景。任何個人或群體的哲學論述所主張的觀點，某程度上也就隸屬某種具體的「意義文化」（Sinnkultur）乃至一定的「生活世界」（Lebenswelt）。

基於此具體出發點，在本篇論文中我同時關切台灣哲學思考的情境，以及當代跨文化哲學的方法論問題，企圖凸顯出現象學思維如何可能轉變為跨文化省思的場域。首先，自哲學思考的處境性（Situativität）問題談起，從跨文化的觀點，為了考量反思活動自身、也考量反思從何種視角（Perspektiven）來進行反思的這種省思作辯護，接著提出非相對主義的現象學思考，也就是既維持超驗主義，但又懷著開放的自我理解的一種現象描述和還原模式，最後探討「轉化現象學」（transformative Phänomenologie）的意義和潛力。本文提議，現象學應當將自己所追求的反思活動本身視為超出單純求知的工作，並將思考本身轉化為一種活動，甚至一種「工夫」（Übung）。我們若沿著這樣的線索來設想一種新的現象學哲學，不僅可以將歷史轉移以及源自廣泛文化範圍中的差異性納入到現象學的考量中，甚至得以探索歐洲以外之哲學傳承與當代歐陸思想如何可能發

生對哲學具有啟發性的互動。這樣一來，整個現象學運動便能
獲得符應當代情境的新取向。

二、視角性、跨文化哲學與華語哲學

　　眾所周知，一般哲學透過經驗所面對之整體對象最終就
是「世界」（Welt），而且世界不僅僅只是認知及思考的對象，
初始召喚思維的就是世界。由於先前已有一個世界，意向性的
思索活動才可能誕生。如同華登菲所指出，只有當思考者本身
所處的世界產生使他「驚奇」的刺激，只有當世界先前業已
提出「要求」來推動省思（Besinnung）之後，所有的反思活
動（Reflexion）才有興起的緣由。任何思想都只能關連到其所
「發現」（vorfinden）的一個超越的世界[1]，而且也只能事後「回
應」（antworten）業已浮現出的「問題」（Frage）[2]。再者，依據
海德格著名的一個主張，世界中一切現象皆呈現「他者當前共
在」（Mitgegenwart des Anderen）。哲學的思考者根本不是獨

1　Edmund Husserl, *Ideen zu einer reinen Phänomenologie und phänomenologischen Philosophie. Erstes Buch: Allgemeine Einführung in die reine Phänomenologie*, ed. W. Biemel, Den Haag: Nijhoff, 1950 [Hua III/1]，[§ 1] 11；[§ 27] 56-57；[§ 47] 100-101; Martin Heidegger, Sein und Zeit, unveränd. Nachdr. der 15. Aufl., Tübingen: Niemeyer, 1986，[§ 14] 63-65（〔德〕馬丁・海德格爾著，陳嘉映、王慶節譯，《存在與時間》，修訂譯本第四版，北京：三聯，2012，74-77）.

2　Bernhard Waldenfels, *Antwortregister*, Frankfurt a. M.: Suhrkamp, 1994, 22-23; B. Waldenfels, *Phänomenologie der Aufmerksamkeit*, Frankfurt a. M.: Suhrkamp, 2004, 286.

自一個對對象進行觀察和回窺的主體，透過世界中的現象，思
考者反而從一開始便遭遇他者，並且進而與他者進行來往。由
於這些緣故，從一開始有一種「陌異性」（Fremdheit）貫穿著
哲學的思索內部，思維是從一個出於思維自身之外的觀點所引
發，而且相對於引起它的起源，思維本身業已「遲矣」。

　　一旦我們藉著這樣一種使用主義的態度考量反思活動，便
不難發覺，甚至本來就致力於脫離任何「陌異」的元素，透過
一種純粹理性反省，期望可以由思考自身取得絕對之基礎的超
驗哲學，仍然是從一個先有的、被懷疑的、或被假設的「經
驗」談起，也就是它涉及一個在思考、意識之外存在的「實
在」「Wirklichkeit」或「物自身」。追求嚴格科學性的現象學
思考更是如此，而且自稱「經驗主義」的現象學由於每一現象
學「描述」及「本質還原」不僅都奠基於一則具體經驗之上，
也由於「描述」與「還原」皆是倚靠言語所進行的思考活動，
因此原則上任何現象學探討始終牽涉到其原所歸屬的歷史脈
絡。甚至現象學哲學也隱含著某特定之哲學史遺產，而且它也
只是身處一定地點和時代的「省思」，當思考接觸現象時，它
不得不採取一定的眼光，並得講一定的語言。

　　若不以方法論的角度來看上述考量，而只是簡短地觀察當
代現況，也可得出同樣的疑惑。當今有人採取過度樂觀的態
度，認為猶如其他科學一樣，學院哲學已經組成了一種「國際
社群」，而且認為國際上大小規模天天被舉辦的研討會就代表
當代哲學，將之當作唯一算數的抑或至少是最主要的「世界哲
學」看待。然而，我們如果詳細檢視，在國際上不同地點露面
的這種「世界哲學」，不但面貌差異頗大，甚至呈現相互分離

疏遠的「潮流」，而且一旦當代哲學的多元性不再由歐美哲學界霸權所約束，不再類似貿易交流般只說單一一種國家的話，亦即虛假的「國際語言」，「世界哲學」的狀況將會變得愈來愈豐富，多元性更名符其實。有關這個觀察，可以從「世界哲學大會」一百多年來的歷史發展為證[3]。特別值得我們注意的乃是每四年舉辦一次的「世界哲學大會」，自設立以來一直增加會議的使用語言，而且最近一次會議是在首爾大學舉辦，又有兩種東亞的語言：韓語與華語被接受為國際哲學語言。

當「世界哲學」尚未成功地拋棄哲學思維本來所隸屬的時代、文化、語言等各個歷史因素及限制時，也就是當具體的哲學研究尚未全盤全球化與統一化的時候，實質上學院哲學也就還沒有成功地超出文化隸屬，達成真正普遍性的一種「後設立足點」（Metastandpunkt）與「後設語言」（Metasprache）。尤其是西方哲學界如今不能忽略或遮掩自己的歷史身分，同時也應當肯定歷史、文化上的「陌異」，並且積極尋求「域外」（hétérotopie），向歐洲文明以外的哲學思維求教，從「他者」（der Andere）那裡取得只有它才能提供的諸種不同觀點和見解。

在當代歐洲哲學業已發現「域外」的存在和必然性之後，也是歐陸哲學開始懷疑自己的局限性及未來思想的潛力之時。當歐陸哲學愈來愈注意並關切「文化」問題及「文化間際」

---

3 Rolf Elberfeld, "Globale Wege der Philosophie im 20. Jahrhundert. Die Weltkongresse für Philosophie 1900-2008," *Allgemeine Zeitschrift für Philosophie*, 1:2009, 149-169.

（interkulturell）的情境時，整個歐陸哲學思考的主軸已從標
榜普遍主義漸漸遷移到各種其內部實際所備存的「跨文化性」
（Transkulturalität）。或許可以將歐洲哲學的跨文化情形回溯至
把古希臘哲學拉丁語化的羅馬時代，或是中世紀哲學吸收阿拉
伯世界的影響以及文藝復興時期所恢復的古代哲思。可是跨文
化情形真正開始滲入並挑戰歐洲哲學，在於歐洲逐漸意識到
「新世界」，同一時期萊布尼茲在1697年寫成的《之那最新情
報》（*Novissima Sinica*）中注意到「中國哲學」。至赫德、洪堡
到尼采的時代，處於歐洲歷史發展內部的，亦即任何歷史文化
不可或缺的一種跨文化性[4]，已無法被否認，而且當今跨文化狀
況作為歐洲文明之全球化的一種「回音」及「反映」已經貫通
歐陸哲學的核心。如同傅柯曾經強調的，當代一種具體的「域
外」業已煩擾著歐洲哲學：

> 「那麼，若有一種未來的哲學，它必定會在歐洲以外誕
> 生，或者它必定會源於歐洲與非歐洲之間的相遇、震盪而
> 誕生。」[5]

4　Rolf Elberfeld, "Durchbruch zum Plural. Der Begriff der 'Kulturen' bei
　　Nietzsche" *Nietzsche-Studien*, 38（2008），115-142.

5　"Michel Foucault et le zen: un séjour dans un temple zen" *Michel Foucault, Dits
　　et écrits 1954-1988. III 1976-1979*, éd. par Daniel Defert/François Ewald, Paris:
　　Gallimard, 1994,（No 236），622-623: "Ainsi, si une philosophie de l'avenir
　　existe, elle doit naître en dehors de l'Europe ou bien elle doît naître en
　　conséquence de rencontres et de percussions entre l'Europe et la non-Europe."

　　總而言之，本文中稱之為跨文化情形所意味的，並不是當今歐陸哲學早已無法避免的「文化間際哲學」，也不指向傅柯引文中所涉及的「向域外跨出」這種步驟。「跨文化性」所指的便是就哲學思考的文化隸屬而言，一種內在的多元性和開放性已落實於當代歐陸哲學本身。簡言之，甚至看似最為純粹、保守及自滿的當代歐陸哲學，也已經由一種「跨文化」的複雜性所支配，也就是說有「跨文化」的一種「縫隙」（Riss）或「皺褶」（pli）貫穿其內心，促使它介於不同文化元素之間擺盪不安，而某種程度上每一步都必須以「跨」的方式進行其反思工夫。

　　不論我們為何從事哲學思考，不論我們主張哪種「主義」，研究上採取何種「進路」或「方法」。當我們進行哲學探討時，站在今日的我們必須承認這個事實：任何哲學問題、哲學觀察與哲學探索都關連到我們的生活世界以及我們個人對世界既有的「前理解」內部皆隱蘊的「跨文化性」。而且我們經由反思、批判所引導貫穿著我們整個思維的哲學視線，其跨文化情境蘊含的意義已經難以避免。因此，現今某種程度上不得已只能被當作一種跨文化省思的哲學思考不應該被籠罩在現成的進路和方法之下，首先它應該一再地從近代、現代歐洲哲學的視域踏出，特別是向歐洲以外迄今所累積的思惟傳承及相關思索經驗求教，藉此檢討其如何得以達成慣例以外的思慮心態及思考途徑。再者，若從胡塞爾後期所提出對「生活世界」的反省看來，當初標榜「科學」的現象學一樣得看清其所歸屬的歷史處境，並承認其向跨文化思維擴大、深化的必要。

　　再者，若從另外一個、其實也更為踏實的角度來看當代哲

學思考的現況，我們便不得不留意華語哲學的特質。總稱為華
語哲學的意涵所指的，主要是從先秦諸子百家思想迄至現今兩
岸三地哲學界用中文所發表的文本，也就是說「華語哲學」這
概念涵蓋各式用中文的哲學論述，不管其屬於所謂的中國哲學
這脈傳承也好，其所關懷的是在西化的現代條件下承襲此文化
遺產也好，或者它就是應用華語討論歐洲哲學抑或英美式的哲
學，只要以最簡略的方式稍微描述華語界哲學思考的狀況，便
可充分體會它不可能只是一種單純的「中國哲學」或「現代哲
學」，華語哲學的各種化身具體展現著「跨文化」的徵兆。

　　類似於東亞地區整體所謂的現代哲學一般，當代華語哲學
及現象學基本上都根植於一個「跨文化的意識」之上，因為21
世紀初華語界的哲學思考預設隱藏著個體與集體一百多年來持
續進展之複雜的思索、教學和寫作工夫。以華語進行哲學研
究、思考及書寫的我們，若與西方世界的哲學論述者相對比，
不難看出我們從一開始身處一種極為「混淆」的，也就是「跨
文化」的生活世界。而且就哲學專業而言，我們多少已經形成
了一種獨特的「跨文化」思維及書寫模式。由於白話中文這個
語言吸收了諸多異國語言的影響，但同時又與古代文言具有親
密的聯繫，亦即基於「哲學」這門學科當今在華語界的確是由
中國和西方的思想傳承結合所組成的學術體制，它大體上是同
時從兩種思想來源取得啟發和導引，所以華語哲學既不再可能
是一種純粹的「東方思想」，亦不應該被視為直接歸屬歐洲哲
學脈絡的思維，被視為僅僅只是講華語的「西方哲學」。

　　如同其他非歐洲地域的哲學界一般，當代華語哲學界的確
具有獨特的身分及罕見的潛力。不論我們用現代華語來研究中

國古代哲學也好，還是翻譯、探究、詮釋，甚至延續歐洲和英語界的哲學思維也好，由於我們所身處的，是一個亞洲的生活環境，我們一半以上的教育養成具有似是而非的歐洲傳統，更由於我們所應用的語言是現代白話及現代術語，跨文化的情境也就深入地支配整個當代華語哲學思維。當今華語哲學界最終應該被視為是獨一無二之「跨文化的文化世界」（transkulturelle Kulturwelt）。

　　任何向「文化間際」情境開放的、甚或立足於歐洲以外的觀點，尤其是華語哲學的整體狀況，皆能讓我們領會兩百年來承襲歐洲傳統的哲學內部處處都已出現涉及「文化」因素的疑惑和反省，更何況就哲學早已開始全球化這個過程而言，當代哲學諸種論述某程度上已經失去先前所堅持的統一性。無論我們目前是從世界上的何處來參與哲學討論，大家的思考必定處於種種繁雜且變動的「生活處境」（Lebenssituation）及「思維場所」（Denkort），因此任何一個當代的哲學思考、哲學論述內部都涉及到一定局限的視角（Perspektive）。與上一代的情況相比較，如今任何思考的出發點更應當被視為是根植於一種「動態文化場域」（dynamisches Feld der Kultur）。這表示任何的當代哲學思考愈來愈脫離不了文化局面這必然之出發點，而各色文化環境在各種哲學思考的整體上各自會引起不同的回應。透過個人和集體的生活工夫和創作活動，人人持續參與並且展開的獨特生活世界，乃奠基於由不同生活情況、語言體系、言語風俗、意識形態、價值觀以及宗教信仰所組織的實際局勢，而且各個文化場域上的具體情形其實不是常態一致的，各個哲學思考所歸屬的文化局勢正在加速地遷移流變。即便世

界上由社會、政治、藝文創作及價值觀等元素所形成的許多混雜的平面上，日復一日地發生衝突和分歧，而且即使這些或許不是哲學論述應該直接干涉的議題，但哲學省思既然處於跨文化情境中，就整體現象而言當代哲學便應該接受且注重所有與「文化」相關的問題，哲學也就不能於單一理論思考的層面上，避免對各種文化因素展開具體的認知和體會。簡言之，當代哲學不再可以忽視複雜且不穩的各種跨文化情境所帶來的困惑，但卻可以加強關注並利用新的史況所提供的機會。

依據德希達敏銳的觀察，將來哲學思考進展之可能與否，愈來愈取決於其能否「轉換界域」（changer de terrain），而且關鍵仍然在於「簡直的語言實踐」（la simple pratique de la langue）[6]。當代華語哲學所處之歷史情況，由於一百年來說、寫哲學的中文介於文言文及現代白話文間，又介於中國古代文本傳承及來自西方哲學的挑戰、啟發和渲染之中，因而華語哲學諸種論述如今確實都已經無法避免德氏所言的情境，乃「必須同時說幾種語言、產生幾種文章」（il faut parler plusieurs langues et produire plusieurs textes à la fois）[7]。近來歷史發展使得當代華語哲學在論述及反思雙方面都充滿轉化經驗及未來潛力，令台灣、香港及中國兩岸三地從事哲學思考者培養出一種既開放亦複雜的新哲學語言。有關此現況，可以翻看任何譯成中文的西方哲學文本，亦可以許多華語期刊上發表的學術論文為證，甚至可以從中國哲學界近年來熱烈討論的「逆向格義」

6　Jacques Derrida, *Marges de la philosophie*, Paris: Minuit, 1972, 162.

7　Derrida, *Marges*, 163.

這個議題來認定此事實。然而，甚為可悲的是，最近興起的民族主義趨勢與霸權式的論述導向這些對自身盲目不開明的潮流不但有「揠苗助長」的危險，而且也傾向於破壞整個華語界在當代思維這個場域上本來已經取得的優勢。當然，除此之外，令人感到遺憾的還有，迄今為止就華語哲學的自我理解而言，華語哲學界幾乎尚未開始直接反思隱藏在其用語核心中這富有批判思考潛力的珍貴寶藏，亦即「跨文化性」。為了鼓勵這方面的各種思考，接下來要從側面，也就是就現象學方法論探究這一觀點，來切入跨文化思索的潛力問題。

三、跨文化視域下的現象學

　　一旦我們承認使用華語為哲學語言有其優點存在，一旦我們體會到所身處的生活世界以及我們所歸屬的特殊思想傳承與正統歐洲哲學的歷史脈絡上的不同，我們可以更容易關注並確認上文所描述之哲學的處境性、視角性以及跨文化性的關連和長處所在。這樣一來，我們若選擇現象學為思考態度及方法，也就可以更成功地從我們所依據的歷史、文化、經驗角度，來對種種現象進行描述和還原，也就是從非歐洲的文化視角，並依據非歐洲的生活世界給出重要釐清、補充或修改，甚至可以讓整個當代現象學據此逐漸發生轉化。而且恐怕只有以這樣踏實的態度，對「現象」從事描述和探究，我們的思考工夫才有價值，才會與「現象學」的原意吻合。

　　就上一節所提出的若干前提看來，現象學方法為何對當代哲學思考情境特別貼切？若欲尋覓適合跨文化條件的思索模式

時，應當捨棄早期胡塞爾對現象學所懷抱的「科學」理想，捨棄自《歐洲科學危機》以後已不妥貼的、也就是虛偽天真而盲目的那種普遍主義和超驗主義標準。然而，就跨文化之開放便利性而言，原來現象學若以「懸擱」、「描述」等步驟為出發點，確實是非常踏實的通往哲學省思之進路。而且根據這樣的思維模式考量各種不同經驗範圍及經驗內涵時，就可以依不同具體生活世界而將各種「意義給予」（Sinngebung）就實質情形凸顯出來。因此，在廣義下胡塞爾之後的當代現象學，就其思索典範而言，相較於任何受特定傳統限制的「概念哲學」（Begriffsphilosophie）進路，還更為適用亦更具跨文化的潛力。

眾所周知，現象學是一種經驗主義。現象學反思既然出自具體經驗及現象自身顯露的發生，與其說現象學是就文本傳承和現成的概念架構為出發點，然後面對「實在」（Wirklichkeit）發揮一種多半只不過是由哲學素養所構成的問題意識，還不如說只是對現象自身所進行的觀察活動。它藉著意識活動的「意向性」（Intentionalität），以及海德格在「此有」（Dasein）即思考者的存在結構上所凸顯出的「世界性」（Weltlichkeit），現象學對現象自身所進行的觀察活動，從一開始乃是對「實在」有所呼應並納入思考範圍中，而且彷彿只有以現象學作為進路，思維才可能關連到最原始的一個「實在」，亦即梅洛龐蒂所稱之「野性意義」（sens sauvage）。現象學思想儘管圍繞著對實存的「懸擱」（Epoché）這種研究心態，但是只有透過這樣的手段，思考者才能夠將整個哲學素養所提供的「成見」擱置一邊，方能夠「回歸至事物自身」，亦即回歸到實質的經驗內容。

自早期海德格以降，廣義下的現象學就興起於一種「發生」（Ereignis），它是相對於思維所聆聽的「召喚」（Ruf）或「要求」（Anspruch）而給出一種「回應」（Antwort）。根據另一種隱喻架構說來，現象學的基本活動不是別的，就是「本質直觀」（Wesensschau）或「理型化」（Ideation），也就是發掘、矚目、專注以及親身體會等工夫[8]，而且每當現象學學者開始關注任何現象並且進一步以懸擱的態度來思索該現象時，按照華登菲所主張的，這種活動不僅僅等於是「觀察」、「探究」該現象的特質，反而應該被視為一番過程：某一則現象首先引起注意並且提出「要求」，然後思考者才會透過探索活動逐漸對它給予著重該現象的「回應」。易言之，原來介於「引起注意」（Auffallen）和「專注」（Aufmerken）之間的現象學還原雷同於一種「專注懸擱」（attentionale Epoché）及「回應懸擱」（responsive Epoché）[9]。再換一個說法，現象學的那種「回應式」觀察某種程度上從一開始就不局限於求知活動，它究竟也就等於思考者對於「實在」所表現的一種「尊重」甚或「尊敬」，是牽涉到倫理學態度的一種具體「行為」。基於這些緣故，現象學從一開始就相當容易避開任何體制化哲學傳統所固有的盲點，而且傾向採取非學術性、更為開放、接近日常狀態和藝術

8　Husserl, *Ideen* [Hua III/1]，[§ 3] 14-16；[§ 19] 42-43; E. Husserl, *Die Krisis der europäischen Wissenschaften und die transzendentale Phänomenologie*, ed. W. Biemel, Nachdr. d. 2. verb. Aufl., Den Haag: Nijhoff, 1976 [Hua VI]，[§ 9] 59-60；[§ 34] 130; Heidegger, *Sein und Zeit*, [§ 7] 35-37（《存在與時間》，41-44）.

9　Waldenfels, *Phänomenologie*, 286.

的觀察與探討方式。基於此理,也就是基於獨特的開放度以及
非常本原的倫理承擔,就嚴格的方法論觀點而言,無庸置疑
的,現象學就特別符合跨文化哲學思考的需求。

　　對於哲學僅只追求「普遍真理」這種前提,當代現象學
應當有所保留。此外,它也應該看清歷史上各種本質論式的
普遍主義、理性主義所附帶的圈套。尤其是任何的「跨文化」
反思,它只能藉著類似「暫時普遍」、「使用普遍」等引導觀
念,來脫離歷來由「客觀真理」與「主體認知」所劃分出來的
哲學範圍。就方法與自我理解而言,任何跨文化思想一開始
就應當質疑近現代所發展出來的批判哲學及概念哲學這個典
範,甚至於捨棄海德格、梅洛龐蒂等人特別嚴格批評的「反思
哲學」(Reflexionsphilosophie),應當不再那麼著重「產生知
識」、「擴大知識」、「深化知識」、「奠固知識」等等體制化哲
學學門的關懷,反而應該學習古希臘哲學追求更近於人格修
養的一種「哲學實踐」(philosophische Praxis)和「轉化工夫」
(transformative Übung)。而且這種轉向就是現象學發展內部長
久以來已經開始準備的一種哲學更新。

　　身處當代現況之下,而且自己本身原來就已是「跨文化人
物」的我們,在從事哲學思考時,所要體現的心態必須符合與
哲學傳統相較則更為謙虛的探討模式,因為我們小心翼翼所要
實際摸索的是尚未完全熟悉的那種現象。當今哲學思維,尤其
是關懷跨文化問題的思考,它應當自由地同時向「邊緣」與
「未來」敞開眼光,應當與傳統哲學判準與習慣保持距離,敏
銳地反省自己所依賴之基本認知模式(Erkenntnismuster)和
思考典範。這樣更新的哲學思考同時也應該更加著重藝術實

踐，並且加強關切言語活動本身，也就是應該更加著重於現象
描述、還原過程本身究竟所代表的是什麼樣的敘述和詮釋工
夫。思考者與其將自己所進行的思索活動仍當成學術性的認
知看待，還不如將之視為一種「哲學思考論說實踐」（Praxis
philosophierender Rede），亦即一種特殊的生活行為。

　　由於上述的考量，現象學的經驗探討既然奠基於生活世
界，也涉及各種具體的歷史因素，那麼與其只向認知對象、求
知活動的成果以及「真理」這種科學標準瞻望，而不停追求未
來對某一件現象達成完整的體會，還不如回窺現象學的描述、
還原這種努力本身，將之視為無窮盡之一種動態的思索過程，
而且是思考者的存在本身不斷地具體聯繫到其所處周遭環境這
樣一個富有倫理意義的活動。只要我們開始反省到時間中發生
的現象經驗和一樣是時間中發生的現象學思索之間既有的關連
本身，便得以開啟著重生活實踐的一種詮釋學「論說」工夫[10]。

　　如此一來，真正的現象學思考其實會成為一種「轉化現
象學」。近來初步地構思「轉化現象學」這詞彙的學者是俄巴
菲，而且他是在接觸到歐洲哲學以外的京都學派思想後，才將
「轉化現象學」這個觀點從跨文化探索中衍生出來。在其名為
〈轉化現象學〉[11]的短文中，俄氏認為除了依據胡塞爾、海德格
及梅洛龐蒂等現象學家相關的方法論主張之外，也應依據活躍

---

10 Husserl, *Krisis* ［Hua VI］, ［§ 59］ 213; Dietmar Koch, *Zur Hermeneutischen Phänomenologie. Ein Aufriß*, Tübingen: Attempto, 1992.

11 Rolf Elberfeld, "Transformative Phänomenologie" *Information Philosophie*, 5 （2007）, 26-29.

於日本鎌倉時代曹洞宗高僧道元的時間哲學，當今甚至也應該
將現象學者對現象所進行的探究過程本身，視為一種時間上把
我與世界結合起來的「施行」（Vollzug），亦即一種「修養工
夫」（Übung）。俄氏特別注重於不論何種現象學探討所不可或
缺的言語活動及身體處境這兩個面向，來強調：

> 「現象學施行不是別的，這就是我在言語活動及身體存
> 在上對自我以及世界轉化所展開的熟練。」[12]

簡言之，藉著「轉化現象學」的觀念，俄氏試圖就現象學
者的歷史、文化、語言處境來衍伸出一種更符合當代跨文化哲
學需求、更開放變動的省思模式，也希望能夠促使當代現象學
界更加留意思索活動本身，使現象學更加關切思考者的「通往
世界之路」（Weltzugang）及其整個生活行為上勢必帶來的轉
化成效，終於讓現象學的探討過程被理解為貫穿、轉化現象學
者本身整個存在的一種「實踐」（Praxis）。

接續俄巴菲所提出的轉向，憑藉「轉化現象學」的觀點，
我們得以加強地批判現象學中的「學術性」，更有決心地關切
現象學探究這實踐所涉及的敘述、詮釋的面向。眾所周知，
Phänomenologie這個名稱後半部 -logie源自古希臘文 logos、
legein，因此就字源學意義看來，現象學本來就是一種「說

---

12 Elberfeld, "Transformative Phänomenologie": "Phänomenologischer Vollzug ist
nichts anderes als sprachliche und leibliche Einübung in die Transformation
meiner selbst und der Welt."

話」。此理可證，我們應當更加著重於現象學方法上作為具體哲學思考工夫之主軸的那個「論說」。我們應當承認從早期胡塞爾的方法論開始，任何「意義給予」，更別說是任何現象描述及本質還原過程，始終都牽涉到開放的言語活動以及連續不斷的詮釋甚且溝通這種具體實踐。

　　緣起於現象的任何省思，一方面是依賴著特定生活世界所提供的條件，在某個當下被進行的言論，另一方面它必定奠基於某種歷史文化情境及特定的歷史語言，也就是被這種特殊文化因素所籠罩限制的論說工夫。而且思考者所體會及所表達的每一次「意義給予」，往往也會反向影響及轉化其原本所處的整個思考、言論架構，為他敞開其他的未來經驗、領悟及論說的場域。換句話說，因為現象學者究竟不可能達成一個固定不變的立足點，所以對於要開啟現象體驗的哲學探究來說，一種批判性的轉化言論工夫乃是更為合理的典範。尤其是對身置於中國哲學和歐洲哲學之交，某意義下不得已而從事跨文化思考的當代華語哲學界而言，若選擇這麼一個「轉化現象學」為思考方法，則不但更為妥貼，且為了認真展開將來的哲學思想，這其實亦頗有利。

四、轉化現象學與跨文化哲學

　　接下來將對「轉化」這一引導觀念實質所涉及的意旨做進一步的說明。首先，就自我理解而言，追求「轉化現象學」的思考應當以具體的方式不斷重新考量思考者所處歷史處境的相關要素，也就應當有意讓此具體的局限性落實於思考活動本

身。這表示，「轉化現象學」不僅承認所有理論思維所隱藏之「場所性」（Standorthaftigkeit）或「視角性」（Perspektivität），接受思索活動因被置於具體環境所圍繞而來的「處境性」（Situativität）[13]，更甚於此，「轉化現象學」也讓此情境反映在思考活動本身的取向及方式上。向來現象學著重「直觀」（Anschauung），亦即實質體驗和領會，但僅只在格格不入的當下現象學所有的「直觀」經驗才可能實現。因此思考者應當將其在每一當下所依據的角度本身納入其考量範圍，而就此時此刻具體發生的現象經驗來描述、還原各個現象所具的特質。

例如「身體」這個現象的意義關連實在過度豐富，其複雜度使得呈現描述分析需時較長，所以思考活動只好一而再地將哲學論說歸結到當前顯露出的具體經驗，不斷地隨著此時此刻顯現的現象來批判自己原先所執的看法或所提出的言論。除了「歸結到體驗本身」這動作之外，思考者同時也應該在對現象所進行的反思脈絡之內，將其獨特的生活世界、語言體系以及傳統身體觀、身體論等因素陳列出來，關懷這些背景對其每次如何發覺該現象有何種意義這個「後設問題」，反省這些前提如何影響、拘束或幫助其闡明「身體」或「運動」等現象的省思活動。

再來，恰好由於所有反思工夫、所有現象學探討既有的上述視角性及處境性，所以每當有新的一番「現象學」思索發生時，它會逆向涉及甚或干涉此具體出發點。換句話說，恰恰在思索活動發生的時間中，本來作為「實踐」的思考活動本身會

---

13 Husserl, *Krisis* [Hua VI], [§ 45] 161.

在思考者的「世界觀」以及在其「生活實踐」上引起反映，也就會使得研究角度上發生實際遷移。因此現象學的反思、論說工夫本身不得不被視為超出「理論」範圍的轉化性實踐。在思考活動當中，思考者對各種現象所給出的論說，雖然該由嚴格的現象學懸擱、描述及本質還原方法所得出的觀點，雖然每個探究成果某程度上應該歸結一個「普遍有效」（allgemeingültig）的意義給予，但這個意義依然只是就一個局限的視角而被給予的。這意謂著任何這樣而來的意義給予本身只不過還是暫時認定的意涵。

每當我依據最嚴格的現象學方法達成了某一種洞察，縱使此時此刻在我看來這是確實可靠的「直觀內涵」，但從現實研究架構，亦即從整個現象學探討和言論工夫的時間性看來，這卻畢竟只是一個「看法」，它僅僅只是服從於一個更為廣大長久的時間架構中延續發生的現象論述。我們若承認這些，那麼從另一個角度看來，個別當下的每一個現象學論說都不過是「相對的」，它歸結到一定的觀點，也就是思考者的處境。可是，若從正面看來，在某些哲學觀察、判斷和反思以現象學的思考態度及思考模式被提出的這個當下，每一則觀點還是「實在有效的」。總而言之，當思考工夫表達某種「意義給予」，自然就會反向影響、變動思考者的整體「意義視域」（Sinnhorizont）及整體的哲學論述（philosophischer Diskurs）。每個現象學探究所得出的「觀點」，會反向重新組成下一個現象學探究必然所預設的「前理解」，而且再嚴格的現象學本質還原中，一旦它時間上實際發生，一旦它從一定的處境、視角形成一種言語表達，它就無法全然拋棄此「前理解」以及相關的整個具體局

面。因此可以斷論：每一個現象學論說會轉化其所奠基、其所自取決的前提，亦即思考者所處的生活世界伴隨整個文化、言語、思想脈絡，造成「實在有效」的新研究情境。

　　任何現象學思索與言論過程本身都屬於「行為」、「實踐」這個範疇，而不限止於純粹理論性的、求知性的活動。「理論性的」現象學思考、論說活動所凸顯的每一個「觀點」，也牽涉到並且反映於思考者個人同時所體現的情感和行動範圍，而每一個「觀點」、「論述」都等於是具體「言說」（Sprechen）、「行為」（Verhalten）上實際有效的一個「立足點」（Standpunkt）與一件「行動」（Tat）。這意味著「轉化現象學」將理論思維所達成的各個「觀點」，看成是思考者個人整個存在上透過一種「修養工夫」之「轉化實踐」所達到的一個階段。「轉化現象學」過程逐漸展開的諸種「觀點」，也等於是思考者個人針對世界各個當下重新採取的一個「倫理學態度」（ethische Haltung）。現象學思考活動，藉由其注入、變動思考者個人的所有行為範圍，亦即其「通往世界之路」，它同時也會轉化大家共同所處的生活世界，甚至在與他人共在的世界中，它會引發新的、具體的「意義給予」之機會。

　　我要是有意識地按照「轉化現象學」這個觀點進行哲學探討，也就是要是我追求類似俄巴菲所規劃出的「哲學實踐」，我會將自己在各個當下所實行的思索工夫歸結到我所屬的文化、歷史脈絡，同時也會將之視為向他人與未來的觀察、論說開放的一個描述和省思發展，甚且會將我個人透過思考活動所展開的「哲學言論」（philosophische Rede）以及在每個當下所帶出的「觀點」（Blickpunkt）、「說法」（Redeweise），都理

解為在我與人共享的「通往世界之路」上所連續不斷地引起某種實際遷移的「事件」和「發生」（Ereignis）。再來，我會追問透過現象學式的省思所得出來的各種觀點，如何轉化我個人的整個生活架構，也就是探索這些觀點如何反映於其他非直接關連於我理論思考的活動，注目其如何在我的整個生活世界脈絡中的何處且如何刻下痕跡或引起遷移，而且我會採取倫理上該視之為「開放」的態度，因而也就會「隨任」這些觀察，「讓」它在我個人存在上具體發揮新的經驗空間及新的敏銳度。我不但會關切現象學思索工夫如何涉及我的「自我理解」（Selbstverständnis），亦會關懷此思考活動如何注入我整個生活行為，並貫穿我整個「向世存有」（Sein-zur-Welt）的存在方式，讓它一邊為我往後可能體驗的知覺、省思及論說活動鋪出新的理路，而另一邊任其為我的行為開啟新的自由空間。簡言之，我會以我的整個存在對我的思想「負責任」來「回應」每種意義給予。

最後，若站在更明確的跨文化立足點來思考這些問題，便應該特別強調奠基於這種自我理解上的「轉化現象學」，可以不再僅僅隸屬單一傳統形式下的「概念」與「義理」，它可以更誠實地專注先行於任何論述的層面，即本來業已為跨文化情形所貫穿的「現象」、「經驗」、「野性意義」或「問題」這一層面。那麼，當現象恰恰在萌芽，當現象體驗正在對我發出「召喚」，而當我剛剛開始認真地進行一個現象學的描述、還原工作這種方式來「呼應」的時候，為了讓我懸擱所謂的成見，任何符合哲學提問走向的資源對我必定都具有參考價值。這表示，適合某一現象探索上被應用的資料，不管是取自個人生活

經驗也好、取自藝術創作領域也好、還是直接取自哲學傳承本身抑或他類文獻也好，妥當的啟發都應當被納入現象學考量。

　　同理，為了讓我批判且擴大我的現象學視域，也就是為了對現象世界達成更高的開放度，為了「熟練」更豐富敏銳的現象體驗，跨文化的觀點應當還是特別有利的，甚至是關鍵的。舉例而言，當現象學者探討「身體」、「身體運動」等議題時，他不得不「透過」自身身體存在的依據來探究相關現象，再者，他也應該不僅只歸回其個人身體經驗、歐洲哲學上的傳統身體論、奧運運動模式等等觀點。除了這些之外，他反而也應當注目於其個人身處的當代台灣社會環境，以受過中國式的身體教育得來的體驗，甚或可以考慮到中醫身體觀、太極拳鍛鍊等啟發，一樣可以從書法及水墨畫傳統切入，反思以運筆的名義所特別關切身體運作的那一脈文化遺傳。

　　如此一來，憑藉跨文化的探究，除了類似「力量」、「功能」、「作用」抑或華登菲所提出的「身體回應機制」（leibliches Responsorium）[14] 這種歐陸身體現象學常用觀點以外，一種跨文化的當代身體論亦能將「感應」、「氣」、「經脈」、「鍛鍊」等等現象考慮進去。隨之而來的啟發也就讓異於胡塞爾、梅洛龐蒂、華登菲等歐陸現象學者所遵守之典範的另一種跨文化生活處境在哲學思考上獲得具體的用途，讓我們引發新的、亦更完整的身體現象學思考。可惜的是這些文化經驗所圍繞的現象一直都被忽略，豈非同樣屬於現象學論述所追求「現象自身顯露出」的這種發生？所以「轉化現象學」此觀點對生活處境以及

---

14 Waldenfels, *Antwortregister*, 463-464.

各種文化元素所連帶的開放度，不僅對本來為跨文化的思考有很大的貢獻，反之亦然。跨文化的思考處境從一開始就會提升現象學思索對實際處境及實際成效的敏銳度，會使得任何現象學探究這個「施行」及「熟練」成為更加豐富、正確、富於生活意義，並且讓之成為更加踏實的「轉化」。

　　憑藉上述思索態度上的轉向，當代哲學思考才真正能夠尊重「他者」（der Andere）、「陌異」（das Fremde）及任何「域外」（hétérotopie）所發出的刺激和「要求」，同時也只有這樣，哲學才能夠將整個當代周遭環境不斷提供的挑戰與啟發都收納入哲學考量中。只有當哲學思考依據本文所試圖陳明的方法論觀點，將自己從眾多死巷或具嚴重盲點的立場釋放出來時，當代哲學才得以不再受特定學術規則、固定語言及術語傳統所拘束，進而離棄過度狹隘亦無自我批判的概念哲學分界，向更大也更滿蘊意義的經驗境界及現象世界敞開。

　　那麼，為了朝向既是「轉化現象學」亦是「跨文化思考」共同鋪出的新哲學場域邁進可以從何起步？當代哲學若從這個角度來思考的話，首先，而且最起碼地表示，它不得不追求一種跨文化的「批判詮釋學」（kritische Hermeneutik）。當許多思考者從不同甚至「差異」的角度對各種現象經驗各自「施行」轉化性的意義詮釋時，這些思考者就採取「轉化現象學」的心態，而對現象和問題來展開不同的反思，在許多思考者應用不同的語言來直接描述某一現象時，當他們復在格格不入的文化、語言背景及不同的「閱讀經驗」（Leseerfahrungen）之下再度精讀哲學著作時，不管是在意義給予本身也好，還是在一個文化社群的共同論述也好，這種開放的思維便自然而然都會

導致「跨文化的遷移」（transkulturelle Sinnverschiebung），因
而跨文化的轉化會無所不在地業已開始。

第六章

華語思維與文字動勢

一、前言

　　當今華語界的生活世界是一個錯縱複雜的跨文化世界。學院哲學亦不例外，它身處獨一無二的跨文化境遇。不管華語學界如今在廣義下承襲並研究中國的哲學遺產也好，還是它主要是從事對歐美哲學的探討也罷，在這兩種導向下，華語學界的當代思維都不歸屬某種單一的學術脈絡和思索架構，而且面對西洋哲學，置於華語這個語境的思維依然呈現某種本質性的距離。華語界的當代哲學已不再隸屬於「中國式思想」，但正好也是由於其所歸屬的跨文化型生活世界及其所應用的語言遺產，故迄今為止任何華語思維尚未全然融入所謂的國際主流，它不等於是「僅講華語、但所追求卻為當代思想」。然而，相較於南美、非洲、亞洲一樣過往不隸屬歐洲文明之其他學界，基於龐大的中國文化傳承，當代華語思維具有非常明顯的歷史特色。這種獨特性不但特別值得探索，而且它標記著當代台灣哲學界的實質處境，因此學界應該深入反省此局勢所隱藏的限制和潛力，將其轉成哲學思考的優勢。

二、華語思維

　　「華語思維」、「華語哲學」等名目指的不是某種以華語為研究對象的語言哲學，「華語思維」代表一個獨特的歷史處境和歷史導向，而且華語哲學的獨特視角對一整個當代思維非常重要。當代華語思維之所以得以獲得這麼關鍵的角色，理由在於，透過共通的語境和歷史脈絡，華語思維關連到一個龐

大的另類古代傳承，若與歐洲哲學相較，此華語傳承確實呈現
非常根本的不同，甚至可以說華語思維的根源乃在於截然不
同的「基本情調」（Grundstimmung）與決定性的「基本抉擇」
（Grundentscheidung）。舉例來說，思考者到底應當追求「理論
認知」還是著重「實踐課題」，他是否要尋求「永恆不變的存
有」還是要對「流變」、「生成」爭取理解，又或者該如何看
待思維與言語之間的關係。類似這樣的基礎性觀點都標記著取
向和信念上的「基本抉擇」，也都應當被理解為支配著、貫穿
著一整個傳承的「基本情調」。可是，由於近、現代跨文化思
維或者源自普遍主義的立場，又或者只論表面現象，即論述特
色和用詞上的差異性或相對性，而且學界多半或者從事「文化
比較」或者致力於「恢復中國古代文化之榮華」的政治策略，
因此迄今歐美學界與華語界兩者都尚未充分關注並認真探索
「基本情調」、「基本抉擇」這個層面上的問題[1]。正好是由一般
當代哲學來觀之，華語哲學才獲得其當代定位和意義。那麼，
究竟何謂「華語思維」？由古至今，凡是應用中文進行哲學思
考和哲學史研究的努力及其所產生的論述和文獻，都包含在
「華語思維」中，從先秦諸子百家思想迄至現今兩岸三地學界

---

1 Mathias Obert, "Philosophische Sprache und hermeneutisches Sprechen:
Kritische Überlegungen zur chinesischen Sprache und ihrer Beschreibung aus
philosophischer Sicht," *Zeitschrift der deutschen morgenländischen Gesellschaft*,
155（2005.12），545-575; M. Obert, "Interkulturalität und philosophische
Grundfragen? Polylog im chinesischsprachigen Denken der Gegenwart," Fr. Gm.
Pranzl/A. Graneß（ed.), *Perspektiven interkulturellen Philosophierens*, Wien:
facultas.wuv, 2012, 341-355.

使用中文書寫的哲學著作均為「華語思維」這一名稱所涵蓋[2]。
由於清末民初歷史斷裂和語言轉譯開始支配整個東亞洲，當今
任何華語思維在深層勢必具備一個混搭的跨文化特質，當代華
語哲學是被各種外來因素深入貫穿的思考、言論及書寫場域，
它不再可能單純的是「中國哲學」。一旦哲學思考說華語並借
助中文字[3]，就其內部結構與歷史情境而言，這種思考多少都會
關連到中國古代的文獻傳承，將這些資源與受西洋影響的現代
學院哲學結合起來，實是罕見的跨文化型思想天地。

　　德希達曾強調未來哲學的關鍵在於「簡直的語言實踐」
（la simple pratique de la langue）[4]。哲學思考是否仍然有意義，乃
取決於其能否擴充、轉化其表達模式。儘管德希達並未顧慮中
文的情境，但一百多年來說和寫中文的學院哲學，豈非早已經

2　本文雖然聚焦於「中文」，但並非要局限在文字方面作探討。由於中文字的
　　特質深入影響「說華語」的優勢和弱點問題，而且本文是從「用華語」的
　　哲學脈絡出發，企圖將中文種種特色與「說華語」的哲學思維連結起來，
　　因此依然將「華語」視為涵蓋「中文」這個特殊文字體系，亦不能以「中
　　文」取代「華語」。

3　本文避免用「漢語」、「漢字」等名詞，理由之一在於本文所專注的現象涉
　　及一種普遍的文字學、語言學、語言哲學問題，並不局限於「漢人」的認
　　同脈絡。本文關懷任何對華語和中文字的哲學使用，無關乎使用者住於何
　　國何處。華語早已經分散於世界各地，而且有史以來中文字也一直被非
　　「漢族」人士所應用。再來，「漢人」、「漢語」、「漢字」等現今中國官方所
　　用名詞傾向於排除其他族群，因而對本文所關切的一般文化現象不適用。
　　最終，這種稱呼源於元朝的蒙古人、滿人、日、韓人甚或西方人，因此當
　　今華語界本身應用「漢人」、「漢語」這種名稱相對於當代世界的複雜，已
　　不合時宜。

4　Jacques Derrida, *Marges de la philosophie*, Paris: Minuit, 1972, 162.

開始滿足這樣的訴求？即使華人對中國傳統的認知一代比一代薄弱，即便華語界將近一百年來排除可謂屬己的文化成分而拚命吸收西來的現代文明，但是就華語及中文字的使用而言，諸種現代以前的資源在當代思維內部仍然發揮一定作用。看來介於現代白話、古代文言以及許多歐洲語境之間的華語思維，恰好實現德希達的構想，即「必須同時說幾種語言、產生幾種文章」（il faut parler plusieurs langues et produire plusieurs textes à la fois）[5]，隨而一直不斷地產生新「跨文化意義遷移」。然而，關鍵因素莫非就是華語哲學所繼續依賴之「望文而生思」的中文字？這個文字脈絡理思深厚，意蘊文雅，充滿文學風骨，比起當代哲學舉世泛用之羅馬字母，它有更多的元素來發揮當代哲學的想像和創意。

　　中文字使得當代哲思關連到非歐洲式的思考資源和書籍遺產。然而，與其將中文字簡直視為一般言語活動所不可或缺的表達、溝通、紀錄工具，倒不如藉由中文字的特色，即某種敏銳的直觀工夫以及落實於文字的身體性，給語言學、語言哲學、媒介理論及圖像理論開顯出非歐洲式的新典範。

　　中文字究竟有何種獨一無二的性質？只要進行一個很簡單的視覺試驗，文字與字母最不同之處便水落石出。「ㄓˇㄧㄠˋㄐㄧㄤㄧㄐㄩˋㄏㄨㄚˋㄒㄧㄝˇㄔㄥˊ」，也就只要將一句話寫成一串注音符號，抑或將這麼一串文字又再轉成一串漢語拼音，即zhǐ yào jiāng yī jù huà xiě chéng，注音符號這種標音字與中文字的落差就非常清楚了：當注音符號、羅馬字等標音

---

5 Derrida, *Marges*, 163.

字置於視覺下時，它們絲毫無視覺厚度，非常「扁平」，僅是
指向固定語音的單元符碼而已。任何由純質標音字組成的字串
僅指某固定語言體系下的語音、語義，而讀者若對該語言毫無
認識，字元這個視覺介面就完全晦鈍不透明，也不展開任何意
義。然而，中文字與此情形相反，中文字帶出多元直觀體驗，
中文字彷彿具備某種厚度。除了標記語音、語義之外，中文字
作為視覺對象即「視像」，它附帶一種濃厚的意蘊靈光。

三、何謂文字視像？

　　一個一直重新浮出水面的老問題是：中文字是否可以被視
為「圖像」？然而，首先該問的是：「圖像」究竟何謂？按照
古典定義，「圖像」指的是一種雙重身分：一幅圖像將某種不
在場者「化為在場」。依據胡塞爾，藉由「圖像意識」我們將
某物視為某物，圖像意識使觀者從實在的「圖物」（Bildding）
上看出某一虛在的內容。看圖像時，觀者將圖物在意識中所產
生之意象歸結至一在圖物之外被預設的「原象」（Urbild）[6]。根
據此定義，中文字是否符合「圖像意識」的情形，是不是單純
的「圖像」？顯然不是：由於中文字不是某視覺對象之再像，
所以不識字者不可能直接解開某文字所指向。中文字不是「圖
像」，而是一種語義和書寫共同組成的視覺型態。不但各個字

6　Edmund Husserl, *Phantasie, Bildbewußtsein, Erinnerung. Zur Phänomenologie
der anschaulichen Vergegenwärtigungen*, ed. E. Marbach, Den Haag: Nijhoff,
1980 [Hua XXIII], 82-87.

體結構有嚴謹的規範，而且文字必然關連至「話語」（Rede, parole）這種表達活動，故此中文字的指意結構相較於一般圖像乃更為複雜。然而，中文字與歐洲語言通用字元又非常不一樣，除了作為言語活動的一個環節，文字字形本身作為視像而足以對視覺展開感性引誘，捕獲和勸勉讀者的感受和思索。

　　應用「視像」一名稱也許就可以避免陷入於「圖像」、「圖標」、「標義文字」等常用名目所惹起的語言學爭議。「視像」意涵相當廣泛，凡是在視覺上導出某種整體意蘊的形狀均為「視像」。在閱讀過程當中，中文字是視覺元素豐富重疊的型態，而且這種富有感性氣質的視像性質並不局限於象形、指事、形聲字，文字的「視像性」（Bildhaftigkeit, iconicity）同樣涉及其他類型的文字，是通貫一整個語文體系的特徵。可是，不管在語言學也好，還是在圖像理論與美學方面也好，中文字獨有的視像性尚未充分被承認並探究、界定，而且諸如「符號」、「象徵」等歐洲概念恐怕根本無濟於理解中文字的視像性。因此，筆者建議，與其借助圖像理論的現成範疇和架構，毋寧從更為踏實的視角切入對文字視像的具體觀察和分析，來探究中文字在何種意義下為視像，以便推出更為適當的視像概念。

　　中文字的視像性究竟指涉何種現象？舉例而言，「河」、「江」、「清淨」等字眼均引發「水」的意象，讀到「酒」字也會看到如「水」的液體。「味覺」、「口味」指引讀者的「口」，「妝」、「嬌」、「婉」均引起對女性的想像，而且要避免將「好」一看就立刻當女人對小孩的善待理解則很難。觀「書」難免見「聿」、「曰」，即「筆有言」。「沙」，亦可作「砂」，

端看要強調的是河湄之處，還是要指向材質。商店門口的掛牌「歡迎蒞臨」，第一眼就可在「蒞臨」二字中看出「艸」即「草」、「氵」即「水」，又可能發現「臣」和「口」，儘管這些組成部分與整個詞的意涵毫無關連，但我們如今仍舊視「自」為「鼻」的假借字，以用食指指自己的鼻子說「我」為證。

就視覺感應而言，異體字與別體字足以印證一樣的道理。「裡」字似乎不如由衣服包裹之「裡」字明確，「书」這個草書體比起字中仍含「聿」即毛筆之「書」字的形勢來得模糊，給人的感觸弱一些。有軸架和移動至轎廂位之輪子的「車」字比「车」具體易懂。正體字與簡化字的對照是以消極方式來印證文字視像的觸及效能多麼厲害。正體字「體」和無骨之「体」、有雨水之「雲」與無雨之「云」、「稻穀」和彷彿要暗示稻田在深山之「稻谷」等等例證所揭露的，不就是乍看之下簡化字體會激發錯誤想像，產生某種錯覺？難道香的一碗「麵」和望文則不敢入口的簡體字「面」真無差別？指人臉的「面」和僅只為標音符號的「ㄇㄧㄢˋ」全然相同嗎？中國政府所實施的文字改革從這個面向看來，豈不是有意地干涉並改造中文詞彙，創造一個新的語詞，日後「面」這個新詞彙就有兩種不相干意涵，即「麵條」和「面孔」。由此可見中文文字的視像向度多麼重要，讀者的意識不得不被字形本身綑綁、引導，因此整個解讀活動就有可能被誤導。

四、視覺典範與世界圖型

論說至此，可以提問的是：言語表達、哲學思索和「圖

像」本來有何種關係，以致使得文字視像性的問題獲得哲學意
義？以中文寫成的哲學文本不免在深層上附帶某種意象視域。
然而，問題一方面在於，文字所敞開的意象界域與哲學思維
所思索是否有內在關係，而且文字視像在哲學思想留下的印跡
是否可能實際證成？然而，難道任何哲學思想都呈現一種視像
性？歐洲哲學不就是一直為一種視覺典範所支配？從柏拉圖的
「理型」直至維根斯坦的「再像」，歐洲哲學上某種視覺典範無
所不在，哲學的種種理論體系也就是「再現」真實情形，以便
畫出海德格所命名為「世界圖型」（Weltbild）。

　　由此觀之，文字視像的探索由側面涉及當代哲學的基本模
式的問題性。基於文字視像性是如此地豐富，華語思維似乎處
處乃是由某種圖型因素所支配。就中文的情形而言，某種圖
型化作用是先行於任何理論思考所營造之再現機制，來滲透
思考的核心活動，深入貫穿一整個表述條件。基於中文字的視
像性，先行於任何哲學體系的成形之前，自古以來某種原本的
圖型因素支配著華語思維[7]。由深層、背後來承襲華語思維之文
字視像比起與近代之後壟斷歐洲哲學的「世界圖型」乃截然不
同。就歐洲思想而言，任何圖型化作用僅只可能是次要因素，
而使用中文字的華語思維所包含的圖型向度卻是一個原初且必
然的思考前提。那麼，中文字是在更為根源的層面上給當代哲
學思考敞開一種另類的隱喻場域嗎？此問題可以由兩個切入點
來探索：

7　Tze-wan Kwan, "Abstract Concept Formation in Archaic Chinese Script Forms: Some Humboldtian Perspectives," *Philosophy East & West*, 61:3（2011），409-452.

　　第一、有鑑於文字的視像特質，將文字化約為話語和思維的「符號」這種語言學典範，這一舉究竟合不合理？在一般的書寫、閱讀應用當中，中文字是否僅只將某種語義標記，還是中文字另外又展開似乎是多餘的、卻更為具體且豐富的脈絡？文字的視像性是否到某種程度便獨立於語義之外而設立出為種種具體意象所包含之意義[8]？

　　第二、中文字假若不只是「話語記號」，它還具備視像性質，文字藉由直觀在語義之外所發揮諸種聯想、感想並非「多餘的」。文字的視像結構是否逼使思考者以不同於歐洲的再現、圖型典範的模式，在思想的核心處展開一種「身體思維」？

五、視像、意象及聯想

　　依據歐洲哲學，思維的述說只要夠嚴謹就會達成「羅格斯」，亦即以「概念」來「概括領會」所思內涵。歐洲哲學對概念單詞的固信迄今仍未稍減，或許就是因為歐洲語文那二十幾個通用的字母一直以來誤導了哲學，導致為了抽象的羅格斯，歐洲哲學犧牲了珍貴的想「像」，也將「聯想」和更為具體的身體啟發都排除。受限於歐文字元的哲學只不過能玩一些字源學遊戲，遠不如中文所敞開之意象式聯想天地那般宏大，特別

8　張祥龍，〈為什麼中國書法能成為藝術〉，葉朗編，《意象》第4期，北京：北京大學出版社，2013，77-91。本文與張氏論文焦點差別在於，張氏將此視像特色歸結到「構義」作用，而本文除了意蘊向度之外更加關注文字視像的「觸發」效力。

是在當代語文內部古今的連結處處具有激發力的聯想作用。

　　以當代華語哲學的關鍵詞「真理」為例：這個字彙為哲學專用名詞，指真實情形，亦指思維與現實相符應。然而，當初對身為理性主義者的傳教士此「真理」再巧妙不過。他們利用佛教的「如來真理」賦予這個詞彙新意涵。藉由這種傳教手段，指出思考正確性的「真理」不言白明，又指涉天人共享之「理性」及「道理」。在當時的讀者來看，更新後的中文「真理」仍舊指引中文詞彙既有的「常理」、「人理」、「天理」，卻亦標誌聖經一整個「義理」。與中文相較，拉丁語彙veritas與ratio之間哪有本質性關係？就所指和所思而言，「真實情形」（veritas）和「概念式思考」（ratio）之間不但沒有資源學關係，而且也毫無聯想關連。居然要等到理性主義哲學寫成中文之後，「真理」和「理性思考」兩者的必然關係才一目了然，令讀者信有其事。

　　不過，神父們的翻譯其實有所遺漏，他們忽略了另一組文化遺產。今日讀「真理」時讀者會聯想到宋明理學的「理」，例如「理氣合一」。一旦讀者這樣思考，便與神學背道而馳，脫離歐洲理性主義的架構。歐洲的真理論一寫中文，它背後另有受之於天的「理性」，另一種「形而上」論、中文傳承的種種另類「義理」以及中國社會的「倫理」便支配著一切聯想。換言之，當代華語哲學論「真理」並不局限於歐洲哲學所專擅之「真實在場」或邏輯學的「正確性」，反而連結到中國古代對「理」的種種論述。然而，重點在於，這種概念上的跨文化遷移乃是在文字視像，也就是在讀者眼見「理」字直接就成了聯想視域。在深層上中文的思想傳承透過文字的具體視像一

直在干涉哲學核心概念的西化、現代運用。為了學海德格藉字
源學來思考，歐洲哲學必須「聆聽」語音，必須讓「語言說
話」[9]，不可以僅看白紙黑字。基於標音文字系統，各個詞語和
其他詞語拼法上既有確定性的區別，導致在閱讀、看視層面歐
文處處阻滯讀者的想像泉流。中文則剛好相反，由於同音詞過
於眾多，傾聽華語時要想及文字，要想像字的視像型態，才能
確定當一個人說一個「理」時，就是「天理」的「理」，而不
是「禮節」的「禮」。易言之，華語思維在說話的同時也要寫
字，要從一開始形成語文，才講得通。這可能是華語哲學必須
應付的麻煩，但這也是其獨一無二的財富。無論一個單字在某
一個上下文脈絡中起何作用，光就其字形，它直接關連到某種
字串以及相關意蘊，而且這些意義聯想可能有濟於事，可能反
而干擾對該文的解讀。

　　如果換一個角度來看，歐洲哲學對「概念」的盲目崇拜或
許隱藏一種極為嚴重的危機，而且這正好是當代華語思維基於
其依然應用視像文字能夠在某種程度上可能診斷甚或調整的弊
病。海德格曾經說道：

　　「該概念與其概念式嚴謹度乃是我們永遠將無法理解
　　的，除非我們之前已由概念所要把握者被掌握感動。」[10]

9　Martin Heidegger, "Die Sprache（1950）", M. H., *Unterwegs zur Sprache*, Pfullingen: Neske, 1959, 12（〔德〕海德格爾著，孫周興譯，《在通向語言的途中》，北京：商務，2004，2）.

10 Martin Heidegger, *Die Grundbegriffe der Metaphysik. Welt-Endlichkeit-Einsamkeit,* Frankfurt a. M.: Klostermann, 1983〔GA 29/30〕, 9: "Diese Begriffe

引文中海氏所強調哲學概念中不可或缺的正是某種感觸力。而中文字的視像性不就正好直接以「概念所要把握者」來感觸思維嗎？就「能指」而言，一個文字視像本身勢必召喚各種不同文字樣貌來作對照，閱讀才可能成功。更為甚者，在「所指」看來，文字視像是透過一種現象學所謂的觸發來迫使讀者的意識深層湧現種種具體聯想。當然，仍待探究的問題是，文字視像的感觸向度是否與「概念」作為「概念」所訴求的「掌握」有關係。可是，難道文字視像的感觸不深入牽連到華語思考「所要把握」的所思內涵嗎？文字對思維的影響究竟有何種特色？為了探討這些問題，必須對文字視像取得更完整的理解，而之前卻必須先排開一些很可能會阻礙此反思的學說。

六、從語言學觀文字視像

從萊布尼茲時代的哲學開始，時常被爭辯的問題是：介於「圖像」和言語符碼之間的中文字，究竟到何種程度是依賴於視覺？在傳達語義過程當中其獨有之視像性究竟發揮何種作用？一向有人主張中文字基本上多少都是指事的「圖標文字」或象徵著某種典型的「公式圖案」，也有人提議將其理解為指涉「概念」、「理念」的「標義文字」，也有不如全盤捨棄這些推測，根據當今語言學主流斷定原則上一個中文字當作固定音

---

und ihre begriffliche Strenge werden wir nie begreifen, wenn wir nicht zuvor ergriffen sind von dem, was die Begriffe begreifen sollen."

節和語詞的記號，即是一種「語素文字」[11]的論述。可是，由於
此語言學爭議由來已久，或許還是必須先來判讀解構近一百多
年來壟斷整個學術爭論的符號理論假設和範疇，以便更詳細探
究通常不充分被考慮的視像性這個因素。學界已經推翻了將中
文字視為如同「聖書體」一般的「圖案」，即狹義下的「圖標
文字」，但直至20世紀仍有學者承襲最早在萊布尼茲時代已成
形的見解，將中文字看成指事或指義的「象徵」，即「標義文
字」[12]。近來歐美語言學界都嚴厲反駁這些主張，傾向於斷定中
文字與希臘、羅馬、西里爾等字母乃屬同類，也就是「標音文
字」，進而集中於重構整個文字體系之歷史演變和擴充的語音
學[13]。

　　無庸質疑，此進路已帶出許多突破性發現。只不過，迄今
為止仍有不少符號學共識和成見，使得當代語言學忽略語言哲
學自洪堡所醞釀的重要洞察。在作為當代主流的代表美國中文
研究者鮑則岳（William Boltz）的研究上可以很容易看出這些
盲點，也就是有一系列基本原則始終妨礙鮑則岳對中文字錯綜
複雜的視像性達成確切深入的理解。在「不示圖，即記音」這

---

11 William Boltz, *The Origin and Early Development of the Chinese Writing
System*, New Haven: Eisenbrauns, 1994, 4; 6; 177.

12 Bernhard Karlgren, *Sound and Symbol in Chinese*, London: Oxford University
Press, 1923.

13 Peter A. Boodberg, "Some Proleptical Remarks on the Evolution of Archaic
Chinese", *Harvard Journal of Asiatic Studies* 2（1937），329-372; A. Boodberg,
"'Ideography' or 'Iconolatry'?", *T'oung Pao* 35（1940），266-288; Ulrich Unger,
"Aspekte der Schrifterfindung: Das Beispiel China", U. Unger, *Kleine Schriften*,
ed. H. Stumpfeldt/M. Hanke, Gossenberg: OSTASIEN Verlag, 2009, 31-52.

種二選一對立架構之下，鮑則岳不再考慮任何其他可能性，他全盤否認整個視像性問題，簡直斷定自上古以降中文字的運作方式乃近乎「標音字」，文字標記「話語」（speech）[14]。中文這個文字系統的確從上古開始逐漸遣散「圖標」的遺產，脫離「圖案」的身分，以便根據語音學來規律性推演[15]，但又不可因此將中文字盡然還原至話語記號這種作用，將其毫無剩餘地化約為記錄「口頭宣告」的視覺媒介。難道這種見解不違背常識嗎？難道眼看「森林」，不比嘴念「ㄙㄣ ㄌㄧㄣˊ」立刻顯見眾多樹木嗎？難道看「潺潺」僅只聲念「ㄔㄢˊ ㄔㄢˊ」，而不依據字形便有水流樣貌的想像，聽到水聲嗎？雖然學者不能忽略自古至今之歷史演變的複雜性，但還是難以否認中文字至少有一普遍特色，即中文字介於兩種極端模樣之間，它在語音和形狀之間發揮意旨。看來，問題出在文字視像被界定為「圖標」這種狹隘定義。

　　「略文以取辭」、「略辭以求志」、「察作者之志」[16]等方法毋庸置疑乃公認是詮釋學準則。孔子亦言：「書不盡言，言不盡意」[17]。文義畢竟比文字更為重要，語義當然重於字辭。然而，「斷章取義」之所以成為可能，是因為思維、言語表達以及書面印跡之間必然有一種差距，中文字不是單純的話語符碼。恰

---

14 Boltz, *The Origin*, 6; 17.

15 Bernhard Karlgren, *Grammata Serica Recensa*, Stockholm: Museum of Far Eastern Antiquities, 1957; Boltz, *The Origin*, 90-126.

16 語出〔清〕王夫之，〈四書訓義‧孟子九〉，船山編輯委員會編校，《船山全書》，長沙：嶽麓書社，1998，第8冊，卷33，583。

17 楊家駱主編，《周易注疏‧繫辭上》，台北：世界，1987，8。

好是因為一個獨立的文字不顯示任何文法結構，又不充分確定地表示固定的語音，而同時文字的視像性如此其強，所以文本詮釋才可能忽略話語宣告而直接依靠書面來「斷章取義」，「望文生義」。

中文的視像文字不僅對種種不同語音系統和應用格式，對韓語、日語等外語，也對各種南方語言及華語種種方言的書寫相當開放適用。反過來說，將華語界通用的書寫體制全盤「標音文字化」的這類嘗試均已失敗。由於普通話、國語所辨別的音節數量非常有限，重疊語音即同音異義情形過於氾濫，因此華語界除非繼續借助現有視像文字，否則這個語境在表達和溝通上恐怕將出現嚴重的障礙。中文書寫體制之所以根本不可能被廢除，純質的話語記號不適合用在華語的書寫上，因為書面情形必須以豐富且精準的規定來補充宣告層面，否則稍微復雜的書面表達無法成立。於是，經歷三千多年的演變，華語甚至將所寫文字的視像向度納入到宣告層面，文字也就融入了一切言語表達的深層，而變成一整個言語機制不能缺乏的輔佐因素。故此，相對於歐洲語言哲學、語言學的典範，華語隸屬極為相反的情境：不可以基於歷史觀點便遮蔽應用的實況，不能堅持任何語言的口頭宣告必然先行而且獨立於書寫、文字體系而存在的這種學術信念。話語宣告與書寫之間有一個錯綜複雜的關係。各個字形本身充滿種種意象蘊蓄，於閱讀直觀當中自然激發多樣聯想，亦即連結到其他相似或相反字形例如看「騎」時想起「馬」，進而就「騎馬」此意象來解讀「騎車」的語義。

為了徹底驅逐「圖標文字」的魔鬼，語言學通常所犧牲的

是整個視像維度，進而忽略此事：最常運用的文字是經由圖像化方式構成，並且迄今為止這些文字仍然保留濃厚的視像特色。諸如一、二、三、上、下等指事字顯然符合這樣的情形，但更為重要的是，諸如日、月、山、水、木、口、心、人、女等象形字，迄今作為其他字型的部首而仍然引起各種具體物形相關的聯想。這類文字畢竟是以相當具體的視像面貌直接開啟某種意涵脈絡，在直觀中源自象形字的要素都已經在以某種指義結構引導、輔佐、甚或誤導解讀。不管某個字是否被認為是「標音字」而不屬於象形字，幾乎所有中文字都包含一至多個象形元素，而此視像成分必定是直接對直觀放出觸發效力。

多數文字視像在直觀下已直接發揮感觸與導引，此事並不表示中文字一般等於是「圖標字」。反過來，即便諸如攴、夊、夋等常用部首不揭示其具體來源，但這又不必然違背以上所觀察。該探索的問題並不在於，所有文字是否是文義相符那樣的「圖案」，亦即問題不在於，視像對意涵所給出的暗示是否確切無誤，還是視像反而時常會誤導讀者。關鍵且有意義的問題唯獨是：在讀者尚未解讀到語音元素之前，在讀者尚未詮釋該文字於整個上下文、表達脈絡中所代表之語義之前，文字的樣貌本身是否業已在直觀下導出某種決定性觸發，即某種指義學觸動？

為了再進一步彰顯文字視像的效能，日本對中文字的使用方式甚有啟發性。例如說，同一篇文章中中文字和音節文字的並行應用，或在同一個述說脈絡中此處用一個「漢字」，他處則將同一個語詞寫成假名音節字，這種書寫習氣將視像文字與標音字的差異清晰地擺在讀者的眼前，使得大家一目了然言語

表達上語音和書寫兩個層面之間固然有一個糾纏關係，同時卻又復有一種性質上的隔閡。然而，語言學對中文字所採取的簡略看待，顯然忽視日本話這個語境的經驗。文本假名中出現「漢字」之處，也就是當標音文字中凸出一個視像文字時，讀者乍看之下對此處所言、所指乃更加清楚。在視覺層面上，讀者自中文字的表達意蘊獲得比起假名標音字顯然更為精準的聯想帶領。不止於此，一個「漢字」的能指作用不但相較於假名更為精確，它不僅將假名可以標記的所指意涵加以明確化，而且一個「漢字」在語音、語義以外導出的意蘊厚度，其同時所激發的感受，在假名標音字的脈絡裡，這種「視像殘餘」乃加倍顯見。難怪包含眾多同音語詞的日語，迄今依然堅持在主要為假名所組成的文本之中，仍然加入一些「漢字」，才能形成精準又富有感觸力度的語文表達。

舉例而言，作家夏目漱石堅持寫「麵麭」，而現代編輯每次在旁邊附注「パン」，也就是「念ㄆㄢ」。該詞源自西班牙的外來語，因為日本原來不吃麵包，而所指乃當初歐洲人介紹到日本來的那種食物。只不過，夏目漱石之所以仍然選擇寫「漢字」，大概是因為這樣讀者才能「望文生義」。夏目漱石又習慣以「笑談」取代日語常用「冗談」（じょうだん），即「玩笑」。當他要強調某事其不可思議之「甚……」即「ひどく……」、「ひどい」時，他又為何不選擇寫「酷い」，反而固執使用「非道い」，不就是為了彰顯「出於理道之外」這個意涵？或者將「刺激」（しげき）寫為「刺戟」，莫非是為了強調煩擾也是可以傷人的武器？再者、日語第二人稱代名詞一般用あなた，但偶爾也會從「彼方」、「貴方」、「貴男」、「貴

女」、「貴夫」等「漢字」中選擇最適合該處表達所歸結的人際情境與權勢。日語平假名「もの」又或者作「物」，抑或作「者」，以「物」指事物而「者」則多指人。假名「もの」不足以分辨不同意涵，而「漢字」則不然。同理，「大象」日語多半寫「象」，但亦可將其寫為平假名標音字「ぞう」，甚或有的作者可能有意應用更為現代的名稱，用源自西文Elephant的片假名標音字串「エレファント」。

　　不同寫法難道不會激發讀者不同經驗、記憶、意象及感覺嗎？在中文字的運用看來，這類現象雖然非常普遍，但語言學多半忽視其事，因而從一開始便無法對實際的言語遊戲及複雜的歷史情形進行深入探討，以致不同文字書寫模式對所表達語義的深刻影響被低估。然而，寫「物」、「者」或「もの」，寫「あなた」、「彼方」或「貴方」，對稍微識字亦懂日語的觀者來說，這幾個不同文字視像絕對有不可否認的區別，其各自所引發的聯想與感受截然不同。甚至「物」中「牛」、「麵」中「麥」，這些細微的單元不各自指向某個意涵脈絡，各自激發固定的感想嗎？中文寫「物」或寫日文「もの」難道盡然相同，均釋放一模一樣的聯想？

　　另一個重要環節是語音、語義與視像文字之間的關係。由於任何語言是一個有機整體，因此文字一旦被發明並流通，此文字體系反過來勢必影響到口頭宣告的機制。然而，中文文字體系的存在特別深入貫穿整個華語的表達活動。中文字是以獨特的方式將書寫和話語整合起來，而且是對語義進行一種「視像化」：書寫文字不僅為約定性的象徵，而語義並不外在於文字視像。富有各樣型態的中文書寫在言語活動上勢必展開獨特

的感觸和聯繫力度，以字形來奠建種種意義，而且此文字的
視像意蘊本身有時對某人所言有利，有時適得其反，文字的視
像向度有時濟於事，有時又可能導致所言稍微被模糊阻礙。於
是，中文字傳遞語義及思想的模式與歐文最大的差異被揭露出
來：由於中文字獨有的視像強度，任何華語表達上對字形的想
像多少會伴隨著話語宣告而共同展開其指義作用，也就是文字
的視像會直接承托和干涉言語表達、意義奠立以及理解。因此
華語這個語境根本不允許語言學將話語與文字當兩種研究對象
區分開來。儘管專注語義和語音這兩個層面，而不考慮到文字
視像，這種理論進路必定會謬誤華語的獨特性。

　　關鍵問題在於要如何界定言語活動的基本成分和結構。依
據亞里斯多德的基礎學說，「靈魂」（psykhē）和帶聲音「宣
告」（phōnē）之間的關係是人類言語所圍繞的主軸。首先亞氏
主張，任何言語表達是由獨立單元所組成，任何話語宣告分成
「名稱」（onoma）和「所言」、「述語」（rhēma）這兩範疇，
遂可得知名詞和動詞這兩類型「語詞」為任何表達所不可或缺
的基礎單元。再者，各個語詞分別作為「象徵」（symbolon）
而代表靈魂的知覺或感想，而各個書面單詞如同「標誌」
（sēmeion）指涉某固定語詞[18]。這個理論公式與希臘文的語言結
構息息相關，但就華語的結構以及中文字的實況而言，此學術
基理雖不容易找到實證，卻居然也支配著對華語的現代研究。
恰好是亞氏這種單元邏輯令學界一向誤解中文字的特殊格式，
亦誤認華語的指義模式。在華語之中，有何種單元適合作為基

---

18 Aristoteles, *De Interpretatione*, 1:16a1-8.

本指義單元，究竟何謂「一個詞」？語言學應該著目於固定的「詞」出發，還是應該把「字」視為基本單元？難怪華語界一向有「華語」或「漢語」，但又有指向書寫脈絡的「中文」這種範疇，以命名此語境。

　　相較於亞里斯多德的設想，華語脈絡下文本與語音及話語宣告的關係比較鬆散，以致一般或許會認為這樣的文字體系根本不適用。由亞里斯多德來觀之，基於其視像性，中文字實在難免有短處弱點之嫌。可是，在整個東亞地帶，而且是在極為發達且複雜的文化脈絡之下，中文字已經達到數千年來從未中斷的使用歷程！甚至瘋迷於國際化的當今，此文字體制並未為了其視像性之不便而遭遇嚴重的挑戰及衰退！

　　還有另一觀點也可以證成亞氏所謂的語詞在華語看來根本不適合獲得理論優先性：作為經驗科學的語言學雖然對準整個言語現象，而且號稱是以話語宣告為主軸，但恰好這種學術進路居然是以前現代中文為基礎性研究對象，因此在關連到話語「單詞」之前它勢必早已涉及書面資料，即「文字」為仲介。只不過，與歐文情形剛好相反的研究條件是，現代研究者不能憑據書面資料直接推出話語相關的任何觀察或判斷。中國研究界對華語的探討方法從一開始就違背自己一整個語言理論基礎，以「單字」取代了「語詞」。當然，由於中文同音單詞不可勝數，因此假如語言學不勉強借助文字作為首要資料，它根本無法將基本「音素單元」（Phonem）以及種種異義語詞辨識出來，亦無從在單元與單元之間以語音學方法釐清歷史演變。中文發展史的特色彷彿讓語言學根本不能堅持將「音素單元」或「語義學單元」（Sem）視為基礎，它反而勢必將書寫文字

納入考量。更何況是華語書寫機制相關研究,它不可以奠基於話語現象上,也不可以被「單詞」、「單字」這種概念誤導,視像問題才不會被當成次要議題,不再屈服於指義學問題判準。

說華語界文盲、不識字者比率一向非常高,來證明華語的言語表達並不必然須要依賴書寫文字,這件事實未必折損以上所主張,因為該主張涉及整個華語表達的性質,即一個完整的語言應用脈絡,而從華語語境整體看來,文盲只不過是極端且邊緣的參與者,並不能代表完整無缺的華語使用。若從官方和文人文化或從當今教育、媒體、學界等立場來觀之,完整的華語表達和溝通顯然都無法捨棄書寫文字的補充作用。

恰好是文字視像的指義、觸發成效越強、越豐富,這個文字愈不可以被化約為固定語音、語義的書面記號。然基於歐洲中心主義,歐美中國研究乃至中國的語言學都傾向於系統性地埋沒此現象。結果是學界獨斷中文字原則上僅就是「語素文字」[19]。相對於圖標文字論,新起語素文字論的確是有一份道理,依據鮑則岳,中文字由圖標字至標音字這個歷史演變中途而廢,因此其雖是語素文字但仍然保留某種指義的圖案特色[20]。然而,此學說遮蔽真正的問題。與其將文字的視像性質僅視為未完成的歷史遺餘,倒不如進一步探究恰好是這個「殘餘」甚或「多餘」的視像性所隱藏的觸發效能。鮑則岳雖然自己亦曾帶著黑格爾式的味道提問「為何中國的文字系統沒有完整轉化

---

19 Boltz, *The Origin*, 3-7.

20 Boltz, *The Origin*, 12-13; 176-177.

為標音字母體系？」[21]，但由於其理論架構不恰當，因此他無法解決此課題。倘若由另一個角度來看，便可以揣測答案：中文字的視像性並非如同語言學所預設，是書寫機制及言語溝通上的大障礙，這個濃厚多元的視像向度反而形成一個優勢，視像文字是滋養並加強華語表達及華語思維的養分。

七、言語表達、手勢及文字視像

　　一旦學界承認整個視像性問題的關鍵性，中文字相關研究不得不關切言語現象如何根植於身體自我，又如何牽涉到自我與世界的聯繫這種探討。尼采言：「如今我們依然是藉由肌肉傾聽〔他人所言〕，甚至是藉由肌肉來閱讀〔文本〕」。有關人際言語互動，尼采同處又斷定：「我們從來不傳遞思想給別人，我們傳遞的都是運動，即仿效表情的符號，而在閱讀當中我們將這種運動、表情符號回溯至思想罷了。」[22]梅洛龐蒂延續尼采的思路，強調說話基本上不異乎是源自身體運動的一種「手勢表示」（signification gestuelle）[23]。梅氏擴充對言語之省

---

21 Boltz, *The Origin*, 168.

22 Friedrich Nietzsche, *Nachgelassene Fragmente 1887-1889*. F. Nietzsche, *S*ämtliche Werke: Kritische Studienausgabe, ed. G. Colli/M. Montinari, 15 Bde., 2., durchges. Aufl., München: DTV, 1988 [= KSA], XIII, 297: "Aber auch heute hört man noch mit den Muskeln, man liest selbst noch mit den Muskeln. [...] Man theilt sich nie Gedanken mit, man theilt sich Bewegungen mit, mimische Zeichen, welche von uns auf Gedanken hin *zurück gelesen* werden.".

23 Maurice Merleau-Ponty, *Phénoménologie de la perception*, Paris: Gallimard, 1945, 208（〔法〕莫里斯・梅洛龐蒂著，姜志輝譯，《知覺現象學》，北

思架構，離棄語言學對話語宣告的狹隘關注，而集中於言語活動以及整個生活行為的關係。經由這種轉向，語言哲學能重新專注時間性和運動。基本上梅氏是從一開始將「辭語的舉止行為」（conduite du mot）歸結至人通往世界的途徑，即人「在世界並且對世界存在」（être au monde），而且言語表達原本就歸屬身體感官的互聯整體，因為言語活動同時展開宣告、聆聽及看視這三種向度。再來，梅氏主張在意識中任何單詞必然是自「某種身體勢態，亦即獨特的動態性張力模態」（une certaine attitude corporelle, un mode spécifique de tension dynamique）獲得其特殊意義結構[24]。最終，梅氏特別強調，寫下來的書面詞語猶如話語宣告一樣，在展開整個指義內涵之前，當寫下來的詞成為感知對象時，這些詞業已經由某些身體勢態被體驗並被初步開解。因此，當我們學習一個生詞時，猶如我們仿效他人的手勢一樣，我們先得藉由整個身體自我來模擬該詞獨有的「風格」（style），也就是說一個生詞首先影響並轉化我們的身體，使得「作為在世並對世界存有之身體」首先產生一個新的「模態轉變」（modulation de mon corps comme être au monde）[25]。換言之，當我們遇到陌生的語詞或文字時，我們首先會隨著我們對其風味的整體感受來轉化我們所身處的世界，然後才能逐漸學會該語詞或文字的意涵。

京：商務，2003，234：「動作意義」）.

24 Merleau-Ponty, *Phénoménologie*, 273（《知覺現象學》，301：「某種身體的態度，某種〔……〕動力緊張的特殊方式」）.

25 Merleau-Ponty, *Phénoménologie*, 461（《知覺現象學》，505：「作為在世界上存在的我的身體的某種變化」）.

　　梅氏更細緻表述，讀者首先所捉獲的並不是某種思想意涵，反而是某種具體、典型且熟悉的整體型態，即某種「長相面貌」（physionomie）[26]。然後，梅氏有關閱讀印刷文及學習用打字機打字所說，確有其啟發性：

　　「某一個我們所閱讀的詞等於是視覺空間的模態轉變，再者〔打字〕運動的實行等於是手下空間的模態轉變，而整個問題就在於要理解，某種「可見的」整體面貌如何到運動回應來喚起某種風格，也就是〔要理解〕各種「可見的」的結構究極如何賦予自己其固有的運動本質，而且根本沒有必要把該詞按照各個字母都拼讀出來，或者如同拼讀一般來分析這個〔打字〕運動，以便將該詞翻轉成運動。」[27]

　　即使梅洛龐蒂仍舊是依照古典語言哲學來集中話語宣告和單詞作為首要觀點，但是他多少已經考慮書面表達和文字的情況。若從華語這個語境來斟酌梅氏所論，學習生詞此事勢必牽

---

26 Merleau-Ponty, *Phénoménologie*, 168（《知覺現象學》，191：「外觀」）.

27 Merleau-Ponty, *Phénoménologie*, 169: "Le mot lu est une modulation de l'espace visible, l'exécution motrice est une modulation de l'espace manuel et toute la question est de savoir comment une certaine physionomie des ensembles 'visuels' peut appeler un certain style des réponses motrices, comment chaque structure 'visuelle' se donne finalement son essence motrice, sans qu'on ait besoin d'épeler le mot et d'épeler le mouvement pour traduire le mot en mouvement."（《知覺現象學》，191：「讀到詞語是可見空間的一種變化，而動作的執行則是手的空間的一種變化。整個問題在於了解『視覺』整體的某種外觀為什麼叫做運動反應的某種方式，每一個視覺結構為什麼最終能產生其運動本質，而不需要拼讀出詞語和拼讀出運動，以便表達運動中的詞語。」）.

涉學習新文字，也就是必然涵蓋書寫這一層面的言語行為。要學華語，非得連認字、寫字一起學不可。由於華語單詞同音異義這種現象非常頻繁，不識字但要自己文藻豐富、表達變化靈敏，恐怕是一件根本不可能的事情。然而，學習華語過程當中遇到生詞新字時，勢必涉及身手的書寫習練，亦即一種多元精緻的身體運動工夫，識別中文字與書寫運動因此息息相關，而識別中文字更加引發一種「視覺空間的模態轉變」與「手下空間的模態轉變」。

　　華語特別適合驗證梅氏所推出的論點，見證話語與書寫之間的必然關連，而且華語非常明確地揭示，將話語和書寫實際連繫起來的就是身體運動。難道用毛筆寫字這種經驗與梅洛龐蒂的觀察不完全吻合嗎？然而，毋庸置疑的是，寫毛筆字這種長久的文化慣性，自古至今已貫穿整個中文文字體系，這種書寫經驗在深層徹底影響到文字的構成與造形模式，亦深刻穿透一切識別文字及閱讀的活動。特別是寫書法這種核心文化經驗，使得中文視像與身體運動固有的密切關係明確地被揭露出來，而且此視角並非局限於所謂的美學、美感這種後設觀點，書法的文化經驗反而涉及中文字的整個使用，書法也就涉及視像性質本身。書法練習者主要所練習的並不是字形和結構，而是一個運筆格式，必須長期練習至熟巧的是靈活的筆順營造以及落筆、轉筆、收筆、律動、力度等錯綜複雜的運動模式，它如同體育運動一般，必須練習種種身體勢態和身體動作。寫中文字若理然牽涉到身體技巧，讀字則亦是透過身體所帶出的活動。原因是，解讀中文字必然表示讀者要從字形看出某種動態規律，即「字勢」和「筆勢」，而且這種體會必須仰賴讀者的

身體自我，也就是依賴沉澱於其深層之身體運動勢態的經驗和習氣。易言之，文字視像時時刻刻在閱讀過程當中重新喚起各種「書寫手勢」。然而，根本不用將問題推至寫書法這麼遠，梅洛龐蒂對一般認字、閱讀過程另有一套論述，不但合於常識，而且為了理解中文字的特質，梅氏所提出的身體運動、手勢、風格、樣貌、表達，將文字視為手勢一般的生活表現，以闡明文字對書寫者、表達者及閱讀者、聆聽者所形成的行為特色，這都是非常適當的切入點。總之，剛好與羅蘭巴特（Roland Barthes）對東亞通用之文字的直覺[28]採取相反角度，研究中文字務必首先將符號理論暫且擱置一旁，依據尼采和梅洛龐蒂的啟發，來專注文字視像所牽涉的身體及運動。

八、中文字的視像性

終於可以將以上所闡釋種種理路整合起來，以試圖界定中文字作為視像文字所呈現幾項特徵：

其一：歐文字元代表固定的語音，但並不指涉固定語義。某一個字母或某一個書寫單詞全然相等於某一個語音或語詞，某個字元的觀念和相關語音的觀念兩者則全盤一致。故，看某一個字母或書寫單詞與聽之這兩種介面帶出一樣的結果。中文字作為「視像」則不同，聽和看之間有一個縫隙，所以對中文字的領會與掌握勢必牽涉直觀，反而不能滿足於念跟聽。一整個文字形狀必須實際被看見或想像，它才足以揭示一個語義，

---

28 Roland Barthes, *L'empire des signes*, Paris: Skira, 1970.

而且書寫字形上任何遺漏或變形必然影響到語音和語義雙層的領會結果。總之，文字視像並不被語音全然涵蓋。

其二：如同歐文字元所組成的書寫單詞一樣，一個中文字可以被視為即是某個語詞亦是某個語義的符號。然而，除了符號作用之外，作為視覺形象的中文字另外會在直觀下猶如肢體姿態一樣展開種種表達。文字視像不僅為可見的標音、指義形體，而是一種組織有規律性的整體型態即「格斯塔」。再者，文字的視像型態時常會引入種種與所標記語義無直接關連的樣貌。特別是某一個文字中的象形部首多半連帶某種具體意象，以致另外激發與所標記語義有關或無關的眾多想像，例如讀「輕」見「車」、讀「機器」想「木」與「口」、讀「電腦」思「雷雨」。

其三：當讀者、觀者矚目於視像文字時，類似一個人活生生的姿勢一樣，文字面貌自然發揮某種感觸效應，於讀者身上在直觀下產生種種「觸發」（Affektion）[29]。文字的面貌與胡塞爾所分析之他者面容的表情[30]相似，是喚起種種感情。再來，文字面貌不但為視覺所注視、認得的知覺對象，它同時釋放種種「動機」（Motivation）[31]，以便凝聚讀者的專注而逼使讀者賦予

29 Edmund Husserl, *Analysen zur passiven Synthesis. Aus Vorlesungs- und Forschungsmanuskripten, 1918-1926*, ed. M. Fleischer, Den Haag: Nijhoff, 1966 [Hua XI], 148-184.

30 Edmund Husserl, *Ideen zu einer reinen Phänomenologie und phänomenologischen Philosophie. Zweites Buch: Untersuchungen zur Konstitution*, ed. M. Biemel, Den Haag: Nijhoff, 1953 [Hua IV], 234-241.

31 Hua IV, 220-228.

該文字某種意涵[32]。總之,中文字的視像性使得閱讀活動不再是單純的「解讀」工夫,而是「被要求而回應」[33]這種情境。

　　其四:視像文字與一般「圖像」有區別,因為字形結構必定顯露書寫過程,呈現點畫筆順的時間次序。與歐文字元的手寫體的不同又復在於,於文字的標記作用上書寫的動態秩序乃是一個組成性因素,同時也是文字的解讀活動所務必依靠的因素。易言之,讀者所觀文字視像的型態並非所謂的靜態形象,其實這個「字勢」內部處處是由時間性所貫穿。光就筆畫順序的印跡而言,彷彿為靜止的白紙黑字視像,更確切地說乃是一種獨特的、隱含時間流的「運動勢態」,亦可稱之為「動勢」。

　　其五:最後特別值得關注的是,依照梅洛龐蒂的提議,中文字甚至可以合理地被視為言語手勢,就是一種「手勢表示」的印跡。文字動勢是在識字讀者、觀者的身體自我上多少喚起其運動本能及在身體自我中累積的書寫經驗,文字動勢所體現的那個運動素質就釋放相關書寫活動的身體感受。原因在於,中文字在其典型結構上不但代表一個普遍有規律性的組成順序,即「字勢」,另外還暴露手腕的造字活動,體現各種「筆勢」。甚至在正常的溝通使用上,中文字作為視像都牽涉身體的表達手勢,字字關連到活生生的身體運動。文字視像在直觀下字字都開顯豐富的身手表達動勢,而且透過上述「觸發」作用,文字視像會在讀者身上激發一種具體的「運動感知動機」

---

32 Hua IV, 235.

33 Hua XI, 50.

（kinästhetische Motivation）[34]，令讀者於身體上釋放自己經由書寫工夫所累積的運動模式，而藉由書寫活動的身體模擬來體會該文字的視像結構。也正如梅洛龐蒂所言：由於言說這種表達原本就是自身體運動、身體手勢而衍生出來，所以當我聆聽別人發聲說話時，這些表達性語音首先會在我身上激發一種「運動性回音」（écho moteur）[35]，而更何況是時空中展開動勢的文字視像，則同樣是於讀者引發各種「運動性回音」。

　　從以上所列的項目不難以明白中文字作為視像所專有的性質。除了歐洲中世紀的手抄體以及造形藝術、廣告、設計等領域對手寫和特殊字體的使用之外，一般歐洲的書寫機制跟上列第二至第五個向度都接不上關係，在深度和多元性上必定輸給中文字。尤其是感觸效力及其時間向度這兩種特徵，則在日常實用、文學創作及哲學論述都可以證成其落實於文字視像上。然而，通過整個文化史歷程，文字使用者免不得吸收這種視像厚度，也就是說文字視像不僅展開各種靜態聯想，而且文字視像也一直不斷地逼出各種時間勢態相關的感想。更為甚者，文字的動勢是直接觸及使用者的身體自我，而實際激促一種身體衝動，也就是釋放身體固有之運動權能。即使向某個身體動作的這種觸動極為細小，但在現象學的微觀之下還是可以肯定，甚至就印刷體的內部結構、筆順、筆畫的粗細和輕重等環節而言，任何中文字多多少少勢必給出這種動作刺激。另外，直至

---

34 Hua XI, 13.

35 Maurice Merleau-Ponty, *Le visible et l'invisible*, Paris: Gallimard, 1964, 190
　　（〔法〕莫里斯‧梅洛龐蒂著，羅國祥譯，《可見的與不可見的》，北京：商
　　務，2008，179：「反響機制」）．

20世紀前半葉，文人讀物通常為木刻大字的線裝本，手寫仍非常頻繁，甚至文人均用毛筆寫字。倘若將此史況納入考量，便更不能質疑，文人讀者及哲學思考者日日遇及文字視像時，他在身體自我會習以為常地體驗到視像文字的催促力，而且他通常會敏銳地回應此呼求，習慣任隨並欣賞文字動勢對身體運動和身體感受所發出的種種邀請。

原來文字視像看似「符碼」、「象徵」一般的靜態「形狀」、「形式」甚或「圖案」，但它其實代表一種錯縱複雜的「動勢」。最晚也是從戰國晚期出現、秦後通用的「隸書」、「小篆」等書體開始，各個字形被當成書寫者的「筆跡」體會，因為文字視像處處反映著運筆動作，處處由身體勢態及生活氣息所貫穿。猶如音樂或舞蹈一樣，任何文字的樣貌都非常敏銳地顯露運動走勢、節奏、速率、送力或收力、起筆或收筆、進或退、順或逆、濃或淡、緊張或放鬆等徵兆。於是，透過文字視像，讀者也就與作為他者之書寫者的身體自我相遇。而且若從文化研究的立足點來看，至少直至打字機與電腦出現之前，對文字動勢此實情的經驗與體會非常深厚普遍。此事自然造成的結果是，迄今為止文字動勢與包含哲學思考種種文化活動的關係實即密不可分。

若將以上所述再往下推，便不得不承認，由於中文的閱讀在深層牽涉時間和身體，因此對文本的詮釋和領會工夫基本上將身體自我引入到思維的平面來，抑或反過來說，對文本意涵的理解努力從一開始則落實於整個身體存在上。閱歷彷彿舞動的文字動勢的讀者以整個身體運動來回應文字動勢所隱含的時間性，某種程度上讀者就必須跟循筆順和筆勢動身起舞，而其

對文本的「理解」就轉成一種「體會」。當文字動勢促使讀者某種程度上以自身身體的運動模式來投入、模擬並回應時,讀者不再如同「認得」言語符號一般用思考來解開該文字所指,他反而其實早已開始「體認」甚或以自身來「體任」這個文字動勢,亦即將其所指全部首先轉換為屬於自身身體的某種勢態,才開始解讀文義。可是,這種實情莫非表示,為了開啟中文字的言語兼思維意涵,關鍵不就在於身體自我?簡而言之,閱讀中文字這種活動並不局限於意識或精神層面的領悟,任何解讀工夫多多少少而且從一開始便與我們對他人之生活姿勢所取得的體驗和體會有類比關係。

九、文字視像與身體思維

與其將中文字視為記錄思想的方便門,抑或將其視為哲學對於觀念式「世界圖型」的介面,還不如承認中文字尚未標記任何固定思想之前,基於視像性則早已深入支配讀者的身體自我及其落實於此身體自我的思維。要是中文的讀者到某種程度勢必由文字視像的具體感觸為介面,來切入整個閱讀、領會文本的活動,這意味著,解讀當中「體驗」、「體察」、「體悟」、「體會」等投入方式必然都排在詮釋學所關切的「理解」之前,意識、思維中產生的「領會」、「理會」之前,業已有某種「體會」完成了其引導任務。華語哲學的整個「理解」原則上奠基並根植於一種「前理解」,而且此「前理解」是為身體自我所引發的、錯綜複雜的一個「前體會」。當讀者始初接觸到文字視像時,總是身體自我先行切入文本的意蘊脈絡,並敞

開基本詮釋視域，乃至於引領整個解讀過程。

中文解讀、詮釋上的身體導向即便被某種閱讀訓練，也就是由一般讀者通過教育所培養的思考規律和歷史成見所隱蔽並破解，即使身體自我在辨識文字視像這個工作上所扮演的角色根本不被思考主體所意識到並所肯定，但透過對文字視像的省思可得知：應用中文字的華語思維多少符應於「身體思維」的特色，它多多少少得透過整個身體自我實行思考，因為某個思維只要借助文字視像來思考，此思維勢必起源自身體自我，奠基於化為肉的意象架構，此思維基本上也就是向身體運動的種種衝擊敞開著的思維。總而言之，以中文字寫成的哲學文本在知覺層面上從一開始給思維鋪陳一個由各種身體動機所支配的思考場域。

奠基於以上對中文字之視像特質的探究，最終將承襲身體現象學，而為了討論方便暫時以「身體思維」（leibliches Denken）這個名詞來凸顯華語哲學之思考模式的特色和潛力。「身體思維」意味著：透過身體自我實行思考。基於身體現象學的研究成果，圍繞「身體思維」要專注視覺、身體運動、切身體驗、體悟以及思維之間固有之關連。目標不在於要在華語思維中開拓某種具備身體性的特殊導向，出發點反而在於，人一整個思維原本是由身體自我所貫穿，思考著的自我本身從一開始、而且時時刻刻都由身體自我所容攝，哲學的「我」乃是透過運作著的身體、經由身體存在這個原本的維度來展開思考活動。無論多麼「抽象」的思考必然仍隱蘊著身體存在的遺影，而且這個內在於思維的身體必然支配思考者自身通往世界的路。按照海德格，任何一個思考者是從一開始是圍繞身體

自我來鋪陳其基本的思維「情韻」（Stimmung）及其「處身情境」（Befindlichkeit）[36]，任何的思考者勢必是經由身體自我關連到所思世界，展開「依寓於世界」（bei der Welt Sein）[37]的思維情境。

　　由此觀之，當今華語思維只要仍舊依賴中文，此思維便分秒不離棄非常豐富多元、又盈實身體感的「字體」、「書體」及「文體」。這樣一來，藉由文字動勢，思考者的身體自我本身勢必給這種華語思維時時刻刻導出非常具體的「體會」。某種程度上，如同舞者的身體，猶如舞者藉由身體運動導出意義一般，將身體向度自然而然處處嵌入於思維及所思意義本身，以便一而再地透過在思考的身體本身來形成一種「身體思維」。相較於歐文標音字元，中文字更為直接地觸發身體自我的深層，也就是直接在此原本的存在層面上促激思考工夫。根植於身體自我的這種思考模式宛如脫離不了身體存在這個向度，因而從一開始不歸屬歐洲哲學所設想之「純理念」、「純精神」這種境界。假使近代歐洲形上學真是依舊以柏拉圖式「理型」為典範，對於現實尋求「正確的觀念」，也就是假設歐洲思想是致力透過直觀和哲學論述來畫出一幅最為真實的「世界圖型」，那麼書寫中文之華語思維的基本情境顯然於此大有不同。

　　由概念單詞和連結判斷所組成之哲學體系若可能被視為世

---

36 Martin Heidegger, *Sein und Zeit*, Tübingen: Niemeyer, 1986, 134-140（〔德〕馬丁・海德格爾著，陳嘉映、王慶節譯，《存在與時間》，修訂譯本第四版，北京：三聯，2012，156-163）.

37 Heidegger, *Sein und Zeit*, 54（《存在與時間》，64）.

界的「再像」，這種看法奠基於一則非常重要的前提之上：歐洲所運用之字元的視像性極致薄弱，而同時字母單元非常活躍，適合任何精神內涵及語音材料，但歐文字母本身卻無從開闢任何意象或再現任何思索內涵，亦無任何具體表達姿勢，不曾觸發任何具體感想。與中文的動勢文字顯明不同，閱讀過程當中，歐文的單詞形象本身不會於視覺層面上來輔佐抑或干涉文本所論之思考意涵，也不會引起無窮盡具體想像和聯想。歐洲哲學之所以可能以言語論述的方式帶出「再現」世界的理論，前提在於，歐文字元本身完全不會以其既有之視像性來干擾理論所畫出來的這幅「世界圖型」。不但在作為一幅「世界圖型」之觀念以及對此觀念之哲學論述之間不會有任何交錯發生，而且甚至對「身體」的哲學論述本身可以在內部全然排除身體向度，在所思、所說以及能思、能說這兩個平面之間不會產生任何交流、糾纏關係。華語思維可不然，一旦它致力畫出某種「世界圖型」，此圖像自然會與論述本身既有的視像向度發生交錯和糾纏。不會有任何純質的、局限於哲學理論的「世界圖型」落實於華語論述和中文上，因為它勢必立刻會跟文字視像這種另類的「圖型」混搭，以致逼使思維內部產生錯綜複雜的重疊情形。

　　華語思維始終會受到內在於文字動勢之身體因素的干涉或輔助。故此，用中文思考時，哲學恐怕無從畫出某種「世界圖型」，因為各個文字個別所開顯出的視像靈光自然會多處突破、摧毀任何整合的、一致化的圖型結構。看來，由於一直有與任何理論性「世界圖型」乃是另類的意象脈絡和身體動機，內在於文本平面發揮作用，亦即由於華語文本內部隱含眾

多「視像皺摺」，所以這種文本從一開始會使得任何指向外部存有整體之一統化的「圖型」立刻分裂並解體。透過濃厚的視像樣貌，整篇文章的「字體」、「書體」本身是一具靈活的「身體」，所以這種文本太「厚」且「複雜」，要以文本再現世界，恐怕文本與世界之間會產生不濟於事的各種摩擦。

　　然而，根據海德格的省思，近代歐洲哲學就是在主客體、即世界與人之間劃分出絕對的界線，以致「主體」的存在成為哲學之「世界圖型」的零點，也是這幅圖的盲點。莫非華語哲學足以彌補這種盲點？既然不「扁平」的書面論述有困難針對思維的「對象」、「客體」展現一幅完整的「圖型」，則中文的哲學文本似乎便足以到人即「主體」的位置來，使得論述的所指和能指兩個層面合為一體。中文文本好像就有助於跨越支配著近代歐洲思想之主客體隔閡，而將所思對象以非常靈活具體的方式鑲嵌到讀者即思考者的存在本身。在此架構之下，以中文寫成的哲學文章逼使身體的深層發揮思索。即使我們一般在閱讀中對這種複雜的身體共鳴毫無覺察，但是身體這個要素必定如同陰影一般一直伴隨著、甚或貫穿著中文的閱讀工夫和華語哲學之對意義的思考努力。思考者的身體自我既然時時刻刻同文字動勢發生「共振」，難道這不同時表示思考者與所思之間亦有類似的身體共振發生嗎？那麼，這種情境究竟是當代華語哲學的弱點，還是將其視為當代哲學從尼采以降所嚮往或所致力尋求之「身體思維」之萌芽才對？經由身體自我來進行思考，起自身體運動、身體感應、「處身情境」而思考，這種進路難道不適合被未來的思維所選擇嗎？由於當代華語思維仍舊應用充實身體動機的視像文字，某種程度上它似乎更符合尼采

之後「未來思想」的需求。

　　即使如今以中文寫成的哲學論文，為了爭取國際認可，一樣致力描繪某種正確的觀念體系，即便其與整個當代哲學主流一樣嘗試修飾近、現代哲學早已所畫完的那幅「世界圖型」，但基於中文字的視像性，華語哲學的論述在一個根源的表達層面上宛如一直在違背當代哲學的大事業：華語思維不由自主地傾向於活化、合併身體自我的體會和思索，而賦予文本論述之意蘊一種「野性」的密集度和深度。透過文字視像，身體思維從一開始滲透整個思維場域，一旦思考者開始識字，更何況當其整個思維已沉迷於文字大海中，他恐怕已經沒有辦法再從這種身體思維處境跳脫出來。看來唯一避免被捲入於身體思維的辦法只是：必須徹底捨棄中文這個哲學語言，可是這樣一來思考者就會陷入歐美哲學的符號主義、邏輯學那種空虛和滯礙。某種程度上恰好是中文字及其固有的視像向度在保護華語思維，預防其落入歐洲式「形上學」，被否認身體的那個虛無主義所感染，自然亦與整個「現代危機」保持距離。

　　儒道佛三家若都從不同角度特別著重某種「讀書工夫」，這種工夫觀念甚為合理，因為它本就淵源自中國文化對文本的視像性和身體向度的濃厚經驗，將閱讀和思考這兩種工夫密切聯繫起來。當一個讀者面對文字動勢而經由閱讀工夫關懷世界時，他便自文本那裡時時刻刻受到「具體」的觸發和啟發，從一開始是在實際「有體」的向度或媒介裡展開其思想。這樣一來，中文的讀者，亦即華語的思考者，若要藉由解讀經文和哲學文章的工夫本身取得思考觸發和動機，進而開展以修養為目標的轉化性詮釋實踐，並非不合理。換言之，正好是面對文字

視像，中文讀者和思考者才都可能釋放一種倫理學向度，可能
在閱讀層面上讓文本直接透過身體自我來開闢思考者對切身思
考和自我轉化的熱誠。由此觀之，學界如今若從中文字之視像
性及文字所包含之身體向度這兩個問題脈絡切入，更具體來探
究用中文之思維如何形成一種「身體思維」這個課題，對本文
所論及這種深化當然不能再受限於當代歐洲哲學所提供的身體
觀為唯一的線索，未來值得更進一步探索的乃是：自古至今中
國文學傳承上文字、身體及思維此三個環節如何交錯、糾纏，
傳統思想又曾如何關注、理解這種情形？

十、總結

　　經過各項文字現象相關的觀察，又經由一番語言學批判以
及哲學省思，本文最終推出這個結論：只要捨棄語言學對中文
字的見解，只要不輕視中文字的實用，忽略文字的視像性質，
便可以充分體會到當今華語思維所享有之潛力及其對當代哲學
的意義。中文字所具有豐富多元的視像性一直以來被理解為某
種言語符號最好不應該保存之圖像特色，因此依據中西早已普
世化的見識，文字根本不適合用於哲學思考和哲學論述。於
是，華語哲學本身傾向於低估自身應用中文字這個優勢。若從
現象學角度來釐清中文字獨有的視像身分，便可以凸顯中文字
作為「動勢」所包含的身體向度和時間性，也可以關注文字動
勢在直觀下所展開的聯想風度、身體感受及召喚一般的觸發等
特色，乃至開啟賴於視像文字的某種身體思維。

　　視像文字是在指涉某固定語音、語義之外以對整體形狀直

接直觀發揮效應。再來，文字的視像結構又復指引筆畫順序和運筆特色，即生活時間和身體的運動經驗，而且透過這種特質，文字視像特別強而為力地觸及讀者的聯想活動及身體衝動。故此，與其將視像文字視為靜止視覺形象，倒不如將其理解為多元、流變且有效力的「動勢」。視像文字這種動勢將種種世界面貌深入沉澱於字形中，而且就是這種富有世界、時間、身體等色調的文字動勢，處處貫穿並支配著華語的讀者及華語的思考者，使其近乎一個舞者多多少少透過運動著的身體進行思維，也就是讓思維化為身體而形成一種非常獨特的「身體思維」。因此，華語哲學中對各種具體形狀的感想、對各種意象的想像以及敏銳的身體回應無所不在。長久以來與文字視像互動不可再更親密的華語思維，不得不多少經由思考者的身體自我來盈實其所思，而形成獨一無二的身體思維。這樣一來，華語思維與當代歐洲某些重要思潮不謀而合產生共鳴，將來可以更加利用文字動勢各種優點，致力將思維逆轉收回至根源之地，而推進更豐富的身體思維。

第三部

跨文化視域下的華語傳承

第七章

逆轉收回與任讓情境

——從《莊子》與海德格批判當代性

一、前記：「創新」為時代風氣

民國初年迄今，歷史傳承渺遠的中國不斷地在改變，至經歷「文化大革命」成為全新的中國之後，當今中國已經準備超越北美，而整個「現代化」進展又快速得令人喘不過氣。在地球的另一邊，古老歐洲即便早已落於亞洲之後，但整個現代時期基本情境也一樣，而且最近歐洲又被亞洲的、尤其是中國的起飛逼迫務必要跟上，否則甚至連存活都有危險。當今歐洲藉著「改革」這個時髦名義，從頭到尾已推翻了傳統社會、體制甚至於教育模式，看起來好像不再是法國革命後的老口號，要在現代把歐洲重新發明出來，而且又再要創造嶄新的後現代歐洲！特別是社會、事業以及教育此三個領域上持續改革不盡，令當代人臣奴於可說是「改革的部署」這種龐大的時代風氣。雖然台灣嘗試與近來經濟蓬勃的中國競爭，卻早已落於後方，就社會情形而言，如今台灣其實與歐洲的處境比較相近。在各式各樣「卓越計劃」的影響下，已有多少大學系所連續不斷地「發展前進」，創造諸種前所未有的新名稱、宗旨、形象！這些時代潮流中「創新」及「越界」無所不在，大家孜孜不倦地向前衝，向卓越的未來突破！「創造性」和「革新」不容質疑是當代東西方政治、藝術、學術界暢行無阻的標語，「創」和「新」就是現代全球意識中最被欣賞與最受尊重的關鍵理念。籠罩整個當今的部署之下，無限的「發展」、「增長」、「增強」、「膨脹」及至於「突破」和「越界」等口號就是人人心中所嚮往頌讚的。

談到個人亦是如此：當代資本、消費文明早已將海德格在

人的存在結構上所凸顯出的「被拋狀態」（Geworfenheit）又再拋棄了，海氏所言、具備雙重意蘊的「存有籌劃」（Seinsentwurf）全面更新為「存在計劃」、「生涯規劃」。深深地沉浸於主要由媒體所代表之常人狀態中的當代人，彷彿全盤忽略屬自身存在方式的「能是」（Seinkönnen）與「將來性」（Zukünftigkeit），將之視為向最完滿「自我實現」的努力。還是應該說，人類徹底受「超人」這個尼采主義理念的迷惑，將「此有」（Dasein）再進一步地「越界」，把它當作最珍貴完美的「藝術作品」，基於傅柯所標榜的「自我技術」（technique de soi）這一觀點來對待並處理自身存在？若人將「生活技術」（tekhnē tou biou, ars vivendi, Lebenskunst）這個名目當作基礎，將自身與他人人生均視為藝術創作，是可以自由塑造的對象，這不就表示當代對人生極致肯定和感到樂觀嗎？只要避免像阿岡本（Giorgio Agamben, 1942- ）激烈批評的，將人生化約為「赤裸生命」（vita nuda），陷入「生命政治」（biopolitique）這種噩夢後果，難道當世眼目中，存在主義式的自我關懷與自我表現這等理念，還能遇及反駁，面臨普遍反抗與拒絕？個人得以逾越環境拘束返回至價值最重之自身生命，而在自身存在上追求獨立自由的完善美化工夫，這樣的理想不就極為完美嗎？

　　不管個人努力透過「自我技術」或「生活工夫」來完美創造自身人生也好，還是社群政策之下人類藉由科學和科技、「自由貿易」、「公平戰爭」等管道一直向前向上進展突破也罷，「越界創新」不就是這個時代人人所追求、所佩服之價值觀點，「越界創新」不就是我們大家身處生活世界所圍繞之軸心？政治宣傳和學院論述也好，廣告與媒體共所組成的虛擬

意識也罷，諸如「計劃」、「努力」、「加油」、「投資」、「進步」、「成果」、「世界紀錄」等等常聽到的口訣，莫非因為其所隱含之「創造」及「革新」意涵，因而總是讓人興奮，引起某種「成就感」，也聚集關切與崇拜的能量？這些觀點若總是占強勢，而且對於任何批判、疑問似乎具有豁免權，那麼其引導整個時代所有一切之活動，豈非是因為其代表創新趨勢為故？然而，創新難道是生命所不可或缺的常態？其他的可能性焉在？我們若關切對當代情境的批判思考，就不應該毫無疑問地接受時代現況，亦不應該太快將創新現象與「生命力」觀點合為一體，寧願追問細查。

我們所處的時代彷彿是由人為之「文化」因素所徹底貫穿，當代文明人將原屬「自然」的諸種元素已歸納入「文化界」，大程度上掌控自然界。人類若尚未變成造物神，最起碼也像藝術家一般，藉著不斷地自由主動，不但去營造一整個生活環境和生活條件，也非常任意自在地按照更改的樣本一直重新開發自己的存在，不斷塑形新的自身。然而，看來當今唯一算數的是這種嚮往著更完美之未來的活動本身，我們似乎最所在乎的，是為未來努力的無窮盡，即人為的侵略自然界這一歷史過程之延續性本身。鑑於這麼龐大的衝擊力量，以文化滲透自然這種趨勢應該奠基於某種並非一日所能言盡之本源，這應該與人的原本的存在本質密不可分。

自古以來，人與禽獸差異之一乃是，人為精彩的藝術家，而當代似乎又更看重藝術。當今文明人直接承襲古希臘的「技術」（tekhnē）和羅馬人的「藝術」（ars），而最受崇拜之神乃是自稱僅只是美妙工具和途徑的「方法」與「技術」。同時，

如同海德格所闡述，始自文藝復興人成為絕對之「主體」而
將世界「客體化」，以歸入之於人的操控。世界輾轉成為主體
的「對象」，現實成為「對象」、「客體」（Objekt），即主體
所「設置於眼前」（Gegenstand）而所設想之「觀念」、「表象」
（Vorstellung），隨而藝術、科學、政治領域都開始由整體的、
系統性的「世界圖型」（Weltbild）所支配[1]。跟隨著近代「世界
觀」的誕生，「意識形態」的可能和風險也已出現。依照阿多
諾的說法，當代文明一切情境早已由無所不在的、全面化的
「功能主義」（Funktionalismus）所籠罩，當代世界等於是「由
行政所宰制經理的世界」（verwaltete Welt）。用傅柯、海德格
式的說法來言之，當代產生一種歷史性「部署」（dispositif），
即「集置」（Gestell），也就是自然界被置入（stellen）高等科
技的圈套，同時人的生活亦毫無保留地被置入此人為的圈套，
導致技術本身成為人類所有一切活動之導向及目標[2]。可是，當
代文明人似乎相信，技術、科技本身反而會產生無限可能性
之革新、創造機會。「造做」（machen）原來為人與神共有的
定義，而如今「造做」早已成為科學界和技術界軸心和第一價
值，好像人類愈來愈是「為了造做而造做」。然而，人在今世
這種部署下是被動的身分，而這個被動則被宛如是「主動」的

---

1 Martin Heidegger, "Die Zeit des Weltbildes（1938），" M. Heidegger, *Holzwege*,
　Frankfurt a. M.: Klostermann, 1950［GA 5］, 69-104（〔德〕海德格爾著，孫周
　興譯，《林中路・世界圖像的時代》，上海：譯文，2008，66-99）.

2 Martin Heidegger, "Die Frage nach der Technik," M. Heidegger, *Vorträge und
　Aufsätze*, Pfullingen: Neske, 1954, 9-40（〔德〕海德格爾著，孫周興譯，《演
　講與論文集・技術的追問》，北京：三聯，2005，3-37）。

全面「造做」所掩蓋和壓抑。

　　大家居然與其直接提及技術，寧願長談久論藝術和精神等觀念，彷彿這樣的迂迴論述才足以令人類安心地臣服全面化技術的獨裁勾當。然而，我們若仔細觀察，其實取自技術、藝術領域的「創造」、「革新」等流行語彙，只不過是藉口，是包容著一更為實在的經濟事實：世界早已變成市場了！在我們大家所身處的當代生活環境中，利益觀點已變成無所不在的綱領。支配著我們個人、群體所有決定和行動的準則，不異乎是資本主義的「增益」原則。我們平常對「得」和「失」、對「成功」與「失敗」所通用而且最被承認的標準，就是資本數據的提升和擴大。我們當代生活的主軸，沒有什麼比「利息」概念來得更有說服力和吸引力，亦無何物會更理所當然地獲得普遍肯定。假如有人不向銀行要求存款上利息，假如有人在職場上根本不尋求盡可能提高自己的收入，提出加薪訴求，那麼這樣的人大概就「跟不上時代」。

　　再來，當我們無法積極賺取利息的時候，我們會將短轉長，開始追求「更便宜」。我們若致力「節省耗費」時，此行為依然表示我們是以否定或減少損失的準則，取代攫獲利益這種標準。天天買菜購物飲食消費，一切活動至終唯有一個準則：務必選擇市場所提供之「最良價」，也務必利用各種「特價」和「優待」機會，否則我們便被當成笨蛋。同理，我們在任何量化範疇之下，都能夠達到增加、擴充或加強成效，不管是「加速」、「更加方便」、「增加效率」、「增加坪數」等生活需求上的增加也好，「驚人漲價」、「房地產崩跌」、甚或金融危機所涉及的損失量及諸國國債的巨大金錢量繼續日以代夜地

增漲也罷，我們好夕對所有可以量化的事情，一樣毫無保留地懷著增益、加強的願望，也就是會不由自主地佩服所有巨額龐大的數目，崇拜任何量上的增長。然而，這種時代局勢似乎與貫穿整個「現代性」而被視為莫大危機的「疏離異化」密不可分。有鑑於上述情境，亦基於某種危機感，本文一方面意圖由逆著時代主流的導向來初步省思和批判當世情形，而另一方面將相提並論後期海德格思想和《莊子》，以便從中對該批判以及將來某種轉化取得一些啟發。

二、「質」、「逆轉收回」及「批判」

將當代世界的生活和思維套牢的資本主義奠基於「分量」範疇上：將一切情形徹底量化並測量所謂的數據，是其不可或缺的內在法則，而且資本主義顯然所追求的，就是一種「增益」和「擴張」。一般認為一個個體若施行自核心向外之延伸擴大的動作，即是擴張，而與之相反的概念即是「縮小」和「減少」，另外有「停擺不變」，又有「分散」與「瓦解」。除了這些對立觀念之外，卻還有更複雜的相反概念，亦即向內集中而加強集度或強度的「緊張」、「鬱密」。然而，這種「鬱密」畢竟仍然歸屬某種可度量計算的量。那麼，資本主義的大問題會不會在於，其唯一所著重始終是相對的「價值」，某種程度上可能也留意「品質」、「品級」，同時卻忽視歸結實際體驗與感知活動、又難以測量之「質」這個向度。從這樣的當代生態看來，哲學向來常討論的議題，亦即「量」與「質」之間的關連，彷彿重新獲得關鍵意義。

我們如果對上述歷史情境的片面性，亦即圈套當代全球
文明的利益主義以及資本家的量化趨勢，還是有一些不滿和
不安，問題會在於，若以「量」與「質」這兩個相反範疇為
主軸，是否便可能精確地思考我們大家業已面臨之局勢？能
否以「質」的名義來抗拒「量」的強勢，抵擋增益、擴張、
數據等準則的全面化及獨裁統治？更為甚者，有沒有可能依
據「質」的觀點乾脆就脫離「不是擴展就是減少」這種迷惑著
資本主義、也貫穿著全球化現代文明的「二值邏輯」？然而，
「三值」辯證法架構假如還是不足以讓我們充分思索「質」，那
麼對「質」的探究如何切入？歐洲哲學雖然會討論各種意義下
的「質」，但其對「質」現象的詮釋卻顯然還不明辨「質」與
「量」這兩個範疇之間潛存的內在關係，因而歐洲文明上「質」
仍然會輸給「量」，導致如今乃不容易憑藉主流哲學論述來批
判「量」、擴張及資本主義等立場的霸權。

尼采終其一身所標榜的，雖然是置於增益邏輯之下的「權
能意志」（Wille zur Macht），但他另外亦曾關懷特別是近、
現代歐洲文明所忽略遺忘的「質」（Qualität）[3]這個範疇。針對
諸如「形式」、「分量」等支配著形上學的範疇，尼采強調，
「質」，乃是被活出來且難以規定的存在內涵本身。與整個形上
學的「普遍化」、「抽象化」、「概念化」、「量化」等趨勢相對
峙而立、根植於生活時間當中的這個「質」，實關連到個別的

---

3 Friedrich Nietzsche, *Nachgelassene Fragmente 1885-1887*, 2 [157], 6 [14], F. Nietzsche, *Sämtliche Werke: Kritische Studienausgabe*, ed. G. Colli/M. Montinari, München: DTV, 1988 [= KSA], XII, 142-143; 238.

身體自我以及具體體驗脈絡，牽涉某情形之「切身在場」甚或一種「化為身體」之狀態。由此觀之，尼采所言之「質」的意蘊是不是早已經涉及阿多諾（Theodor W. Adorno, 1903-1969）所討論之藝術作品上之「感質」（das Sinnliche）以及「質料」（Material）一面[4]，亦即涵蓋現實所具備之某種無秩序狀態以及某種無從解除之抵抗力這兩個面向？再者、「質」這個觀點是否又近乎梅洛龐蒂所提出的「野性意義」（sens sauvage）[5]，甚至也近乎海德格多處所提出的「發生」（Ereignis）[6]？然而，為了回歸至「質」，為了重新達成讓我們體驗及省思「質」的場域，我們是不是首先要讓整個思維發生溯本追源的一個轉向？我們是不是首先必須跟隨海德格來思索某種「轉折」（Kehre），滋養海德格所言的「泰然任之」或「任讓情境」（Gelassenheit）[7]，方才或許能初步脫離增益觀點的圈套？恐怕只有當我們捨棄歷史的進展與歷史的擴張衝動，藉由海德格所謂的「內立性」（Inständigkeit）這種思維態度，將其

4　Theodor W. Adorno, *Ästhetische Theorie*, Frankfurt a. M.: Suhrkamp, 1973, 31; 134-137; 214（〔德〕阿多諾著，王柯平譯，《美學理論》，成都：四川人民，1998，28、131-136、207-208）.

5　Maurice Merleau-Ponty, *Le visible et l'invisible*, Paris: Gallimard, 1964, 203（〔法〕莫里斯‧梅洛龐蒂著，羅國祥譯，《可見與不可見的》，上海：商務，2008，192：「原初意義」）.

6　Martin Heidegger, *Beiträge zur Philosophie*（*Vom Ereignis*）, Frankfurt a. M.: Klostermann, 1989 [GA 65].

7　Martin Heidegger, "Zur Erörterung der Gelassenheit", M. Heidegger, *Aus der Erfahrung des Denkens*, 2. durchgesehene Auflage, Frankfurt a. M.: Klostermann, 2002 [GA 13], 37-74.

所設想的另類思維模式練到熟稔之後，而進入其稱為「開端性思維」（anfängliches Denken）[8]，我們才可能思考「質」。簡言之，海氏建議要離棄所有形上學常識和常態，將自身「收回」（Rücknahme）[9]，亦即「歸返」（Rückgang）至一種對存有之「開端性開顯」（anfänglicher Aufgang）[10]。然所謂的開端其實表示動態性的「引入屬己情境而發生」（Er-eignis）[11]，是獨一無二的「肇始」（Anfängnis）[12]，而且開端本身則內部已具有「離去」（Abschied）並且「歸返」的結構[13]。海氏所追求的好像是要透過更原本的省思工夫，逐漸實際「逆轉收回」並破除增益即「數」（Zahl）[14]和「量」的邏輯，以便初步敞開某種「質」的天地。

　　藉此初步啟發來提問：「質」的觀點是否必然牽涉身體運動，亦牽涉某種時間結構？是否應該將「質」放進運動及流變的範圍內來理解？是否特別是透過「反向的」、「反射性的」即「逆轉」式的身體運動，人才足以體驗「質」？尼采所提出之「質」是否原本上與向外增益、擴張的趨勢相對立之「逆轉收回」的運動特質有著本質關係？同理，海德格經由「內立

8　Martin Heidegger, *Über den Anfang*, Frankfurt a. M.: Klostermann, 2005［GA 70］.

9　Heidegger, *Über den Anfang*, 78.

10　Heidegger, *Über den Anfang*, 55; 57.

11　Heidegger, *Über den Anfang*, 10-11.

12　Heidegger, *Über den Anfang*, 12-13; 64.

13　Heidegger, *Über den Anfang*, 75.

14　Heidegger, *Über den Anfang*, 64.

性」和「等候」所瞄準之「歸返」和「開端性」，是否態度或結構上與《莊子》和書論中的某種身體工夫則有相似性？然而，究竟何謂「逆轉」、「收回」？

首先以身體運動模式為例來初步探討「量」、「鬱密」與「質」之間的關連。為了強調看似弔詭運動模式的可行性以及這種經驗的普遍性，此處可以簡略舉出書論和畫論為證。五代畫家荊浩技法上若賦與「心隨筆運」[15]以最高地位，他某程度上不就以身體業已所施行之運筆畫線動作取代構圖、想像乃及視覺觀察等繪畫手段？書論傳承出現一種很獨特的運筆規則，即獨一無二之身體運動模式。關於行筆的手段，亦即反射至運筆動作本身的「逆轉」這種運動格範，明末清初書法家笪重光曾言：

> 「將欲順之，必故逆之；將欲落之，必故起之；將欲轉之，必故折之；將欲掣之，必故頓之；將欲伸之，必故屈之；將欲拔之，必故擫之；將欲束之，必故拓之；將欲行之，必故停之。書亦逆數焉。」[16]

劉小晴是以看似指涉某種悖論觀念的「挫動而行」來詮釋此義[17]。一個運動若「逆轉」，就是把這個運動所預設向外擴展

---

15 荊浩，〈筆法記〉，俞劍華編，《中國古代畫論類編》，修訂本，2冊，北京：人民美術，1998，上冊，606。

16 笪重光，〈書筏〉，華正人編，《歷代書法論文選》，2冊，台北：華正，1997，下冊，523。

17 劉小晴，《中國書學技法評注》，上海：上海書畫，2002，147。

的能量「收回」至運動本身。這樣,「逆轉」的運動模式顯然等同於捨棄「擴展」。不過,與之相反,這樣的運動模式勢必帶出對整個運動密集度的加強,它彷彿等於是一種「集中」、「鬱密」、「張力」。假設如此,一番「逆轉」式的運動還是可能脫離整個「量」範疇,它會將運動本身轉換形成另一種「運動質」?

書論上與「逆」密切關連的第二個關鍵是「澀」,而至於「澀」作為「運動質」,清代劉熙載說明,運筆動作必須遵守一定的速率和節奏,以便實行某種內在的掙扎,即逆轉收回:

> 「古人用筆,不外疾澀二字。澀非遲也,疾非速也。以遲速為疾澀,而能疾澀者無之。再云:用筆者皆習聞澀筆之說,然每不知如何得澀。惟筆方欲行,如有物拒之,竭力而與之相爭,斯不期澀而自澀。」[18]

整個運動質不只不同於物理學可測量之時間量、速度,更是彷彿向運動本身內裡之處而「逆轉」的運筆自然而然會產生最高美學品質,即「澀」。

有關運筆方式上起作用的、彷彿是弔詭的若干環節,可以進一步參考〈永字八法〉對「磔」筆法的解說:

> 「戰而去欲卷,復駐而去之。又云走屬筆戰行,翻筆轉下,而出筆磔之。口訣云:右送之波皆名磔,右揭其腕,

---

18 劉熙,〈藝概‧書概〉,華正人,《歷代書法論文選》,下冊,661。

逐勢緊走屬，傍筆迅磔，盡勢輕揭而潛收，在勁迅得之。
夫磔法筆鋒須走屬，勢欲險而澀，得勢而輕揭暗收存勢，
候其勢盡而磔之。」[19]

　　此引文中云「收存勢」是關鍵，而此「收」基本上只能為
某種「返回」舉動所致，因此同段陳述有幾次弔詭情形透露出
來：筆鋒既「去」亦「卷」，一「駐」則「去」，再者、「勢欲
險而澀」，動作既要強而有力，要捷速，卻又要留住筆勢，而
且當書寫者要「候其勢盡」時，他又不得不繼續運筆將此筆
畫作完。書寫活動彷彿應當在其運動模式上追求某種掙扎，
即「逆轉收回」，才能夠完美地寫出如捺筆這麼簡單的一種筆
線，令人感嘆。光這個「候」字便極為神妙，因為運筆書寫者
實在不是在等候任何事情發生，但就身體感、就運動的白我感
而言，整個歷程赫然隱藏著一些慢下、停頓、返回及任隨之時
刻，而在這些環節上整個運動的特殊質便透露出來：不論是多
強的往前推進，動作還是應當向內、向後而「逆轉收回」。

　　由此觀之，即使一般大概認為書法以「逆」、「澀」等美
學手段來加強筆跡的審美價值，但這樣的「運動質」其實不再
表示密集度之單純擴充，毋寧可說，這樣的運動所帶出來的印
跡呈現一種難以「鬱密」評估和度量出來之澹泊味道。若從一
般行為的角度來看，這種看似悖論式的運筆模式反而標記著一
種輕薄的挫敗風味，亦凸顯某種近乎捨棄的實踐態度。然而，
如同尼采和海德格對歐洲形上學史所企圖的批判和對抗，即該

---

19 佚名，〈永字八法〉，華正人，《歷代書法論文選》，下冊，821。

形上學的「拆解」或「解構」（Destruktion），「轉折」後的思
維彷彿一樣必須從某種弔詭的肯定和融入肇始，實行轉化一整
個思維的「收回」，以悖論式的導向終究「歸返」至「另一次
的開端」（der andere Anfang）[20]，亦即以「業已在發生」的模式
由內部重新開始。同理，為了實際成效，任何反抗舉動好像勢
必具有類似的悖論特性，它必要投入某種現況，即某種業已經
在發生之過程，以便就其核心位置引發某種「顛覆」力量，形
成「逆轉收回」的運動特質。看來，自肯定並推進而興起的內
部反抗，則最有可能深入現況而由所抗拒情境之重心踏實來發
揮破除效力，而更何況是對由增益、越界、量化等環節所組成
之部署的批判和抗拒。對當代現況的批判思維，若其僅只停留
於一種概念上的分析和反思，它大概無法真正地破除為增益及
擴張準則所組成的當代部署。總而言之，此處作為本探討的引
領假設已透露出來：任何批判思維活動是否應當追求某種「運
動質」，也就是說思維模式本身上是否應該進行內在的轉向，
成為「逆轉」式的思維，方才有效？點畫推進筆尖、返回至日
常的哲學工夫、對抗資本主義之量化和擴張部署，這些場域上
第一步驟看似是悖論式的：為了推翻必須肯定。

　　最為重要的省思目標應該是，在體現徹底量化趨勢的現實
情境之中，在我們身所處的這個具體日常生活狀況中，我們如
何能夠於思維上引致某種批判性的、並且對抗性的「逆轉」，
進而達成設立於「質」場域上的日常生活態度和生活方式？
《莊子》有多處看似描繪與現實毫無相干之上古烏托邦，例如

20 Heidegger, *Über den Anfang*, 13; 21; 129.

〈繕性〉篇有云：

> 「古之人，在混芒之中，與一世而得澹漠焉。當是時
> 也，陰陽和靜，鬼神不擾，四時得節，萬物不傷，群生不
> 夭，人雖有知，无所用之，此之謂至一。當是時也，莫之
> 為而常自然。」[21]

那麼，儘管「無為」、「自然」等觀念經常被歸結於隔疏
的天地，亦即非凡的人才和行為情境，但是一個當代解讀還是
應當從現況出發，亦即依據既有之生活實踐來具體追求這種
「自然」、「無為」式的生活實踐，否則這些論述從一開始就對
批判思考喪失任何意義。我們若對當代現況追求實質有效的批
判，便不該嚮往某種理想化的原始境界，不應當借助《莊子》
思想來探索離棄人間世、隱居、「伏於山林」之道[22]。即便我們
期望依照「逍遙乎无為之業」[23]這種標準安排我們所有行為，
但是當我們尚未達成此高揚的生活態度之前，我們可以將「無
為之業」以及海德格所設想之「等候」作為某種思考準則來理
會，首先在我們一整個思維架構上進行某種轉向，以「逆轉」
的反思努力，將此企圖性本身逐漸由思維內部再「收回」。首

21〔清〕郭慶藩編，王孝魚點校，郭慶藩，《莊子集釋》，4冊，北京：中華書
　局，1961，550-551。

22 郭慶藩，《莊子集釋》，270注。

23 郭慶藩，《莊子集釋》，663：「扁子曰。子獨不聞夫至人之自行邪？忘其肝
　膽，遺其耳目，芒然彷徨乎塵垢之外，逍遙乎无為之業，是謂為而不恃，
　長而不宰」。

先要致力返回至海氏和郭象均所提之「泰然而任之」[24]這種另類思索、生活態度，以便試圖對增益、擴張式的思維習慣本身一步再進一步地展開批判和顛覆。易言之，透過一番跨文化哲學式的批判思考，我們首先應該尋找讓我們在貫穿整個現實的「量化文化」當中培育另一種「自然」、「無為」以及「任讓」式的思維模式，整個生活方式上的「轉折」及「逆轉收回」方才將成為可能。而且我承認，這樣的思考工夫看似是一種悖論性的、自相矛盾的努力，因為其又企圖「批判」、「對抗」甚且「脫離」、「破除」，又要簡單地僅僅「無為而任之」而已。只不過，恰恰是這種悖論性的逆轉思維，若聯結書論有關「逆轉運筆」的論說、《莊子》以及海德格思想，便可以獲得對當代批判極為珍貴的啟發和導引。

三、「逆轉收回」與海德格的「任讓情境」

若先從哲學的角度來闡述「逆轉收回」這一現象的結構特徵和意蘊，此生活趨勢可以被理解為一種「場所化」。這種觀念主要意謂著，經由「自行收回」來運展生活的生命力乃隨適自身所發生之場所，亦即自身所處之周遭環境以及自身所敞開之時間脈絡，來起作用。尤其是存在時間性上的自相關連乃為「逆轉收回」的核心所在。這表示，與其矚目於一個生活過程在時空中所嚮往之目標，與其矚目於生命所致力實現之成果，還不如專注生活流動本身既有之內在「開端性」，始能體會此

---

24 郭慶藩，《莊子集釋》，229注。

觀點。比起關切某些生活行為所造成的結果，更為重要的是要於行為正在發生的當下，回頭窺視其必然所隱蘊的「實是性」（Faktizität），亦即其「開端性」。當任何行為一旦開始，它便先於因果關係這個理論架構就已經實際如此這般地發生，它「實是」由此而興起，由此而產生。

　　某種意義下，海德格《存在與時間》一書中於「此有」即人生的存在方式上所凸顯出之原本的性質就圍繞這種「開端性」為軸心。此「開端性」表示一種「業已」（je schon）和「曾是」（gewesen），它奠基於內在於時間性、甚或構成時間本身的一個反向、返回舉動：「此有」關懷著自身存在而一直「前行」（vorauslaufen）於自身，不斷地籌劃出自身存在，也就是由該「前行」所敞開之向度以「將來」（Zukunft）的存在方式返回而至自身「到來」。結果，基於此返回式的「到來」，「此有」始才發現自身業已存在，即一向「曾是」該「此有」，開闢所謂的過去之視域。同一舉「此有」又鋪出讓世界萬物照面而來的當下向度，以至於讓其自身以「到來著並曾在著」的活動勢態「當前化」（Gegenwärtigen）自己的存在場所[25]。由海氏這番突破性闡明看來，假如「此有」於其整個存在結構就被拋進時間性之中，這意味著，我相對於自身不得不一直且根本上是一個「遲來者」。處於尚未完成自身存在而「向死」這種狀態之下的「我」[26]則同時持續是一個「業已開始

---

25 Martin Heidegger, *Sein und Zeit*, unveränd. Nachdr. der 15. Aufl., Tübingen: Niemeyer, 1986,〔§ 65〕323-31.（〔德〕馬丁・海德格爾著，陳嘉映、王慶節譯，《存在與時間》，修訂譯本第四版，北京：三聯，2012，368-377）

26 Heidegger, *Sein und Zeit*,〔§ 53〕260-267（《存在與時間》，298-306）.

了」。然而，此「開始」不異乎將生活的流動從所籌劃對象回溯至自身曾所是之此籌劃活動本身，因此該「開始」等於是內在於人的存在而發生之一種原本的「逆轉收回」。

時間性即時間結構具體所導出之原本的自我敞開，使得「逆轉收回」這種生活運動成為可能。不過，自行向自身「逆轉收回」的生活運動仍然歸屬於海德格所闡述之「此有面對自身而自行籌劃自身存有」（das Dasein, das sich auf sein Sein entwirft）這種哲學理論範圍嗎？還是此處所謂的籌劃以脫離了自我詮釋的「理解」、「領會」，以便涉及更為具體且實際的存在活動？特別是後期海德格是否已經構想了一種牽涉當代哲學思考最基本的動機和意義的轉折，他是否致力於自「基礎存有論」，即對「此有」的存在方式、存在結構相關的現象學省思過渡至某種「轉化現象學」，也就是使得現象學思維轉變成某種原本之自我修練工夫？而且，若從海氏在「此有」的存在結構上所凸顯出的時間性現象切入有關向外增益、擴張以及向內「逆轉收回」的討論，那麼為對抗越界準則，「逆轉」的運動作為一種生活實踐甚或生活工夫時，它是否已經脫離了哲學思考的範圍，而開闢了另類的存在場域？海德格後期思維是否已經開始為當代哲學重新爭取某種政治意義，而開啟了一種新的當代修養論之天地？

如同海德格已所強調，「此有」藉由其內在的時間性而「逆轉收回」，這種生活運動不只不表示任何向未來致力的「實現」，它根本不根植於傳統存有論所言之「可能性」上。易言之，這種「逆轉收回」不會在諸種存有者當中造成任何具體變化或效果，它雖然可以說是時間上發生的某種舉動，但它亦

不擬構任何屬於未來狀態的轉變。故此該「逆轉收回」乃是與任何形上學的「超越」，也是與當代的增益、擴張、越界趨勢恰恰相反。至少，比起作為海氏論述之出發觀點，即「能是」和「將來性」，「逆轉收回」此現象則揭露出此「收回」所歸屬之「曾是」，也就是關連到這一整個結構奠基其上的「實是性」。然而，該「實是性」是經由建立時間本身之「逆轉收回」的存在活動才成形。由此故，「逆轉收回」當中才浮出的「實是性」和「曾是」確實不同於時間流或進展上一般所謂的過去。「此有」唯有當其由將來而「逆轉收回」時才接觸到的這種「曾是」所指則不可能是某種實有狀態，否則「曾是」不會藉由「此有」的存在方式，藉由其原本之「前行」和「到來」才被帶出，它反而可能獨立現存。換言之，「曾是」必須不異乎是「此有」的存在活動上發生的「反射」、「回溯」、「返回」這一整個活動勢態本身。「此有」先前於自身正在展開之存在便「業已是」此存在活動，卻僅只在此「返回」當中才具備「實是性」而「業已是」其所是，即一番「逆轉收回」。唯有當「實是性」如此被「活動化」，「此有」的存在性質方才可能實際被思考並體會。

　　反過來，若「此有」的存在結構某意義下圍繞著一種「逆轉收回」，反過來任何生活行為就勢必是一種「逆轉收回」。藉由上述探討，「逆轉收回」的性質充分揭露出來，「逆轉收回」這一現象就歸結至時間的組成本身。「逆轉收回」這種運動並不是在現成的時間流上出現的「反向回歸」，毋寧可說「逆轉收回」奠基於「此有」的存在方式，奠基於其時間性，「逆轉收回」就等於是時間本身。關鍵在於對任何生活行為所

隱藏的「開端性」的領會。任何生活行為即便已開始被實行，但此實行本身依然連續不斷地重複並帶出一個內在的「開端性」，實際上發生的行為乃一連串地存留著、充實著自身的肇始，也就是以「逆轉」的方式將自身開始「收回」至整個流程當中。否則，它不再是活生生的運動，它只會等於作為單方向線索之時間流上從甲處過往乙處的「過渡」或「實現」。在此假設之下，時間流是外在於該行為的框架，而且該行為不再歸屬「此有」的存在方式，也就是不再內含著時間性。被闡釋為過渡之生活運動不再是內部產生時間性的人生行為，亦無任何「逆轉」之可能。依照過渡或實現的典範，人生的存在方式自然被誤會，這樣一來，任何行為只不過可能單純地向前向外演展，即擴張並創新。

　　在此基礎上可以進一步探究後期海德格思想。將試圖把「開放」、「籌劃」等觀點，亦把歸屬此架構的創新、擴張趨勢轉換成「業已」發生之存在活動本身。沿著海氏的思路，彷彿就可以脫離被向外越界、擴張典範所籠罩的當代「集置」之中，將自身生活實際逆轉向內裡。胡塞爾早已將世界的「敞開」（das Offene）作為原本的現象凸顯出來，說「敞開」為主體面對世界、存有所引進的「意義」（Sinn），亦即是一種前述謂地顯現之「立義視域」（Auffassungshorizont）[27]。海德格思想承襲胡塞爾現象學的領導理念而言「敞開狀態」（Offenheit）

---

27 Edmund Husserl, *Ideen zu einer reinen Phänomenologie und phänomenologischen Philosophie. Zweites Buch: Untersuchungen zur Konstitution*, ed. M. Biemel, Den Haag: Nijhoff, 1953 [Hua IV], [§ 64] 299.

與「澄明」（Lichtung）。看來，此「敞開」所涉及的，是直線性的、朝向一定目標的衍生進展，也就是存在向現實所隱藏之多數發展可能性的開放而採取「實現」行為。由此觀之，「此有」上的開放就是籌劃、操勞之擴張、創新趨勢的根柢。然對人而言，最為要緊的關懷仍是，如何可以進入這個「敞開」？可以藉由籌劃並操勞的擴張方式來投入其中嗎？還是有更為原本的通道，而且是任何存在活動、任何籌劃和操勞都奠基其上的那種進入該「敞開」的通道？要是任何存在活動都呈現以上所陳述之時間性和「逆轉收回」勢態，則應該還有更為「屬己」（eigentlich）的管道，讓「此有」由其「業已」所在之場所進入該「敞開」。後期海德格在不同標題之下再借助幾則既著名又難懂之說法所追求之思維，所關懷的確實為「此有」如何得以返回至原本屬己的「敞開」這一個問題。與其將其視為「否定式」思維，其實卻寧願當其理解為對哲學思考的「逆轉收回」。

　　一方面，海德格是從某種存有論和語言哲學的介入，以近於老莊的思考來討論「真理」問題，指出上述「敞開」、「澄明」具備的雙重特質。人若以言語道說的方式關連到此原本的「敞開」，則與其說這種「敞開」以命名、道說方式就可以將存有帶入「無蔽狀態」（alētheia，即 Unverborgenheit）之中，即達成單純之「真理」，則還不如專注「隱蔽」於存有之揭露中之相反一面，著重「非真理」隱藏於「真理」之中這一情景[28]。故此，言語下存有之「敞開」則自某種「寂靜之鈴響」

---

28 Martin Heidegger, "Der Ursprung des Kunstwerkes," Heidegger, *Holzwege*,

（Geläut der Stille）而發生[29]。該「敞開」本身不再能夠依照哲學、形上學的普通言論方式直接被說出，毋寧可說原來被界定為「擁有言語」的人反而必須採取「聆聽」（hören）之態度來「回應」（antworten）於「言語的說話」（die Sprache spricht），亦即「對說」（ent-sprechen）、「回應」於所謂的開端[30]，以便自言語之「道說」（die Sage）中獲得原本之「敞開」，「敞開」的發生乃是「藉由靜默而被引出」（Erschweigen）[31]。

　　另一方面，海德格接著此思路加以擴大視野，移至某種對生活實踐的哲學關懷，以「任讓情境」的名義，亦即藉由 Gelassenheit 作為哲學議題兼生活態度，來構想一種將「敞開」自行收回至存在本身的運動模式。與一般籌劃、操勞行為有別的「任讓」這種敞開模式不再預設任何目的，亦不牽涉潛在可能性和實現活動這種架構，甚至也不再有所謂的行為、活動可言。要點在於存在者應當首先經由與「逆轉收回」相似的方式，達成向內而不再是向外的存在勢態，存在者也就應當藉由某種回應方式接受自身「業已」所處之情境，以便就此處進入於「敞開」。可是，若以此方式進入於「敞開」，此「敞開」不再會等於是「存有的開顯」，而毋寧可說，在海氏所尋求人類歷史之「另一次的開端」看來，經由一種「逆轉收

　　49-52（《林中路‧藝術作品的本源》，41-44）.

29 Martin Heidegger, "Die Sprache," M. Heidegger, *Unterwegs zur Sprache*, Pfullingen: Neske, 1959, 30（〔德〕海德格爾著，孫周興譯，《在通向語言的途中》，上海：商務，2005，25）.

30 Heidegger, *Über den Anfang*, 25.

31 Heidegger, *Beiträge*, [§ 38] 80.

回」，人終究會破除形上學的存有概念，甚至於他也許會超脫整個「有」即隱蔽於「存有」之發生中的 Seyn 這個範圍，而會將自身帶入一種難以言喻之境界，即某種極端之「無存有」（das Seinlose）[32]。此境界若是後期海德格思想最所關切的探索，他也已經察覺的是，唯有透過存在活動作為一種運動所具備之性質，哲學才可能思考並體會這種情境。故此，依據「逆轉收回」現象嘗試詮釋海氏之相關思維，則頗為合理。

依據海氏圍繞田中漫步行走這種運動隱喻所展開的構思，唯有當人投入一種非行動式的存在情境，唯有當人不再是有目的性的籌劃與操勞，反而在存在上培育一種「等候」（warten）態度，歷史上「另一次的開端」方才將成為可能。海氏所設想似乎是這樣的情形：透過一種任隨式的「逆轉收回」，一個步行的運動者可以在該運動當中任入另類的、非主動的而且是回應式的運動模式。步行者持續步行這種隱喻前提之下，「等候」並不類同停頓、不走，反而該「等候」就凸顯出內在於步行運動本身之一種向周遭環境之開放，即一種「有所等待之到來」。然這種觀點不就近乎上文所勾勒時間性上之「到來」，又與運動上的「逆轉收回」現象頗吻合？此「等候」顯然既與時間的悖論結構，亦與某種獨特的運動勢態有關。

海氏對此「轉折」觀點的闡述大體又如下：當步行者運動上發生某種「轉折」時，此時此刻擴張式的步行運動（Bewegung）會轉變成由外向內的「遜讓」（lassen），讓為「有」所引發之「道動」（Be-wëgung）發生，也就是讓「有」

---

32 Heidegger, *Über den Anfang*, 121-122.

本身「賦予人以道路」（Be-wëgung）。可是，為了準備此「轉折」，人必須是業已經在步行，面對「有」所敞開之某「照面地域」（Gegnet）他必須首先「任入於……」（sich einlassen auf）此運動本身，然後他才可能「靠近於……」（In-die-Nähe-kommen）並且「被允許進入於……」（eingelassen werden）原本的敞開，也就是透過某種「道動」發生，獲得步行所沿隨之「道路」[33]——而繼續慢步走。某種程度上，這一充盈著詩意的闡述好像就表示，存在活動本身要達成一種極端的微縮，亦即類似「逆轉收回」，就存在運動本身上要將存在逆轉至自身，存在者方才可能臨近於「有」，也臨近於「引入屬己情境」這種發生，以便最終導出歷史性的「另一次的開端」。

那麼，要是從本文一開始所勾勒出的問題意識，即對當代增益、擴張、越界趨勢的批判，來斟酌海德格有關時間性的悖論狀況以及「任讓情境」所論，則已經可以初步領悟到的是，「逆轉收回」就是存在勢態以及新哲學思維均所追求的性質。但恰恰由於哲學思維也好、存在活動也罷，追求「逆轉收回」的那些運動都已經正在發生，因此「等候」、「任入」、「逆轉收回」等「轉折」不可以被視為類如修養工夫的最終目標。「逆轉收回」並不屬於某活動致力而實現的未來狀態，它是以自相關連的結構從一開始貫穿該活動本身。易言之，「逆轉收回」此一現象不但標記某種悖論情形，而且由某現成行為模式過渡至「逆轉收回」的運動特質，此「轉折」本身必然也是悖論的，此過渡的內在特色不異乎它就必須充實「逆轉收回」。

---

33 Heidegger, *Aus der Erfahrung des Denkens*, 48-54.

　　問題在於，如何進入這種「轉折」，如何開始「逆轉收回」？如何藉由「等候」、「遜讓」、「任入」的方式獲得「被允許進入」？針對這些追問，海德格著作僅只給出初始啟發，但尚無滿足之答案。若從另一方面看來，即便某種程度上這個提問不容置疑與中國佛教對「初發心」之關懷吻合，即使海德格常言的「之間」（Zwischen）本來與佛教的「中道」似乎亦有共同之傾向，但由於本文是從運動現象學的視角切入此探究，既計劃批判並具體對抗向外向前的增益和擴張這種當代運動部署，又將人的存在視為主要乃「化為身體」的實踐，因此接下來還是先參考《莊子》一書中與身體運動和生活實踐顯然有關的例證。這樣希望從一個「微觀」的現象學角度能夠再更深入地體會「逆轉收回」作為身體運動之具體特質和實際開端何在，又希望某種程度上對反抗並轉折當代的「集置」導出盡可能具體的、關連到身體存在的貢獻。

四、《莊子》中的「敞開」與「逆轉」

　　若由上述探究脈絡觀之，華語哲學不就是夏可君所尋覓的「哲學之餘」嗎？整個古今華語思維的哲學潛力並不小，它確實代表另一種類解構並重構形上學基本議題的機會。依照夏可君的建議，此處先提問：對於在某種意義下恐怕已達到終結的西方哲學而言，當代華語思維莫非真的代表一種豐富多元之「剩餘」、「餘外」、「餘味」的可能[34]？由於當今華語思維介

---

34 夏可君，《平淡的哲學》，北京：中國社會，2009，5-7。

於互相無相干之哲學傳承和論述體系之間，以華語從事思考的哲學對歐洲哲學而言便是一個域外的、異托邦的立足點，是有助於批判歐洲哲學的既成概念，並且「轉折」當代哲學思維。例如說，特別是在一個華語哲學範圍中，可以對「自然」概念進行對當代有義意的解構，凸顯「自然」概念上一直被傳統歐洲哲學忽視的「剩餘」，將關連生活態度及生活方式的「自然而然」這個觀點納入到歐洲哲學和當代華語上都意味著「自然界」這種「自然」概念之中，以便重新思考置於當代條件之下的「自然界」和「文化界」之間的動態關係。

　　同理，可以從跨文化哲學思考獲得解構的另一個議題則是增益、擴張、創新等領導觀念。從華語思維脈絡來提出的問題是：「量」範疇下之「擴張」唯一的相反，而且不是量下否定性的「減少」這種相反，難道只有依然關連到「量」的「鬱密」嗎？例如諸種平淡現象，如夏可君所主張，假如平淡代表某種「有餘」或「多—餘」，假如平淡和「餘」都有獨特的邏輯[35]，那麼平淡或許不只表示對擴張的捨棄，而且亦不只是以某種「鬱密」的加強來取代量下之擴張。平淡現象會不會在增益、擴張脈絡之外另開闢一個境界，而且以「質」範疇取代「量」，所以它是全然歸屬另類維度的觀點？當然，若將看出這種另類的可能性，甚至將平淡現象理解為某種意義下之「鬱密」，這種常見之進路也必須受質疑。

　　海德格以非常躊躇的思考模式、亦以頗坎坷的陳述方式，初步地構想將來哲學之導向。若從歐洲哲學傳承看其所企圖，

---

35 夏可君，《平淡的哲學》，28。

實在不容易。有鑑於此，能否借助跨文化哲學的視角，能否依據取自《莊子》和中國書論有關身體工夫的一些啟發，重新來思考「質」立場的意蘊和牽涉？尤其是，能否從「自然」及「無為」的觀點來思考「質」？為了批判整個當代的擴張局勢，上文已凸顯「逆轉收回」式的思維和實踐模式作為另類之可能，也已沿著此思路初步探討海德格思想對這樣的「轉折」已所作之準備。為了更加使得原先取自書論和運動現象學之啟發於批判性哲學思考上發揮作用，也為了更深入地理會「逆轉」式之思維模樣如何又落實在生活實踐上，接下來要將《莊子》引入以上所勾勒之考量。

　　不但朱利安[36]與畢來德（Jean François Billeter, 1939- ）[37]等學者都是，特別是葛浩南（Romain Graziani, 1971- ）[38]近來已經將《莊子》思想中的「權能」（puissance）與「權力」（pouvoir）問題和某種批判性質的身體運動模式聯繫起來討論。雖然基本上我可以贊同畢氏所提及之「活動機制」（régime d'activité）觀點，而且也贊成將「自然」的活動模式從意識和意志的局限釋放出，將之歸結到身體存在層面，但我卻對屬於

---

36 François Jullien, *La propension des choses*, Paris: du Seuil, 1992（卓立譯，《勢：中國的效力觀》，北京：北京大學，2009）; F. Jullien, *Traité de l'efficacité*, Paris: Grasset, 1996（林志明譯，《功效論》，台北：五南，2011）.

37 Jean François Billeter, *Leçons sur Tchouang-tseu*, Paris: Allia, 2002（宋剛譯，《莊子四講》，北京：中華，2014）; J. F. Billeter, *Etudes sur Tchouang-tseu*, Paris: Allia, 2004.

38 Romain Graziani, *Fictions philosophiques du "Tchouang-tseu"*, Paris: Gallimard, 2006.

歐洲形上學的「效力」、「功效」甚或「效率」（efficacité）這種觀點懷著相當大的保留。原因是，我認為法國當代漢學界上流行的、對《莊子》乃至整個中國古代文化的解讀過於簡單，而且方法上呈現嚴重的弊病。這種解讀所憑藉的不但是諸如「主體」、「意志」、「力量」等純粹歐洲哲學概念，而且又毫無反省地應用這些觀念來詮釋中國思想。這樣一來，尤其是本文所聚焦之當代流行論述，終究卻將《莊子》等文獻陷入於「量化」的局勢。該解讀彷彿仍然奠基於當代西方文明的核心典範，亦即增益、擴張及越界等價值上，來展開符合21世紀全球化的西方文明自論所需要的「莊子式」的，或者「孫子式」的戰略論及修養工夫論。可是，就我而言，當這些漢學研究提出仍舊歸結「量」範疇之「效力」、「能量」、「強度」、「權能」等觀點時候，被忽視的反而是對批判哲學為關鍵現象之「質」。

　　儘管這上述學問企圖「迂迴」繞至中國古代傳承，來反省當代情境，卻不應該擺盪於漢學與哲學之間，也不應該只是致力詮釋中國的文化遺產，而應該藉此「迂迴」對自己所引進的哲學觀點甚至比朱利安更熱烈且深入地反思批判。這些研究雖然習慣利用目前流行的哲學論述，但是反過來看，其對當代哲學所回報的貢獻恐怕不大。有沒有更為恰當的哲學闡明讓我們更切近《莊子》思想？我認為不管是為了對《莊子》文本及《莊子》思想達成更深入的體會也好，還是為了批判當代部署也罷，應當更嚴謹地質疑並解構所應用之關鍵概念，以便釋放《莊子》一書中的「轉折」。基於此考量，接下來試圖針對書論的「逆轉收回」與海德格的「敞開」、「任讓情境」，自《莊

子》取得更多批判性啟發。

　　《莊子》中多處湧浮「敞開」這個主題。此「敞開」不但牽涉到個人在其思考、態度或行為上向周圍或某一些實現活動之「開放」，與海德格相近，《莊子》思想上的「敞開」支配人之原本情境。然人若以言語道說的方式關連到此原本的「敞開」，則與其說這種「敞開」以單純之命名、道說可以類似存有被帶入「無蔽狀態」，還不如著重其反一面，領悟到《莊子》之道近於海德格的主張，是由某種「之間」之處「藉由靜默而被引出」，這才為人鋪出言語、思維所依賴之「敞開」。例如在〈齊物論〉一篇中反覆被闡述的懷疑論觀點，與其說該篇表明認知的失敗及知識之不確切性，還不如說其指出思考、言語所奠基其上之無窮盡，亦即無限敞開，也呼籲讀者以敞開的態度發揮諸種意蘊。不必捨棄思維和言語，但由於任何「是」或「否」這種個別主張都從某一個視角來關連到其他的意涵與主張，因此畢竟只能相對於某一個敞開的關連脈絡，亦即面對於某一個敞開的視域，從事思索和談論。故此，與其持續不斷地對所謂的真理本身追求一種正確的、絕對的把握，還不如返回到思考及言語活動業已所在的敞開處境本身。舉例而言：

> 「一與言為二，二與一為三。自此以往，巧曆不能得，而況其凡乎。」[39]

　　與其在物與詞之間的辯證法下一直繼續往下衍生無窮盡之

---

39 郭慶藩，《莊子集釋》，79。

認知和陳述，不如以「无適焉，因是已」[40]為準則，來體悟「當下」和「是處」，肯定自身已所知所說，來從眾多主張的衍生回返至思維、說話之中業已隱藏之單純敞開本身。與其捨棄思維、言語這個場域，不如回歸至一切言論和思維實踐所預設的實際情形，亦即所有認知、思考、言論活動所自而產生之敞開本身。可是，就思考者及言論者而言，這樣的敞開恐怕不等同於決然拋棄所有思維和言論，郭象注「都不知，乃曠然無不任矣」[41]，則恐怕與〈齊物論〉原義不完全相合。難道〈齊物論〉的結論就是不可知論嗎？毋寧根據賴錫三來強調，〈齊物論〉領導讀者從自身實際所歸屬之處境的內部尋回一活生生的、隱蘊於所有言論和主張之中的「實踐自我」，而且思維、求知、言語活動皆為這種回溯一舉所不可或缺之前提，也就是說這一舉自始至終不會脫離「在世中存在」（In-der-Welt-Sein）[42]。再來，與上述法語漢學的解讀相反，我並不是依照某種存有論典範將個人的存在局限於孤立起來的「個體」及某個體的個別「行動」之中，反而認為個人存在及個人行為從一開始是與周遭環境和他者交織起來，人與世界乃密不可分，而且所謂的自我必定是生活過程、行為活動當中一直重新湧現或沉落的自

40 郭慶藩，《莊子集釋》，79。

41 郭慶藩，《莊子集釋》，92注。

42 賴錫三，〈氣化流行與人文化成——《莊子》的道體、主體、身體、語言、文化之體的體構閱讀〉，《文與哲》，第22期（2013/6）〔39-96〕，74-75、90-91。賴錫三，〈身體、氣化、政治批判——畢來德《莊子四講》與〈莊子九札〉的身體觀與主體論〉，《中國文哲研究通訊》，第22卷第3期（2012/9），〔59-102〕88-89。

我。故此，與其在《莊子》解讀上首先假設其作者必然標榜某一種獨特的人格模樣，他畢竟要頌揚「真人」才足以體現的某種獨特的「活動機制」，也就是說與其從一開始構想一種超脫常理、常人以外的策略和工夫為《莊子》一書的本義，倒不如試想《莊子》真正所追求的人生態度是否從頭至尾就涉及日常狀態，停留於常人的生活體驗當中？《莊子》是否可能就此單純的日常脈絡以悖論模式凸顯出僅僅只是人人均有之原本敞開而已？這樣來理解《莊子》真的過於平淡嗎？

〈人間世〉的「養中」[43]、〈大宗師〉的「同於大通」[44]、〈養生主〉的「安時而處順」[45]，難道這些例證都必然指向安分而不動的狀態嗎？看來，至少應該將此「分」不訓詁為固定「本分」、「身分」、「天分」之意涵，反而該將其視為流變之處境和空白之場所，即每當重新發生之敞開，才恰當。郭象別處所言「任其自然而已」[46]，毋寧說此「自然」仍指「大通」這種動態情景，而不指安分守己、承認自身存在有限這種態度。另一方面，假設這些說法可以被解讀為生活運動本身中誕生之某種敞開，則一定要按照技巧或權力之增強、擴張這種典範來理解此敞開嗎？難道唯獨極少數傑出之「至人」才能夠致力「養中」、「同於大通」、「安時而處順」，而一般人在日常狀態下連試都不能嗎？難道常人無中可養，無時可安嗎？若依據「逆轉收回」這種運動典範來解讀《莊子》，若又引進海德格對「開

---

43 郭慶藩，《莊子集釋》，160。

44 郭慶藩，《莊子集釋》，384。

45 郭慶藩，《莊子集釋》，128。

46 郭慶藩，《莊子集釋》，551注。

端性」和悖論的思維運動所提供的刺激，能否對《莊子》所描
繪之生活理想達成意蘊更深且批判性更具體的理解，而且能否
就將其倫理學關懷歸結到正常的我、常態的存在情境？

　　假設世界一切都在流變，而不是靜態之存有者，便或許可
以依據循環中不停止的運轉[47]這種圖式，加以釐清「逆轉收回」
的哲學意義。任何循環上，基礎或出發點其實等同於目標或終
點，亦即循環運轉中開端則無所不在。那麼，向「實踐自我」
之敞開，豈非類似一種連續不斷地自循環之邊緣向循環之核心
場所順著運轉同時而發生之「逆轉收回」？可是，如果要在循
環當中不斷地重新開始向此運動式自我而敞開，則將無法掌
握、界定這種自我，只能一直順著運轉繼續「養」之，只能既
同步運轉亦逆著運轉將運動本身收回，以便將自身存在引入到
流變運轉所隸屬之敞開本身。依據此條件為「逆轉收回」所滋
養的便不是一個本真的自我，經由運轉中之逆轉而受培育的，
反而僅是「向自我」之敞開運動而已。然而，〈德充符〉中似
乎是悖論的「唯止能止眾止」[48]所指，有沒有可能恰好是這一種
運動式的「止」，即一種持續的「逆轉收回」，而並不是指動
靜、行止之「止」？郭象注云：

　　「動而為之，則不能居眾物之止。」[49]

---

47 郭慶藩，《莊子集釋》，493：「意者其運轉而不能自止邪」。

48 郭慶藩，《莊子集釋》，193。

49 郭慶藩，《莊子集釋》，194注。

　　這種「止」顯然不能由外在之運動者，亦即藉由某種阻力，被引入到眾物之運轉中。可是，對該「動而為之」的詮釋又不能太狹隘，以至於忽略運轉的實際情形。〈德充符〉此處所設想之「動」乃是「流水」，而不是「力與反力」這樣的物理學架構。可不可以設想一種內在於運轉本身之「逆轉而止」，而只有這種由內部所發揮之「止」，便能夠與一切「止」自然合為一致？正在發生之運動以內若可能產生「止」，這種「止」不再表示一切運動之終止，不再等於是運動之相反、之外，即一種阻礙。彷彿唯有某種運動式的「止」，才符合〈應帝王〉中云「體盡无窮」[50]的理念。唯有當「止」於運動內部而發生，這種「止」才得以即體任隨無窮盡之運轉。難道這不就是郭象解釋〈齊物論〉中南郭子綦出神狀貌的意蘊嗎？郭象注云：

　　「夫任自然而忘是非者，其體中獨任天真而已。」[51]

　　人若希望投入宇宙的運轉，將自己的生存與「天籟」會合一致，任隨自然而然發生的流變，他應該憑藉其既有之身體自我而實際「體任」天然的狀態。有鑑於這種揣測和假設，如今文本詮釋上問題出在於，《莊子》有沒有相關這麼一種悖論之運動的陳述，《莊子》有沒有標榜「逆轉收回」這種理念，而且「逆轉收回」又如何甚至在日常狀態下都能夠給人導出〈齊物論〉就思辨、言語場域所凸顯出之原本敞開？

---

50 郭慶藩，《莊子集釋》，307。
51 郭慶藩，《莊子集釋》，44注。

五、《莊子》言「反」

一般認為，《莊子》以「自然」名義圖謀的是「完身養生」這種為己自私的生活準則，而諸如「順」、「應物」、「無為」等口號則似乎均有同一個目標，即郭象所言：

> 「積無用乃為濟生之大用。」[52]

受諷刺的彷彿是流行常見之名利主義，因為此對增益、擴張的野心使個人失去自身：

> 「此以其能苦其生者也，不終其天年而中道夭。」[53]

保護並滋養自身存在，使自己不受外來傷害，這種策略被視為《莊子》隱逸精神所圖，多半也被詮釋為逃避現實的文學印證。不過，由於對《莊子》這樣的解讀暗藏著重大的前提和假設，因此它是可以被質疑並解構。

《莊子》是否真的著重「個人」、「個體」，真的採取「長壽」這個道教理念看待人生？《莊子》一書真的關切對個體性命最有利的「功效」，標榜另類的「自我實現」？《莊子》思想真的反對社會的要求，而推廣個人生命擴張道術？而且，被拋於世界之中的人，到底能否離棄世俗，將受染濁於世俗之自身

---

52 郭慶藩，《莊子集釋》，173注。
53 郭慶藩，《莊子集釋》，172。

生存拂拭清淨？人生究竟可以憑藉其本質來避開「在世之中存
有」，超脫日常性？人究竟能否透過修養工夫返回至某種「本
真自我」，而且該「本真自我」到底何在？《莊子》可能所標
榜之修養工夫必定等同於一種超脫，它必定符合增益、擴張、
越界這種典範？如果哲學依據《莊子》來討論成效、擴張、增
益以及自然等議題時，這類的疑問似乎非提不可。是否可以依
據「逆轉收回」現象來解讀以上所列引文中之「反」，而不再
基於增益、越界典範陷入某種本體論及某種形上學？由於《莊
子》一書中「逆」字極少見，而且都是負面的應用，指的是
「叛逆」和「不順」，所以本文中「逆轉」一詞被完全賦以新的
意涵，以便凸顯出《莊子》「反」和「自然」這兩個觀點對當
代哲學的潛在意蘊。要指出的是，「反」、「自然」等觀念如何
可能「批判」當代，並實際上推動與世代相「叛逆」的某種哲
學運動。

　　《莊子》一書中至少有兩種意涵不同之「反」觀念，其一
指個體死後的絕對回歸至生命之來源，其二則涉及個人在世
時對自身生命的態度，指「反」作為「入」這種生活轉折。
歸屬第一組根據例如〈大宗師〉的「反其真」[54]，指的是形骸解
散而歸回造化之中，並不指某個人的生命返回於其「本真」、
「本質」[55]。然而，另一組根據，例如〈繕性〉篇「中純實而反乎

---

54 郭慶藩，《莊子集釋》，266。

55 類似的例證為：〈在宥〉篇云「皆生於土而反於土」，〈知北遊〉篇中「將
　　反於宗」，而〈庚桑楚〉篇言「以死為反」（郭慶藩，《莊子集釋》，384、
　　744、802），就上下文中「壽夭」及「忽然而已」等說法而言，則很可能也
　　指涉死亡之義。

情」[56]，對本探討更有啟發性。而且，有關〈德充符〉篇中「德不足以自反」[57]亦值得追問：這個「自反」真如同郭象所注即指「自顧省」嗎？假設《莊子》的作者以嘲諷態度來引子產的話，則或許亦有道理推斷：此處子產即使可能說的是「反省」意義下的「自反」，但是曾受刑砍足的申徒嘉同讀者或許都會聽出另一個意旨，即「恢復自身身全」，甚或「復其初」[58]這類的意思。在嘲諷語氣之下，兩位不同等之人的對話中被用的「自反」有沒有可能指涉「返回至自身現況」、「肯定自身」這種深層意蘊？那麼，問題恰好在於該如何理解〈繕性〉「然後民始惑亂，無以反其性情而復其初」[59]中「性情」和「初」？又該如何詮釋〈盜跖〉「使天下學士不反其本」[60]的「本」？

若從海德格哲學來解讀這系列根據，此「反」未必牽涉尤其是最近法語莊學所提出的「自我技術」、非凡的「活動機制」以及對增益自身權能的追求。〈秋水〉篇「謹守而勿失，是謂反其真」[61]似乎預設所返其處，此處其實就是個人從一開始身所處之情境，因此無必要致力於某種超脫工夫，反而只不過要「守」一原本之狀態。於是，郭象注云「真在性分之內」，強調此「反」所歸乃屬於「業已」之範圍。先此不談《莊子》是否

---

56 郭慶藩，《莊子集釋》，548。類似的例證為：〈繕性〉「反一無迹」（555）。

57 郭慶藩，《莊子集釋》，198。

58 郭慶藩，《莊子集釋》，552。

59 郭慶藩，《莊子集釋》，552。

60 郭慶藩，《莊子集釋》，992。〈徐无鬼〉「終身不反」（835）大概也是類似的例證。

61 郭慶藩，《莊子集釋》，591。

的確預設某種本真「性分」的存在，還是甚至可以按照非形上學觀點來理會該所「守」、所「反」？不管如何，卻還需要特殊的「活動機制」，非得應用某種擴大自身權能之越界工夫，才能返回到自身來嗎？

依照古希臘哲學，任何個別行動、運動或變化若有「益」則必有「極」，有開端亦有「目標」或「極致」（telos），是從事先的「尚未」、「潛存」狀態往「現實」狀態進展的現象。可是，人的生活運動本身則不同，人生是「反覆終始，不知端倪」[62]，也就是一種生死之間「業已」開始發生之無窮盡運轉。人生時時刻刻恢復自身所自的「開端性」，人生的進展具有反射性，而不是直線的增益或減少。若從《莊子》看來，生命之運轉則其實與亞里斯多德對「運動」（kinēsis）所下之定義恰恰相反，它不等於是「某存有者對潛在可能性之實現」這種將「潛存狀態」轉成「實在狀態」、實現內在「目的」之成長過程[63]。個人生命這種運動情境根本不能置放於存有論範圍之中，生活不是一個「存有者」，但它也不是順著時間流進展，於是它亦無增益、減除之餘地，也就是人生亦可能有任何「益生工夫」。人生類似循環中無始亦無終之無窮盡反覆運轉。因此，人生就可以隨時歸回至其「初始」，開啟海德格所言之另一次「肇始」。因此《莊子・德充符》有對話云：

　　「莊子曰：是非吾所謂情也。吾所謂无情者，言人之不

---

62 郭慶藩，《莊子集釋》，268。

63 Aristoteles, *Physica*, 201b; Aristoteles, *Metaphysica*, 1065b22.

以好惡內傷其身，常因自然而不益生也。」惠子曰：不益生，何以有其身？」[64]

　　單獨依靠「自然」生活的人既無是非好惡之情，亦不企圖「益生」。某個人即便採取謀生圖利的策略，但他仍然能夠保護自身。依據《莊子》，個人好像並不可能透過擴張努力追求「身分」，反而當人得了生命時，他已開拓了此存在所涵蓋之一整個生活運動，而只要他仍處於生死之間，生活本身根本不可能被增益或減縮。此觀點彷彿接近於海德格哲學上的「實是性」。易言之，甚至死亡也不會損害「向死」之生活運動本身，只會剝奪所謂之生命。

　　難道「性修反德，德至同於初」[65]中言「至德」不可能就指日常狀態亦所包含之「開端性」？為何人人不能時時刻刻依據某種「逆轉收回」達成自身存在上的「開端性」？《莊子》為何不就提醒我們專注生活運動表示分秒不休之更新，呼籲我們帶出另一次獨一無二之「肇始」？假設《莊子》所遵守的思路確實與海德格相近，其所標榜的「返回工夫」不再隸屬增益、擴張、越界的邏輯，反而要求人由自身來切入一種轉折，即「自反」[66]之義，而且要向內、朝著「業已」歸返，即「反己」[67]之義。由於「至德」歸結到「初」，但此「初」顯明不異乎性命之開始，所以「至德」之可能性其實應該源自日常狀態所包

---

64 郭慶藩，《莊子集釋》，221-222。

65 郭慶藩，《莊子集釋》，424。

66 郭慶藩，《莊子集釋》，198。

67 郭慶藩，《莊子集釋》，852。

含之「開端性」。「无以反其性情而復其初」[68]一句彷彿一樣，指出要遺棄向外之增益、擴張努力，放棄對越界技術的野心，即脫離越界典範，而本身自生以來既有之性情上引起向內的一種生活轉折。

有鑑於上所引申根據，問題在於，要「返回」哪裡？所「返回」的目的地究竟是不是某種固定本質？假設藉由「逆轉收回」方式可以達成某種「開端性」，此歸返非得預設某種「實體」觀念，歸屬對某種「極致」的追求不可？一來，若依據〈秋水〉的「反於大通」[69]看之，經由「反」個人反而會放棄其固有之身分，而投入大運轉。「反」之目的地是動態的世界或世界中之處境，而不是某種固定「性分」。再來，依照〈至樂〉篇言「人又反入於機」[70]可得知「反」即是向內之「入」，而不是指向外之擴展甚或越界。而且人所投入之「機」本就已在運轉，可以將此「機」當循環運轉中之軸心理解。一旦某人、某物出生時，此「機」從一開始便貫穿人與物的動態生存，而「入」則指向該生活運動本身所圍繞之「機」。由此觀之，在業已發生的生活過程當中，個人確實可以抉擇不向外追求增益、擴張、越界，反而朝向自身生活活動本身回入。最後，〈徐无鬼〉篇言：

「夫大備矣，莫若天地；然奚求焉，而大備矣。知大備

---

68 郭慶藩，《莊子集釋》，552。

69 郭慶藩，《莊子集釋》，601。

70 郭慶藩，《莊子集釋》，625。

者，无求，无失，无棄，不以物易己也。反己而不窮，循
古而不摩，大人之誠。」[71]

依據此段文字可以肯定幾項：其一、及至自身生存運動本
身的返回並不將個人從周遭環境切割出來，反而讓其回歸至其
曾所在之場所，回應於其業已所具備之生活處境。其二、返回
一舉源自該處境本來無可爭取，亦無可損失的，它不需要任何
增益、擴大工夫，而一向備存。某一義下，茲云「大備」與海
德格云「業已是」和「實是」則相通。其三、返回一舉並不使
得個人存在局限於某種現成「性分」，即安分守己而不動，它
反而是在與外界無窮盡地變動通流之下讓個人繼續生活運動。
個人若可以進入自身「實是性」，個人一旦將自身生命力收回
至其原來所自之場所，隨而將自身生活運動集中於此運動的實
質發生本身上，這個人豈非獲得了無從度量生活運動之「質」？
一旦有生活運動在發生時，這個人不就在此發生正中存活，他
莫非就任隨著自身生活運轉而展開「實踐自我」？由此觀之，
「反己而不窮」則莫非相近乎「業已是」上無所不在之「開端
性」？

以上圍繞著業已發生這一觀點所陳述的「返回」與「返
入」若成立，剩餘的問題便在於，個人可以或者應當如何從一
個尚未實現此「反己」運動之狀態轉化成為實際上開始投入、
返回其業已在實行之生活運動？〈庚桑楚〉篇言：

---

71 郭慶藩，《莊子集釋》，852。

「汝欲反汝情性而无由入，可憐哉。」[72]

　　問題不只在於，要轉往哪裡，要轉成怎麼樣的生活狀態？更為迫緊的問題是，如何開啟此返回運動，並且從何而入自身生活運動？看來，此弔詭實踐問題則與佛學常論之「初發心」這種修行工夫上的關鍵有一些共同之處。為了就某個人存在的實際現況來體會此「初發心」的切入點，尤其是華嚴宗、禪宗乃至於當代京都學派都致力於展開場所之思。《莊子》中類似令讀者從具體處境著手的說法，至少有〈繕性〉篇云：

「危然處其所而反其性已，又何為哉。」[73]

　　個人尋求新的並且是另類的「肇始」時，千萬不可以捨棄自身曾所處之存在，反之，他務必首先「處其所」，才可能進行生活活動上的「返回」。看似悖論的這種「自反」究竟如何實踐？為了體會如何脫離此弔詭情境，不可以一直從增益實現的角度僅只來著重目標和結果，反而應該專注開端性問題，來探究：開始的開始如何開始？對此省思，只要將「逆轉收回」與「任讓情境」這兩個觀念歸結到具體的身體運動，便終於可以充分地展開其啟發性。不論《莊子》詮釋聚焦於個人對自我的關懷也好，還是其瞄準社會批判也罷，從各個視角看來，《莊子》其實呈現一種運動試驗場域。

---

72 郭慶藩，《莊子集釋》，782。

73 郭慶藩，《莊子集釋》，556。

六、「庖丁解牛」:「任」與「自得」

　　某種程度,形上學的本質論既是當代實現論以及增益、擴張、越界等典範的理論基礎所在,亦是對《莊子》的某種誤解的來源,不管是郭象主張「安分守己」,還是當代法語莊學文中尋求獨特的「權能」、「效力」及「自我技術」。於是,我最後試圖借助「任隨業已發生之運動」這種運動邏輯,也就是藉著「逆轉收回」這種具體的動勢來批判本質論。

　　尼采言「永恆回歸」與「權能意志」,是為了生命力上凸顯出某種返己局勢,指出對生活之實是性和「業已是」之肯定為關鍵,因此或許更恰當的說法還是「向權能的意志」。對於這種自相關連的意志結構,值得一問的是:尼采的「權能意志」論究竟是依附在創新和增益這種思路上,還是居然可以將之與中國古代的「無為」、「自然」等論述並提?究竟是在已有權能的狀態之下,還處於無權的情境,「向權能的意志」就可能產生?人生有沒有可能當其處於無能為力的狀態時,甚或以無能為力的某種獨特的、弔詭的實踐模式,仍然為自身爭取「權能意志」?若然,則應該有畢來德所言之一種「非自主的行動」(acte involontaire)[74]甚或一種「無意志的意志」恰恰是最適合產生最有自我權能的行為。然而,「無為」是否就意謂著這麼一種「非自主的行為」?我們是否可能「為無為」,即「為無為之業」?如何作為?最後一個問題:若尼采所構想之「權能」是於無能為力的狀態之下所產生,此「權能」莫非

---

74 Billeter, *Etudes*, 90.

就等同某種意義下的「任讓情境」，而這樣的生活態度究竟是否雷同於郭注以「任」、「安分守己」、「應物」及「自得」等觀念所標記之立場？還是寧可說，只有依照「逆轉收回」的邏輯，生活運動才會達成「無為」這種「質」，而它同理也才會培育既置於「權能意志」之下、亦是「非自主的」生活行為？

對這些疑問，〈養生主〉篇「庖丁解牛」確實有一些啟發。畢來德將庖丁看成是身體存在上引發了「變質」（transmutation），因而養成了進行「優良整合的活動」（activité supérieurement intégrée）的能力[75]。這樣看來，「庖丁解牛」這個故事重點在於庖丁的「自我修養」（culture de soi）[76]或「自我技術」（technique de soi）[77]，亦即庖丁本身相關的轉化，而並不在於其屠解牛之技巧和功效，但又不在於葛浩南另外所凸顯之「政治策略」這一面向[78]。若根據葛浩南另一主張，將「以神遇，而不以目視」[79]中的「神」當作身體活動的某種模式理解[80]，「庖丁解牛」則其實標榜一種「身體轉化」。那麼，在此論述背景之下，龔卓軍的解讀才提出真正重點所在，我特別留意的是這段陳述中的一些關鍵字眼：

---

75 Billeter, *Etudes*, 211.

76 Graziani, *Fictions*, 59.

77 龔卓軍：〈庖丁之手：身體思維與感覺邏輯〉，《中國語文論譯叢刊》，第21輯（2007年8月），32。

78 Graziani, *Fictions*, 57-58; 64-66.

79 郭慶藩，《莊子集釋》，119。

80 Graziani, *Fictions*, 59-67.

> 「彼節者有閒,而刀刃者无厚;以无厚入有閒,恢恢乎
> 其於遊刃必有餘地矣,是以十九年而刀刃若新發於硎。雖
> 然,每至於族,吾見其難為,怵然為戒,視為止,行為
> 遲。動刀甚微,謋然已解,如土委地。」[81]

首先,「以无厚入有閒」與「餘地」這兩個說法顯然違背
整個解剖學,不再著重屠解牛體的客觀過程和結果,而引進另
一個角度,來聚焦於身體運動的發生,以便揭示自我關懷與修
養工夫的立場。倘若從庖丁本身來看此情形,也就是若由庖丁
本身在此過程當中發生何事這個問題來觀之,便不得不注意這
幾句話中隱藏的視角轉換,以便有別與一般詮釋而推出這樣的
理解:當庖丁與外在對象即牛和屠刀打交道,也就是當他關連
到所謂現實外在世界的同時,庖丁似乎感覺自己根本不實質觸
及到此物件,在宰牛過程當中,亦即趁著宰牛這種具體行動,
其身體運動反而得以將所有向外的衝動逆向收回至正在被進行
的運動本身來,使得此番運動上所有因素都返歸至自運動之
中湧現出來的庖丁,而整個運動這就歸結至庖丁一種別類的自
我,亦即一個「實踐自我」。由此觀之,整個故事焦點在於個
人轉化,即庖丁本身的修養工夫,而不在於對外界之技巧、效
能的展開和增益。

再來,庖丁在其修養工夫中所實行的莫非是一種特殊的
「運動質」?庖丁莫非根本不再施行目的論下歸屬外在對象的、
呈現高手技巧的「行動」,此番運動工夫的特徵莫非不異乎僅

---

81 郭慶藩,《莊子集釋》,119。

是「逆轉」與「收回」？按照龔卓軍的闡釋，當「庖丁的手與
屠刀化為一隻小鳥，遊走在牛身的筋肉骨節空隙中」時，庖丁
不再作為一個有意識的「主體」，反而這裡「具體而微的顯現
了庖丁身體前的身體」[82]。接著，龔卓軍特別矚目於解牛這個運
動過程必定顯露出的某種「束縛」現象，乃是身體所施行的手
勢內部務必呈現「拘束」。在身體運動上，此拘束作用引發一
種運動式「審慎」，亦即「內勢力量上的『輕』與內勢力量上
的『慢』」[83]。

　　從「視為止，行為遲，動刀甚微」這一陳述可以看出，庖
丁的活動不但是向外有圖謀目的的行動，而且此活動的特質同
時牽涉身體的運動模式。尤其是整個活動在過程當中所面臨之
危機，會在身體運動本身上引起某種逆轉，使得此運動不再瞄
準成效作用，而似乎歸返至運動自身，以便在自身上引發「放
緩」這種效能。此刻運動節奏上產生的「徐遲」，則異乎以時
間測量方法得以計算的「減速」，這種緩慢不再歸屬於「量」
範疇。反之，關鍵在於，唯有在身體甚或身體運動實際發生當
中，一種「運動質」才能發揮作用，以至於治理該運動。《莊
子・天道》有以木材做輪子的輪扁回覆齊桓公，解說其斲輪之
手段所自而來：

　　「不徐不疾，得之於手而應於心，口不能言，有數存焉
　　於其間。」[84]

---

82 龔卓軍，〈庖丁之手〉，34。
83 龔卓軍，〈庖丁之手〉，35。
84 郭慶藩，《莊子集釋》，491。

　　《莊子》這些描述與上文稍微引申之書法理論對運筆模式之專注頗有關。書寫者跟輪扁、庖丁等人物一樣：經由運筆書寫鍛鍊對身體運動上的節奏和速率，他在身體運動本身上累積經驗。身體動作慢下來的時刻，身體運動遺離「意志」及「自願之行動」的時候，就成為身體運動本身衍生向運動自身的轉化能量的環節。此時此刻，身體運動上透露出運動走向「逆轉」的契機，身體運動就可能將自身「逆轉收回」。然而，運動本身上內在發生的這種轉向意味著，施行動作者要「任隨」業已開始發生的運動本身，要「讓」運動自其業已所經歷之時空過程和力道的實際發生那裡獲得激發，變成該運動所「自得」的運動趨勢，亦即某種不同於原來被意圖之行動目標的「運動質」。

　　基本上學界仍是傾向於以某種精彩的技法為主軸和出發點，所以將此故事的關鍵內涵歸結到目的、力量、方法等觀點，也就是將重點擺在絲毫不吃力、「有效率」地屠解牛體的一種神妙之技巧。即使從中被衍生得出的是「進乎技之道」這種觀點，但整個討論脈絡卻依然為行動理論與目的論所劃分出來。故此學界迄今往往聚焦於外部的觀點，多半僅只重複強調庖丁「與現實之行動關係」（rapport actif avec le réel）[85]的特殊性，反而相當忽略內在於庖丁、亦內在於化為時間而發生之運動本身的那種另類觀點，亦即「逆轉」的、「內部」的視角。然假設轉化式運動才是「庖丁解牛」這段敘述的焦點，再假設此運動中的轉化，或者說此轉化式運動，便會給追求「進乎技

---

85 Graziani, *Fictions*, 73.

之道」的庖丁產生真實的身體自我,即「實踐自我」,或許另外還可以推出這樣的論點:經過長久的轉化工夫之後,或者更恰當地說是在此持續的轉化工夫當中,庖丁以「自然」、「自得」的方式一直不斷所繼續磨練的正好就是這種運動模式、「運動質」本身而已。易言之,庖丁整個修養努力只是為了此修養活動本身,而並不是在此之外別有一個目的,例如宰解牛體或保護刀刃的銳利。與其說庖丁所鍛鍊至熟的就是解牛之技藝,倒不如說其解牛活動在發生的時刻「自然」就轉成一場「逆轉收回」的運動工夫,師傅解牛這個工作其實就轉成一番修養工夫,提供庖丁一個機會,讓其身體運動以及自己的動態自我得以轉化。然而,此修養活動是「自得」而產生,也就是說庖丁根本不有意地、技術性地追求這樣的自我轉化,他反而是憑藉解牛工夫自然而然就能夠「讓」轉化發生。易言之,庖丁並未致力於轉化,但賴於其獨特的「運動質」,庖丁就能夠動著手而「等候」[86],直至其運動進入自得引發,而且此時刻運動本身自然自得所發揮的卻又復不過是同樣的內向逆轉與收回。

其實是庖丁的運動本身,在其發生之時刻當中,以「逆轉收回」式的運動來吸收本來具有外在目標、亦具備技術性的手段的運動,隨而讓整個活動止於僅僅「返回」至其業已在發揮作用的「實是性」,讓另外無所謀,單單只是任隨運動本身。庖丁的工夫不在於某種技巧,亦不在於其恢復某種原本的「物我一體」狀態或者培育某種「本質」、「本性」。反之,庖丁工

---

86 Heidegger, *Aus der Erfahrung des Denkens,* 49; 54; 57.

夫在於運動本身上發生的、亦即涉及身體運動模式本身的某種逆轉式「返回」，他實行的是運動本身向自身運動而收回，而且此收回勢必為自然而然發生的。由此可得知，「自得」、「自然」這一環節意味著，運動者關連到運動中湧現出來的動態自我，使此自我全然「任隨」在運動當中「業已」產生的一個「運動質」。換言之，恰好經由身體運動的「業已在發生」，而且恰好是藉由獨特的「運動質」，亦即向運動本身「逆轉收回」的運動模式，現代稱之為「主體」的那個意識自我便得以全然「任讓」身體運動，也就是全身融入介於「將來」和「業已是」之間、化為時間的「實踐自我」。

討論至此，已稍微明白的是，借助「庖丁解牛」哲學便可以解構諸如「行動」、「意志」及「權能」等核心範疇。應當質疑的是，「意志」究竟局限於心理狀態？還是從一開始「意志」奠基於身體自我的某種「權能」，因而必然預設某種「業已」在發生之運動？若然，某種「收回意志」則可以被理解為「將意志收回」，而且不再是有著某種「自由意志」的主體能夠如此作，反而是運動本身在其已開始之後便將對運動的意志收回至運動所發生之處。這樣看來，「返回」工夫就可能作為批判甚或抗拒並解除「意志」的某種運動模式，而不再像是一般所謂的「非自願」（involontaire）或「反意志」（anti-volontaire）狀態。上述「逆轉收回」這種落實於身體運動上的發生卻不雷同於「毫無意志」、「無所為」甚或「無所謂」這種單純狀態，而與諸如「安分守己」、「順其自然」、「無物不應」等態度實亦有別。此處暴露出來的是另一種意義下的「反意志」，這種「運動質」是倚靠意志，以便進行逆轉而終究脫

離意志的一種收回。淵源自意志、源由意志被促使的運動，便藉由運動本身為因緣而得以「自然」轉化，成為自行返入實際運動本身這種純粹發生。

　　那麼，假如我們根據葛浩南的《莊子》解讀，將庖丁所體現之「養生術」視為具有政治批判色彩的模範，再假如對文惠公而言，這種「養生術」是企圖推翻政權的力量，那麼所推出的結論會是：廚師的「養生術」等於是身體運動上引發之「逆轉收回」，而看他表演的公侯如果願意讓此「養生術」落實於自身存在以及自己的身分上，與廚師不同，為了追求此「養生術」，文惠公必須就其所身處之具體處境著手，必須就自身所體現之權勢親身投入類似的「逆轉收回」。公侯要逆轉收回，轉化自身存在時，他勢必從其業已在實執之、充滿權力之行政切入。易言之，為了以管轄者的身分模擬宰制牛的廚師，公侯必定要返回至其本來所處的管轄活動本身，要在其行政過程內引起「逆轉收回」，否則其一整個對庖丁之「養生術」的體會和掌握便僅僅只是理論上的、抽象的認知，不可能導致具體的轉化實踐。然而，這樣一來，「庖丁解牛」這則故事所隱含的批判力量及對抗力量，比起葛浩南所凸顯出的象徵性的政治批判，所更關切的乃是轉化本身作為一種「逆轉運動」這一環節。尤其是「庖丁解牛」這則故事便使得《莊子》變成某種非常具體的「運動試驗場域」。

　　最終可以針對此節所圍繞的問題意識試圖給出這樣的答案：只要某一個運動正在發生，經由「逆轉收回」此運動可以轉回至自身的內在「開端性」，而導出新的「肇始」。投入於該運動之一舉的開始乃又再是一番運動，即「逆轉收回」這

種「運動質」下持行的運動本身。若「業已」開始成為新開始的開始，此「業已」或「實是性」指的則不是時間流上某個零點，也不是形上學的某種太初或本質，反而是活生生的、業已在發生的、內部產生一切時間性和導向的運動本身。唯有當人業已開始運動之後，他才可能以「逆轉」方式「入」於此運動，而「收回」此運動一直所循隨之向外越界局勢。易言之，批判、對抗增益、擴張的發展邏輯的可能性取決於「逆轉收回」這種內在的「運動質」，而且此「逆轉收回」之可能性又再源自正在發生之運動本身。人要業已沉淪於日常中的操勞，方才可能以「逆轉收回」一舉歸返至此操勞活動所隱藏之內在「實是性」，投入本來已在的「開端性」並採取「遜讓」、「等候」狀態，以便藉由「任讓情境」帶出操勞存在之原本的「肇始」──亦即繼續操勞。只有透過實際運動，生活運動才可能將自身收回來，只有實際運動，才可能解開生活運動之悖論情境。然而，為了抗拒當代的增益、擴張、越界部署，比起由此部署內部著手，藉由「逆轉收回」的方式，在整個擴張局勢內部具體開始引發顛覆力量，豈還有更勝者？

七、結論

只有將一切基本範疇都進行解構，我們才可能體會我暫且稱之為「逆轉收回」這種生活態度及生活運動的意義。類如《莊子‧齊物論》所主張，世界的流變即「無始」，而哲學自從古希臘時代開始所尋求並探究之「太初」（arkhē）根本是不可能的，根本沒有任何「原初狀態」或「自然狀態」。因此流變

和運動上發生的「逆轉收回」既不等同一種捨棄，亦不可被理解為返回至某種本原的存有狀態。反過來，若將海德格與《莊子》並論，便可明白，「開始」、「初始」等概念的意味要重新定義：唯有經由「逆轉收回」的方式，生活才可能「歸返」至內部的「開端性」，以至於重新「肇始」。此逆轉運動以外無任何「開始」可言。

　　雖然《莊子》一書中多處「反」字很可能引起我們甚為嚴重的誤解，但關鍵在於，我們應該將「反」與他處，尤其是在郭注中多次出現的「任」及「自得」這兩個觀點結合起來，方才可能對此想法得到恰當領會。只有我們將「逆轉收回」，而且是「自然而然」所得之轉向來解讀該「反」，才可能體會到生活自行「收回」所指的乃是運動本身上的特質，亦即獨特的「運動質」：當生活運動發生時，其向外的趨勢便必須被運動本身加以向自身轉回來。唯有當我進行這種模態之下的「逆轉」式運動，唯有當我的生活是以任隨工夫來「體任」業已發生的生活運動本身，亦即投入一個「實踐自我」所代表的「實是性」而收回實踐運動本身，這樣的「反」便不再有任何所歸結之「來源」及「目標」。只有當「業已是」的處境不異乎就是被任隨的逆轉運動本身，是「任」、「自然」、「自得」方才成為可能。易言之，「逆轉收回」式的運動模式不應該呈現任何目的性或走向、趨勢，它僅只應該就事論事。「逆轉收回」應當是於正被施行的運動本身上發揮效應，而且針對正在發生之生活運動，此「逆轉收回」才輾轉變成一種「任讓情境」，是對自身存在至處境的動態承受。

　　假設在生活運動本身上落實的這種「逆轉收回」工夫可得

驗證，這便表示，「文化界」和「自然界」之間的區別早已瓦解消逝。與其說文化的努力是為了要回歸至某種原初、全盤皆自然這種狀態，還不如說，文化以第二意義下的、道家思想下的「自然」模式，完全地自行將自身「逆轉」及「收回」。若由古典歐洲哲學視角來觀之，這也就意味著，是透過某種文化工夫，所謂的文化之他者，即現代意義下的「自然界」，就會重新被收入到生活實踐的發生本身上來，而反過來，透過文化的實踐化、工夫化、運動化，文化才可能與自然合為一體。

　　一旦當代思考者從身體運動方面來解讀《莊子》時，便不適合在庖丁的技術上仍然追求置於目的論之下的某種宰制功效。如果「養生術」所涉及的「運動質」本身受著重，則得以矚目於業已發生的「實是性」，而當代批判思考從《莊子》中獲得的刺激乃令其「任隨」、「返入」其自身所處的實踐場所。與其跟隨當代非常歇斯底里的緊張所關切之「量」，我們還不如發揮《莊子》和海德格共就運動之內在時間性和「開端性」所回溯之「質」。換言之，唯有當我們任隨現況，並在其上引發「逆轉收回」工夫時，我們才得以脫離增益、擴張的當代局勢，以至於由內在的立足點來實際開始批判、對抗並轉化此世界部署。

第八章

由列維納斯的回應思維與日本石庭來談論《莊子》「與物化」

一、緣起：歐洲哲學論物化

　　中國古代的物化論以及一般中文語境中的「物化」一詞，
與所謂的西方自從黑格爾以來以「物化」（Verdinglichung,
réification）的名義所思考的現代現象截然不同。大致來說，歐
洲哲學通用的「物」（res, chose, Ding, thing）、「對象」或「客
體」（Objekt）以及「存有者」（on, ens, étant, Seiendes, being）
等概念所指相近，甚至一致，其基本意涵大約為「占據某個
空間方位並且於某個時間點於此處『現身在場』（anwesend
sein）而可被感知到的單元」。於是，「物」多半涵蓋除了人之
外的「萬物」，抑或此詞指涉「無生命力的實有者」。另外，
例如亞里斯多德的「這個某件」（tode ti）與康德的「物自
身」（Ding an sich），「物」有時候也可能標誌著「語詞」、「名
稱」、「概念」的相反單元，亦即某種無名的、思維不可及的
「他者」、「陌異者」[1]。歐洲傳統上的物化論所設想的「物」僅
指「無生命的物體或對象物」（toter Gegenstand）這個意思。
於是，「物化」首要意義是「將……化為物」、「將……視為並
對待為物」，而且通常有負面的意思。針對當代所謂的物質文
化，而且特別是針對人被物化甚或也將自身物化這種情形，歐
洲哲學界長期以來試圖以「人格」（Person）的名義為人類重
新掙回自己的獨特性，亦即「人性」。例如廣義歸屬現象學運

1　有關此概念的歷史發展可參考 Joachim Ritter（ed.）, *Historisches Wörterbuch
　　der Philosophie*, Basel: Schwabe 1971-2007, "Ding" 條；Martin Heidegger, "Das
　　Ding," Heidegger, *Vorträge und Aufsätze*, 157-175.

動的謝勒（Max Scheler）強調他人有感情，而且也擁有他人獨有的意義脈絡，他人有表情而可以藉由一種親切感或「同感」（Sympathie）被我所體認，故他人與物有所不同[2]。依照法蘭克福學派霍耐特（Axel Honneth, 1949-　）的分析[3]，歐洲哲學上的「物化」問題源自宰制世界中人人將他人或自己都視為並對待為無生命、無意義視域、亦無感情的物品[4]。從這種負面的應用來看，歐洲的物化概念不僅暗藏一種哲學抉擇，而且也呈現某種片面性。在歐洲流行的物化論從一開始將「物」、「物品」所指化約為「死板的物件」、「對象」、「客體」、「商品」等意[5]，以便與「人」、「人格」[6]、「主體」等概念劃分出一種原本的存有論區別。再來，人際關係應當被理解為平等且活生生、彼此互相尊重「承認」（anerkennen）並「參與分享」（anteilnehmen）的關係[7]。但人與物的關係卻被視為上對下的關係，而且服從人際關係的「物」仍然被歸結至存有論與認知論架構，或者「物」僅只被理解為人所操作的工具、器品、商品。

　　以上所勾勒的基本見解，即辯證法思考架構之下，人與物這種生活關係的多樣面貌通常被哲學理論所忽略，而近來大概

2　Max Scheler, *Wesen und Formen der Sympathie*, 6. Auflage, Bonn: Bouvier, 1973.

3　Axel Honneth, *Verdinglichung. Eine anerkennungstheoretische Studie*, Frankfurt a. M.: Suhrkamp, 2005.

4　Honneth, *Verdinglichung*, 15; 22; 42-43.

5　Honneth, *Verdinglichung*, 15; 42-43.

6　Honneth, *Verdinglichung*, 15; 22; 42.

7　Honneth, *Verdinglichung*, 27; 38; 42-44; 46; 53; 62; 79; 89.

只有媒介理論以及海德格、梅洛龐蒂、列維納斯等現象學家才反對這種物化論與社會論常識，推展種種另類的觀察和探索，而且對「人格」、人際關係以及與物化現象密切聯結的倫理學問題，列維納斯尤其導出嶄新的理解。大體來說，列氏仍舊以古典存有論以及近代認知論為探問架構，也繼承整個意識哲學的問題意識，因此在其對倫理學所追求的突破當中，他並非將人與物的關係視為平等或當成主要哲學關懷看待，而且他亦未解除歐洲物化論的片面性。然而，在另一方面，列維納斯是就人際關係在「回應」（réponse）的情境與倫理學上的「責任」（responsabilité）這兩個環節之間揭露了一種非常原本的關連，而且這種回應式的聯繫其實可以擴充來容納人與物之間的關係，給相關探究導出另類且重要的洞察。有鑑於這種考量，本文將透過一番雙向跨文化探索，借助列維納斯的回應論重新解讀《莊子》物化論對歐洲的物化問題所提供的啟發甚或突破。

二、列維納斯論物與「回應—責任」

在早期代表論文〈總體與無限〉[8]中，列維納斯的思想與歐洲哲學物化論的立足點基本上吻合，是以批判態度將「物」（chose）理解為感官知覺的脈絡和對象。從一開始，列氏給「物」貼上存有論身分，將其界定為「存有者」（étant），並主張「物」乃是以物化霸權支配人，逼迫人落入非自由的自我

8　Emmanuel Levinas, *Totalité* et infini. Essai sur l'extériorité, Leiden: Martinus Nijhoff, 1971.

異化[9]。可是，列氏也提示傳統形上學忽略實際存有的物作為物所具有的「他異性」（altérité）和個體性（individualité），形上學致力將萬物皆轉成普遍概念，將物歸結至思想我、主體所展開的「同一者」[10]。由此觀之，「物」對於人基本上標記某種人跨不過的「外在性」（extériorité）[11]，萬物代表某種「非透明狀態」（opacité）、「抵抗」（résistance）及「醜惡」（laideur）[12]。然另一方面，萬物有助於奠建人際關係以及「公共體」（communauté），人仰賴「體物」（don）以「達到」（atteindre）並「承認」（reconnaître）他人[13]。再來，萬物不但是有目的性的工具和器品，萬樣物品也提供某種「獨立性」（indépendance）與某種「享樂」（jouissance），物即是「生活的優雅」（la grâce de la vie）[14]。最終，萬物與他人不同，萬物這種外在性並無「面容」（visage）[15]。反過來，他人的臉面即使作為某種對象物並且在萬物當中顯現出來，但他人的面容與其他可見的物品還是截然不同，因為他人面孔是進一步「穿透破除」（percer）自身外貌的[16]。對照面而來之他人的這種觀察在他人身上具體揭露他人外觀之外、之前業已存在的「他者」

9　Levinas, *Totalité et infini*, 23.

10　Levinas, *Totalité et infini*, 34-35/148.

11　Levinas, *Totalité et infini*, 137.

12　Levinas, *Totalité et infini*, 71.

13　Levinas, *Totalité et infini*, 74.

14　Levinas, *Totalité et infini*, 113/145.

15　Levinas, *Totalité et infini*, 149.

16　Levinas, *Totalité et infini*, 215.

（l'autre），而且這就是列維納斯美學與倫理學的糾纏點，也是其回應論的出發點。

　　依據列維納斯，他人作為他者便不可能或不適合成為我的「對象」（objet），他人面孔的顯現不雷同「物」所代表的「現象」（phénomène）[17]，他人面孔在我面前顯露之際，它「逃脫任何表象」（il echappe à la représentation），而且它甚至是「現象界的失敗」（la défection même de la phénoménalité）[18]。易言之，相較於主客架構下被我掌握之物，他人對我有著截然不同的「外在性」，以致我無從規定、界定他人。原因在於，他人面孔雖然是在我的世界視域，在我的對象物之間浮現出來，但他人不再可被還原至「物」或「存有者」這種身分，因為與物不同，他人的「眼神」（regard）在看著我[19]，而且此眼神等於是照面而來的一個「絕對為陌異者」（absolument étranger）[20]。自他人面孔中湧現出並來觸及、干擾我的，是一種「探問」（question），他人眼神在要求我給他某種「回應」（réponse）[21]。這表示，超出我的經驗範圍的「死亡」（mort）僅只可能自他人的面孔中照面而來，以至於只有他人的可受傷性以及他人終有一天要死這一事實，才可能將我逼入我對他人不得不負擔起

---

17 Levinas, *Totalit*é et infini, 234.

18 Emmanuel Levinas, *Autrement qu'être ou au-delà de l'essence*, Leiden: Martinus Nijhoff, 1978, 112.

19 Levinas, *Totalit*é et infini, 229.

20 Levinas, *Totalit*é et infini, 235.

21 Levinas, *Totalit*é et infini, 193.

的「責任」（responsabilité）[22]。

　　他人將我自萬物世界，即存有者的脈絡切割出來，使我過渡至另一種意義下的「存有」（être），而他人在我的當下所發揮之「回應的緊迫」（urgence de la réponse）便如同荊刺一般將我牽引至「責任」。列氏界定為倫理之前的責任這個概念，需要依據法文字源學的聯繫理解為「回應—責任」，它指涉一種實現在回應活動當中的責任，而且這種動態式的「回應—責任」也就代表我自身存在的「最終的現實」（réalité dernière）[23]。這樣一來，雖然某種意義下是他人賦予我存在，但這並不表示，「絕對為他異者」（absolument autre）[24]的他人並不拘束我的獨立性，正好相反，當他者「呼求」（appeler）我[25]，使我以「回應—責任」的方式承擔我自身存在的時候，他人也就「奠立」（instaurer）我的「自由」（liberté）[26]。照面而來的他人面孔的「表情」（expression）和呼求雖然是「無從避免之

---

22 Levinas, *Totalité ct infini*, 195.

23 Levinas, *Totalité et infini*, 194.

24 為了盡量辨別三種意涵稍微不同的範疇，我建議以意思具體的「他人」翻譯法文autrui，對應德文der Nächste或der Mitmensch，而「他者」則更加著重他人的理論身分，專指法文l'autre與德文 der Andere。再以抽象概念「他異者」指涉他人、他者甚或物品均所代表的現象。「他異者」對應法文l'autre（en tant que tel）或德文 das Andere，而「他異性」對應altérité或Andersheit。最終，「陌異者」與「陌異性」則對應德語現象學專論的das Fremde與Fremdheit。

25 Levinas, *Totalité et infini*, 234.

26 Levinas, *Totalité et infini*, 214.

事」（l'inéluctable）[27]，但他人的他異性並非雷同萬物給我連帶
的那種抵抗，他人的呼求並非暴力地限制、剝奪我的自由，
相反的，此呼求正好將我引入至向他者敞開的回應處境，進
而賦予我存在以自由，也就是經由我與他人這種「關係的斷
裂」（discontinuité du rapport）來展開貫穿我一整個存在的一種
「倫理關係」（relation éthique）[28]。雖然我不可以拒絕這個「回應
—責任」，雖然我不可以自由地抉擇不要承擔我的「回應—責
任」，但我的自由還是在於我能自由地選擇我的回應方式[29]。列
氏所言的「回應」不是對現象界中萬物的「反應」（réaction）[30]，
對他人面孔之「倫理湧現」（épiphanie éthique）[31]的個別不同且
自由的回應等於是「倫理行為」（acte éthique）[32]。在他人呼求
我而將我引入至「回應—責任」之際，他人贈我如同「禮物」
一般的存在[33]，他人也就讓我組成我的自我[34]。就此自我而言，
對他人的「回應—責任」乃是其「主體性的非場所」（non-
lieu de la subjectivité）所落實之處[35]。易言之，在我整個存在被
他人所呼求、要求之際，我等於是「被詢問的存有」（être-en-

---

27 Levinas, *Totalité et infini*, 219.

28 Levinas, *Totalité et infini*, 222.

29 Levinas, *Totalité et infini*, 241.

30 Levinas, *Totalité et infini*, 234.

31 Levinas, *Totalité et infini*, 249.

32 Levinas, *Totalité et infini*, 242.

33 Levinas, *Totalité et infini*, 229.

34 Levinas, *Totalité et infini*, 303.

35 Levinas, *Autrement qu'être*, 12.

question），而我這個「主體就是人質」（le sujet est otage）[36]。

　　然而，特別值得斟酌的是列維納斯在此倫理之前的呼應關係中所凸顯的時間情形，亦即「落差式的時間性」（temporalité dia-chronique）[37]。「回應—責任」並不表示某人在因果關係下針對某種呼籲來聽從命令而給出回覆、答應。這種回覆或答應所瞄準、牽涉的是屬未來的一種行為。可是，他人的呼求將我關連到某種無法挽回的過去：由於他人對我發出的呼求業已將我引入了我的責任，即便在時間序列上我的回應活動預設被呼求才能發生的行為，但就其倫理學的「質」來說，此回應都會是「遲來」的，它「來得晚」。這表示，回應活動本身不是自發性的活動，當它興起之前，它早已經處在「回應—責任」這種處境之中，內在於尚未發生、即將發生的回應本身中存在著某種「業已經完成」的狀態。

　　依據列維納斯，「回應—責任」呈現一種弔詭的「逆時顛倒」（bouleversement anachronique），因為對於任何具體的呼喚，我的「回應—責任」乃為「預先而業已發生的」（antérieure）[38]，或者說在我接觸到他人之呼求並回應之際，我都已經處在責任之中。於是，「回應—責任」所標記的就是一種介於我和他者之間發揮作用的「歷時狀態」（le diachronique），而且仔細想想，此歷時關係其實等於是一種原本且無從跨越、穿越的「時間—落差」（dia-chronie）。在「當下在場」

---

36 Levinas, *Autrement qu'être*, 142.

37 Levinas, *Autrement qu'être*, 68.

38 Levinas, *Autrement qu'être*, 16; 131; 139.

（présent）的一切與「不可被當下在場化」（non-présentable）
的他者，在這兩端之間有一種原本的「間隔」（écart）揭露出
來[39]。

　　基於我和他人之時間這兩個時間脈絡性質上呈現的隔閡，
甚至在我立刻回應他者的呼求之際，我還是無法滿足他人，處
理、解決他人的要求，我永遠會遲到，因為我的回應活動都
遲來於內在於回應本身的那個業已先行生效的、我脫離不掉
的「回應—責任」[40]。基於我的時間和他人的時間之間從一開始
裂開了一種「時間—落差」，因此我的整個存在從一開始也就
是在他人之後的遲來者，我是在他人面前「裸裎露出」（être
exposé），而我的基本存在處境就為一種被動狀態所貫穿[41]。由
於我與他人的關係當中時間序列發生一種「逆時顛倒」，因
此我與他人，我們兩個不屬於同一個時間架構，我們之間並
無因果關係一般的、直線的「歷時」關連，自他人的呼求和
我的回應這種「歷時」關係透露出來的，反而是一種時間斷
裂，即「時間—落差」。於是，他人抵抗與我共享的「共時性」
（contemporanéïté），而經由「時間—落差」之謎團他也就發揮
一種原本的「超越」（au-delà）[42]。

　　總結以上，列維納斯嚴謹批判存有論以及近代意識哲學，
亦反駁傳統倫理學。對列氏而言，傳統倫理學都將他人界定為

39 Levinas, *Autrement qu'être*, 13; 68.

40 Levinas, *Autrement qu'être*, 15.

41 Levinas, *Autrement qu'être*, 18; 63.

42 Levinas, *Autrement qu'être*, 23.

存有者，試圖在他人的存有性質本身上凸顯「人格」，因而必然會錯過他人的他異性。這樣一來，倫理學根本無法為了他人的存在價值論證，並實際奠建倫理學與道德責任。依據列氏，倫理學必定得要根植在一種倫理之前、倫理之外的原本經驗：他人業已向我發出呼求，要求我以我一整個存在回應於他的要求。當我對他人的呼求不得不給出某種回應，這種倫理規範前的「被要求」才是任何倫理學的根源所在。他人作為絕對他異者，而當他藉由其面孔、眼神對我提出要求時，他人也就解除屬我的同一化世界脈絡，而且此情況貫穿我一整個存在，它等於是一種衝擊發生。再者，對我的存在時間以及屬我的世界而言，此發生具有優先性，它是在我接觸到萬物之前業已支配著我，以致我無法躲避他者的要求，我無從避免回應於此要求。我對這種自他方而來的要求不得不作回應，這就等於是說，我從一開始對他者有責任在身。人的基本處境就為他的「回應─責任」所組成。

　　乍看之下，以上所勾勒的列維納斯思想與歐洲物化問題的關連在於，列氏推翻了倫理學、認知論將他人僅只視為「他異我」（alter ego）這種斷定，進而徹底排斥將他人「異化」與「物化」這種源自該思考架構的實際結果。絕對為他異者的他人不似一般存有者是一種存有物，所以千萬不可以忽略其固有的人性而將其對待為「物」。列維納斯的批判思考聚焦在於，要證成傳統存有論與形上學如何導致這種歷史詛咒。然而，更深入來看，列維納斯之極端化的他異性思想超出其他當代倫理學立場。列氏所追求之倫理前的責任捨棄了常見的理論策略，因為對列氏而言，「人格」這種範疇仍屬存有論脈絡。一旦他

人僅作「人格」，其「他異性」早已經被屬我的存有世界所吞噬，他都已經變成了主體的對象，亦即「對象物」。毫無疑問的，迄今為止在歐洲哲學中，列維納斯圍繞呼求的業已先行發生和回應的不可避免性為主軸所導出的思維，針對物化乃是最深刻徹底的反駁。列氏所鋪陳的回應論架構大概也是唯一讓當代思維真正能夠解構存有論、形上學以及認知論的權勢。

可是，若反過來由一個當代的跨文化思維局面來觀之，列維納斯思想雖然對跨文化思考具珍貴的啟發，但此思想本身還是呈現嚴重的盲點：就列氏所帶出的許多觀察、反思和現象學描寫而言，此思想不但依然深刻根植於一個歐洲式的生活世界，而且它也以某種古典的柏拉圖主義為出發點，又復以猶太教的超越理念為軸心，故此它難免落入當今已不合時宜的歐洲中心主義。跨文化思維若以物化這個議題為橋梁，嘗試承襲列維納斯的回應論，便可以鬆解列氏由於倫理學關懷所落入的局限，隨而將其最核心的論點向萬物現實擴充。易言之，與其從一開始聚焦在人際關係，倒不如研究物我關係，探問：在人與世界萬物打交道當中，萬物是否類似列維納斯的他者一樣，也帶出某種他異性，發出某種呼求並要求人給出某種回應？

根據中國古代物化論與美學經驗都可以反對歐洲物化論乃及列維納斯的物論，推斷「物」原則上不應當被歸類於「存有者」、「客體」、「對象」等哲學身分，萬物與列氏所專注的他人反而有一種關鍵的共同點：對人而言，物作為物一樣代表華登菲所揭露出來的某種極端化的「陌異性」（Fremdheit），而且正好是隱藏於物界的陌異者這種現象將世界敞開。於是，只有透過對物品的另類「承認」，經由某種與歐洲所關切的物

化危機背道而馳的「與物化」，當代人才可能重新獲得一個實質的世界。然而，只有當人已經鋪陳所有倫理學總預設通往世界、通往共在的他者之道路之後，人方才可能向他人開放，並「歡迎」（accueillir）他人的面孔[43]。恐怕只有當我們重新給自身開啟一個名實相符的世界之後，我們才可能承擔我們的「回應—責任」，實際聆聽他人的呼喚並回應。由此觀之，對物的承認以及人的某種「與物化」儘管可以按照列維納斯的回應思想更深入被理解，但「與物化」這種情境同時卻也應當被視為列維納斯之倫理前的「回應—責任」所預設的先在條件。接著首先就第一個項目延續列維納斯對他人面孔的現象學省思，來闡明人與物打交道此事與回應究竟有何種關係，然後藉此理論基礎，依照《莊子》探索一種回應於萬物的「與物化」作為人的生活理想。

三、日本庭園中的立石：由物觀物

　　獼猴與寵物通常讓我們感覺自己被這些動物看視、呼喚，我們會強烈感覺到動物的面容彷彿有表情，其眼神如同他人一般有著某種難以閃避的表達性質，動物好像在要求我們得要對其負擔某種責任，得要回應於其整個存在的陌異性。更為悖論的情況則在藝術上透露出來：各種藝術品宛如只是「死板物件」，但實際上各式各樣作品皆以最完整又最深奧的方式展開物作為物固有的表達向度，呈現如人一般的「面貌」，似乎向

---

43 Levinas, *Totalité et infini*, 194.

觀者釋放眼光和呼求。然而，在所有藝術領域，人為園林而且特別是日本庭園組成一種極有藝術性但卻屬日常周遭的裝置，也就是將室內居住環境向戶外擴大[44]。尤其是鎌倉時代與室町時代期間發展出來的「石庭」和「枯山水」，就足以支持本文的關懷。這種造庭類型中的樹木和喬木、青苔與黃草、水流和水池、瀑布、巖石、白砂等物品，以最神妙的方式將藝術的人為作品與自然物品融成一體[45]，非常精準地顯露並省思物品狀態所包含的陌異性與物的呼求這兩個特徵。故此，茲從現象學的角度觀察日本庭園得出的若干現象為例證，其中特別專注布置在石庭中的大小巖石，即「立石」（たていし）這個美學因素以及鑑賞石庭立石的實際情況，進而思考物的物品狀態。

　　簡而言之，庭中以分散或堆疊成「石組」（いしぐみ）的狀態，在青苔或白砂中或豎立或橫臥而突出的立石群彷彿完全沒有經過任何塑形加工，似乎全然如其所是。故此，庭園中的立石很貼近於所謂的「自然物」，也非常適合讓人體驗物品狀態的各種特色，並且思考任何物作為物在其物品性質本身實

---

44 小野健吉，《日本庭園─空間の美の歷史》，東京：岩波，2009，132-133/151-152; Stephen Mansfield, *Japan's Master Gardens: Lessons in Space and Environment*, Tokyo: Tuttle, 2011, 12; Masao Hayakawa, *The Garden Art of Japan*, transl. by R. L. Gage, New York/Tokyo: Weatherhill/Heibonsha, 1973, 133; 144; Günter Nitschke, *Japanische Gärten: Rechter Winkel und natürliche Form*, Köln: Taschen, 1993, 158.

45 小野健吉，《日本庭園─空間の美の歷史》，131; Nitschke, *Japanische Gärten*, 106; Ulrike Kasper, *Ecrire sur l'eau. L'esthétique de John Cage*, Paris: Hermann, 2005, 101.

然所代表的現象。特別是經過長久日曬雨淋之後，這種自然
石頭和石群在形狀、色彩、紋理上通常體現千變萬化，顯然缺
乏甚或違背任何明確規定的面貌。立石群就等於是列維納斯
所批判的「純粹存有者」（pur étant），即毫無生活的單純「對
象物」或「客體」。某種意義下，就其遲鈍無自覺的「在己」
（An-sich-Sein）這種狀態來說，立石可以代表黑格爾所言「虛
空存有」（leeres Sein），也就是尚未經過任何「精神性協調」
（geistige Vermittlung）而無任何規定的存有物。於是，立石群
也符合阿多諾所提，為思維的極端相反，即「非同一者」、
「非概念性者」（das Nichtidentische, Nicht-Begriffliche）這種哲
學身分。

　　然而，出於一般常識以及傳統存有論預料之外的就是，自
然石頭這些似乎是遲鈍的物品，剛好便足以給庭園的觀者帶來
一種非常強烈且深厚的感觸與衝擊，以至於觀者或許感覺自己
居然被石頭所凝視。不管觀者參觀哪座庭園以及哪個時代的造
庭風格，也不管觀者以美學體驗的方式鑑賞哪種造庭構思和布
置，面對日本石庭中的立石群，人的心底幾乎每次都會湧浮一
種不安感，自己多少都會深刻感受這樣的悖論情形：石頭即使
為最死板不動的物品，即便在石頭與生物的活力以及人的人格
之間都隔著一種原本的、無從彌補的裂隙，但是石庭中許多立
石居然猶如他人的面孔一般，彷彿有表情與眼光，宛如在朝向
觀者來瞻望，甚或在靜默地呼喚觀者。這究竟表示什麼呢？

　　華登菲曾經承襲胡塞爾、梅洛龐蒂以及列維納斯等哲人
的啟發，詳細分析一般觀看現象的內部結構，進而揭示出任
何觀看活動奠基於某種胡塞爾命名為「觸發」（Affektion）甚

或「觸情」（Anmutung）[46]的被動狀態。借助這個學說也可以充
分釐清上述弔詭體驗：面對庭園之景的人所採取的觀看視角，
並非雷同近代歐洲繪畫憑據幾何學對空間深度所展開的、純屬
視覺的單一眼點透視法，也非等同現代攝影所營造的扁平透視
法。在庭園這種景觀的內部發揮另類作用的是一種「被生活而
帶出來的透視法」（gelebte Perspektive）[47]。此直觀現象表示，觀
景活動本身將人首先引入至一個具體的生活處境和時間綿延，
也就是使人首先立足於一個自己與萬物和他人共在的周圍情
境，才凝視觀照該「視覺對象」。關鍵在於，在這樣的觀看情
境發生的是一種視角轉換。猶如他人一般，景中萬物彷彿會朝
向觀者照面而來，而且如同日常生活的情況相似，此刻人與物
之間似乎會發生一種視線交錯，人與物相互看視，而且某種意
義下，此刻人也被物所凝視。

　　這種視線交錯的道理並不源自某種心理幻覺，亦非源自某
種浪漫的神祕主義，原因反而出在於一般觀看情況以及觀物本
來固有的結構。一個觀看活動實際上根本不等於是視覺理論一
向所假設的單向接收、收納，原本上所謂的觀看本身實該被理
解為一種雙向視線糾纏，觀看從一開始涵蓋看與被看這兩個面
向。可是觀看作為一種「雙重發生」（Doppelereignis）[48]而隱藏

---

46 Edmund Husserl, *Analysen zur passiven Synthesis. Aus Vorlesungs- und
Forschungsmanuskripten, 1918-1926*, ed. M. Fleischer, The Hague: Nijhoff,
1966 [Hua XI], 50/148-184.

47 Bernhard Waldenfels, *Sinne und Künste im Wechselspiel. Modi ästhetischer
Erfahrung*, Frankfurt a. M.: Suhrkamp, 2010, 142.

48 Waldenfels, *Sinne und Künste*, 110.

的被動狀態又不指類如兩人互相看視當中發生的那樣一個簡直的視線逆轉、交錯。關鍵反而在於，針對於先行已到來而觸及我的眼光、要求我去看的那件物或那邊的他人，我的觀看是一種遲來的回應，所以我總被某物某人逼使觀之。主動觀看活動中隱藏著一種被動的發生，任何觀看本來是「被物所初始激發」（von den Dingen initiiert）[49]的行為，以至於我的觀看之中業已包含我被使得要看，甚至我被某物如同他人眼神一般地要求非得看它不可。

　　這樣一來，難道我的視線與我的觀看不就必然會在觀看當中感覺我所觀看的對象其實也正在看著我嗎？德文「面貌」一詞對此原本的糾纏情形仍然保留著一些印跡，甚至中文「面貌」中的「面」亦如此：Anblick既指「面貌」，但又可被理解為An-blick，即「朝著我逆向來看」這種更為具體的詞意。易言之，如同任何「到來」（An-kunft）一般，某個面貌會向觀者釋放一種「到來的眼光」，以激發其回覆著的看視。任何被看視的對象一旦有面貌，它正好會向觀者散發眼光，也會「看」觀者。任何視覺對象其實藉由屬它的「面貌」、「面容」的眼光先已經「到來」而引發觀者的關注。依據華登菲，觀看是在他者、他異者與我之間湧現出來的一種「看視發生」（Sehereignis）[50]。

　　觀看實際上如此其複雜，在我的觀看中業已發揮作用的觸發結構包含一種糾纏關係，而且任何「看視發生」甚至類似列

---

49 Waldenfels, *Sinne und Künste*, 143.

50 Waldenfels, *Sinne und Künste*, 153.

維納斯所釐清的呼求和回應關係一般，它也隱藏一種無從消解的「時間─落差」，使得觀看活動本身都勢必遲來而回應於可見物的呼求。一旦是我被物使得觀之，我的觀看與其所觀之對象物都已經有著糾纏關係，內在於我的觀看活動便畢竟有「參與對象物」這種因素。由此觀之，難道這種「參與」不會被觀者不由自主地就體驗成是「我被物所看」嗎？而且，難道這種人對物所發揮的「參與」不就與霍耐特就人際關係所訴求的「參與分享」和「承認」相似，又與列維納斯論他人面孔業已呼求我乃頗貼近嗎？人與物之間互相參與的關係包含兩個值得再更深入探索的環節，亦即獨特的時間性和物向人所要求的尊重態度。談論焦點若縮得更小，而且只探究藝術上的觀看情況，可以將問題再繼續推進。

在迪迪許貝曼（Georges Didi-Huberman, 1953- ）探索鑑賞極微主義藝術品的情況時，他也是在「視覺」（vision）中凸顯出反向看視觀者的一種「目光」（regard），進而推斷，正在觀看的眼光被某種特殊的時間性所貫穿：有一種「喪失」（perte）和一種哀傷的「記憶」（mémoire）猶如鬼祟一般一直來「糾纏煩擾」（hanter）正在看視的眼光，使得視覺對象物即「可見的」呈現班雅明所彰顯的「靈光」（Aura）[51]，乃「即使切

---

51 Walter Benjamin, "Das Kunstwerk im Zeitalter seiner technischen Reproduzierbarkeit," W. B., *Gesammelte Schriften*, ed. R. Tiedemann/H. Schweppenhäuser, Frankfurt a. M.: Suhrkamp, 1991, I.2, 440; 479: "einmalige Erscheinung einer Ferne, so nah sie sein mag"（某種即使再近不可、但卻為遙遠之景象的獨一無二的顯露）.

近，卻又遠得不可及」[52]。對迪迪許貝曼而言這就表示，視覺中隱藏著一種原本的「反轉性」（convertibilité），於「我們所看見」（ce que nous voyons）之中另有「在看視我們並使我們關切它的某物」（ce qui nous regarde）[53]。基於這種原本的反轉性，觀看的眼光根本不能夠「主動」掌握到視覺對象，也不能夠掌握其全部。同理，石庭中的立石這種「物」乃藉由一種非常「密集」（intense）的狀態落入觀看的糾纏脈絡，它顯然就是一種「不可及」、「不可靠近」（inapprochable）的直觀對象。這種情況不但令觀者感覺自己被物所凝視，而且觀者甚至被物的目光逼入一種對此物的「尊敬」（respect）態度，也就是說觀者被彷彿有眼光而在看的那件物的面貌、面容置在一種自己無從跨過的「距離」（distance）[54]。然而，於觀看當中充盈對象物的這種「記憶」導致正在觀看的觀者感覺自己彷彿一直以來業已在看視此對象物。難道視覺對象給觀者釋放出來的這個「記憶」不就類似列維納斯所揭示出來的「逆時顛倒」，即物我之間湧現的「時間—落差」嗎？

　　依照華登菲和迪迪許貝曼對觀看情形所導出的見解已可充分體認到日本庭園所促激的那種弔詭的體驗。一旦我實質在看，也就是一旦我讓直觀這種「看視發生」實際發生，石庭中的立石群的面貌與我的眼光發生糾纏與呼應，那些石頭確

---

52 Georges Didi-Huberman, *Ce que nous voyons, ce qui nous regarde*, Paris: Editions de Minuit, 1992, 103-115.

53 Didi-Huberman, *Ce que nous voyons*, 19.

54 Didi-Huberman, *Ce que nous voyons*, 177.

實早已猶如他人面孔一般在看著我，是石頭本身乃呼求、觸發我的直觀。然而，對本文真正所關懷的課題，亦即物與他人是否有共同點，此觀看論述導出何種啟發呢？如今至少可以肯定的是，物的面貌猶如他人面孔一般，物也是以某種表情、目光來看，來干擾、呼求觀者，使得觀者自己所進行的觀看活動不得不是對該物眼神所要求的一種回應活動。再者，作為遲來回應的觀看既然被所看之物而引發，所以觀者就迫不得已，他必須尊敬、尊重該物。列維納斯引述讓華爾（Jean Wahl, 1888-1974）而提及「蓋吉氏戒指神話」，即自己能見但卻不被別人所看見的蓋吉氏（Gyges），以便與此相反地將物當成無面孔亦無眼睛而不能看見的一種「盲目的人」（personnes aveugles）[55]。然而，此說法本身也有盲點，因為某種意義下萬物確實在看視人。同理，在梅洛龐蒂樂觀地將觀看活動稱為「遠距擁有」（avoir à distance）[56]時，他恐怕依然讓意識哲學、主體性哲學的遺產過度誤誘。實際上視覺不等於是主體所進行的一種「擁有」，反而實況與列維納斯區分存有者這種概念和對他人面孔之被要求體驗時所推出的結論相似：某種意義下是人所觀看的對象物在看人，也就是人早已被逼使自己觀看它的對象物所「遠距擁有」。這樣一來，人與物之間的觀看關係也呈現一種「逆時顛倒」，由於這種「時間—落差」，觀者預先業已被所看之對象物引入至回應一般的觀看活動。物本身呈現人所無法還原的陌異性，鋪陳一種人無以跨越的距離，進而要求人以一種

---

55 Levinas, *Totalité et infini*, 55 note 1.

56 Maurice Merleau-Ponty, *L'Œil et l'esprit*, Paris: Gallimard, 1964, 27.

近乎倫理之前的「回應—責任」的方式承認、尊重保護它。

　　將話題再拉回來，日本美學對此哲學問題甚有啟發，因為日本的藝術和美學特別講究的某些環節都涉及人與物之間的關係。大致來說，這個關係呈現一種悖論狀況，因為人或自我與外界之間處處有某種「切」（きれ）發揮作用，而在此「切」將鑑賞者的實際處境與其所關連到的藝術場域之間劃分界限之際，此「切」同時也就將兩者密切聯結起來。此「切」其實既切割又連續，它標記非常原本的美學理念，即「切續」（切れ・続ずき、きれ・つずき）57。然除此「切續」之外，直接涉及人與物之間的關係的觀念還有「物真似」、「侘寂」、「幽玄」以及「物哀」。世阿彌元清（ぜあみ　もときよ）的表演藝術理論特別著重「物真似」、「物學」（ものまね），要求表演者以身體姿態學、模擬種種人或物的樣貌為基本演技58。能劇的演員應當致力以活生生的身體模擬的方式體現某物品的姿態和表達內涵。這種演技的關鍵並不在於模擬結果真實不真實，表演像不像，重點在表演活動之前：表演者要讓其準備要展示的人物或物品首先感觸自己，他要就物我之間早已存在的呼應聯繫，實行一種「設身處地」，以讓自己的表演活動被對象物那裡所觸發、引導59。換言之，「物真似」這種演技標誌人讓物呼

---

57 大橋良介，《「切れ」の構造：日本美と現代世界》，東京：中央公論社，1986，9。

58 世阿弥，《風姿花伝》，東京：岩波，1958，23-38。

59 Rolf Elberfeld, "Der Körper im japanischen No-Theater," Arno Böhler u.a. (Hg.), *Wissen wir, was ein Körper vermag? Rhizomatische Körper in Religion, Kunst, Philosophie*, Bielefeld: Transcript, 2014, [103-117] 108-115.

求自身，以至於實際表演不再是一種主動的仿效，展演本身反而等於是人對物的一種被動且遲來的模擬式回應。

　　另外，源自茶道的「侘」和「寂」（わびとさび）這兩個美學觀點落實在茶碗、茶碟等陶器以及竹片和木作的茶道用具上，而且場所，即「草庵」與周圍的「露地」式庭園乃及人進行茶道當中體現的言行，都要反映「侘」和「寂」這種素質[60]。故此，露地裡的立石與青苔等自然物也都會呈現「侘」和「寂」。「侘」和「寂」表示這些物品樣貌體現某些個別不同的特質和痕跡，例如形狀扭曲不均勻，物體上有裂口，表面色彩呈現曲迂的紋理或不均勻地褪色樣貌。這些「鏽味」喚起日常用品的單純情形[61]，使得人在鑑賞與運用當中獲得「自然」、「素樸」、「簡澹」、「寧靜」、「無常」、「失落」、「寂寞」、「無能」等既微妙又深刻的生活情調與感受[62]。藉由「侘」、「寂」這種美學趣味，敏銳的人會在物件上接觸種種獨一無二的「素樸情境」。具體化為物的素樸多少都會破除該物品的適用構成和形狀，也就是會鬆解其正常的用處。細小物品的素樸會自發擴大，傳染一整個周遭，使得任何其他的人和物都反映此素樸的趣味，隨而將人引入對人生與世界的整體省思。

　　這樣一來，素樸的物品會經由簡單的應用行為，以一種詩意的方式，在鑑賞、使用的人身上引發類似的純樸態度。可

---

60 久松真一，〈茶の精神〉，久松真一，《茶道の哲學》，東京：理想社，1973，70-103。

61 Nitschke, *Japanische Gärten*, 160.

62 Stephen Mansfield, *Japanese Stone Gardens: Origins-Meaning-Form*, Tokyo: Tuttle, 2009, 47.

是，假設人是以某種純樸的生活態度回應於物品的「侘」和「寂」，這也就表示，物品作為物品早已經要求這樣的回應，透過特殊物品的「侘」、「寂」，一種違背使用便利與正常美感的抵抗狀態便凝聚在物品上並揭露其陌異性。藉由物品的陌異性，該物始能離棄「為他」的存有狀態而取得「在己存有」，它也就變成它本身如其所是的這件物品，進而呼求鑑賞者和使用者，要求它被如其所是地尊重、承認。恰好在「侘」、「寂」這種美學素質上，人會遭遇到物作為他異者所固有的表達、觸發潛力。總之，物品的「侘」、「寂」逼使人對一整個物界採取尊重保護的態度，也就是人被要求以「回應─責任」的方式面對、對待現實世界。

　　對人與物之間發生的呼應關係的總括標記乃是繼承並融合中國古代美學觀念「幽微」和「幽雅」的「幽玄」（ゆうげん）。「幽玄」所指的現象將「現實的」與「非現實的」、實在與想像切割並連結起來[63]。這種「幽玄」是一種支配著某個整體景觀的「餘情」[64]或「靈光」，是一種漂泊在物中的、簡淡微妙的氣氛。景物與景物之間流通的「幽玄」會在鑑賞者身上發揮一種整體「觸情」，進而將他引入至一種與該氛圍相似的情調，讓他深刻感覺此景「即使切近，卻又遠得不可及」。易言之，「幽玄」標記萬物對人的遙遠渺渺，但同時「幽玄」也表示人與物之間本來就有的一種親緣關係，使人不得不對物承擔一種原本的「回應─責任」。

---

63 大橋良介，《「切れ」の構造：日本美と現代世界》，16。
64 久松真一，《茶道の哲學》，65-66。

　　最後值得一提的「物哀」（もののあわれ）[65]適合總合以上
所勾勒的美學觀點。造庭者布置於庭園中的樹木、石頭、青
苔、砂礫等物品皆以「物哀」這種氣氛來衝擊、包圍觀者，將
其引入至一種對世界深刻感覺悲傷哀憐的態度，以致人將自
身向物開放，並施予無限疼惜惦恤。於是，「物哀」不但將觀
者與可見的物品透過某種難以規避的親密感情連結起來，同
時「物哀」也劃分人與物之間的裂隙。可是，此情況與古典視
覺理論頗為不同，物我之間的斷裂並不涉及某種存有論身分的
區別，而且此縫隙亦非局限於空間的距離，此現象反而牽涉物
我之間的時間性：在這些物品彷彿比任何觀看活動更早業已在
遙遠的「彼方」綻出之際，觀者也激烈感覺到自己與物界之間
發生一種「逆時顛倒」，物的時間與自己的時間截然不同。基
於這種「時間—落差」，觀者永遠無法跨越物我之間的界線而
達到物，必須放棄任何這方面的心意。物作為物所具有的陌異
性與抵抗狀態導致人只能懷抱著「物哀」的感慨，只能「諦」
（あきらめ）即死心而捨下自己所不可及的對象物，以便任讓
物界。然而，當觀者處於「物哀」中，在他死心靜默地懷念陌
異物品時，此刻他其實最為貼近於物，而面對物他也就承擔起
最為親密的「回應—責任」。

　　觀者面對石庭之物若在物我關係上竟有可能發生某種親密
的流通結合，人若經由「物哀」似乎實質可能達成某種「事事

---

65 Peter Pörtner, "*mono* - Über die paradoxe Verträglichkeit der Dinge," R.
　　Elberfeld, G. Wohlfart（Hrsg.）, *Komparative Ästhetik. Künste uns ästhetische*
　　Erfahrungen zwischen Asien und Europa, Köln: Chora, 2000, [211-226] 222-
　　224.

無礙」的境界，以便從內在於物作為物之陌異性所劃分出來的切隔暫時跨越至某種「物我相遊」、「與物冥合」，即「物我無礙」的情境，這種緊密的關連並非全然廢除物我之間的基本差距，反而支配著物我關係之整個「既近又遠」的弔詭性勢必仍然保存於此親近之中。「物哀」即使指的是一種物我親近甚或一種融合，此「物哀」卻仍然歸屬生活時間的發生脈絡，「物哀」所標誌的態度與情境畢竟有賴於「我」所立足的視角，亦有賴於「我」所實行的「回應」。看來這個意義與《莊子·齊物論》言「周與胡蝶，則必有分矣」[66] 一句也正相互吻合。或者借用列維納斯的說法，被枯山水庭園中之物帶入「物哀」這種情境的觀者不再是古典「主體」，也就是自己被轉變成為一個回應中的「主體」，以致他自身處於一種「主體性的非場所」[67]，而是自物種湧現出來的「人質」[68]。而且，正因為「物哀」表示一種對根本不可能實現的「物我無礙」的努力與懷念，在親切地疼愛、憐憫物界之際，人同時也才會感傷一種遺憾與無可奈何，人才會感受物我關係所代表的「斷腸」與「悲哀」。

　　論談至此，若總結以上，日本庭園中特別是立石群所發揮的美學感觸與列維納斯的回應思想實有某種性質上的連結，物我關係和我與他人的關係具有共同結構。不但列維納斯所專注的他人面孔向我散發呼求，要求我回應並對其可受傷、終有一天得死的存在負擔責任，甚至萬物一樣可能帶著一種面貌表情

66〔清〕郭慶藩編，王孝魚點校，郭慶藩，《莊子集釋》，4冊，北京：中華，1961，112。

67 Levinas, *Autrement qu'être*, 12.

68 Levinas, *Autrement qu'être*, 142.

而迎面照來，萬物一樣可能喚起我的關注與關切，使我不得不尊重、承認、哀疼它。人界與物界共有的特徵根植在陌異性現象中，他人與物對我都代表某種不可及之他異者。人與物之間的區別並不在於物僅只為無情的存有者、死板物件或知覺對象，而他人才有情感與表達，有呼求我的面容。這是因為人與他人以及人與物這兩種關係都呈現相似的感應、呼應結構，也都引發可相提類比的「回應—責任」。唯一的差異在於，就人際關係來看，倫理學之前業已發生的這種「回應—責任」會進一步導出詳細的倫理學反省，因此會奠建人與人間的道德觀，但在人與物打交道這方面來說，卻未必如此。人與物之間未必因此就衍生有關人如何對待物的倫理學思維。為了再更深入釐清人與物之間的關係，而且為了對這樣的倫理學至少也推展初步的省思，下一節將探究《莊子》以「虛而待物」、「物化」等名目所標記的生活情境。

四、《莊子》論「與物化」

有關《莊子》中的物化論，前人已經提供一些研究成果來釐清此觀念的多重意涵。萬物不斷地在「化」而成立差異性這種意思[69]。依據學界的共識，基本上「物化」指的或是人與物之間的一種通暢的交流、交換關係，或者意謂著現實本身的流變狀態和世界萬物的多樣面貌。特別是根據楊儒賓，「物化」這

---

69 賴錫三，〈《莊子》的物化差異、身體隱喻與政治批判〉，《臺大中文學報》，第40期（2013/3），〔55-100〕68-79。

種動態性觀念標記古代人對「物」的原本理解，亦即「化」[70]。換言之，一件物根本不局限於個別、單一的品件，它不等於是存有論裡的靜態實物，任何一件物品反而包含所有萬物在內，「物」指向萬物的整體以及萬物之間固有的動態關連，即一個流變的現實。然而，對於人與物之間的交流這個哲學課題，這種物化觀念究竟表示什麼？人與物的關係真是無礙互換這種變質變形情況？若就這樣的理論脈絡來看，人與物打交道，人化為物究竟如何可能？物理學常識、一般時間觀的先後序列以及因果關係，這樣的理論架構適合詮釋《莊子》的物化論嗎？這種存有論式思考模式足不足？為了深入理解《莊子》的物化論，接下來將採取一種側面的介入點，將列維納斯的回應思維以及上一節觀看、鑑賞物品的實情所釐清而得出的結論作為軸心，同時也將文獻脈絡擴大，進而重新思考廣義下與物化論有關的現象。

　　《莊子》一書數次提出有關狹義下之「物化」的論述。大致來說，一方面「物化」所指例如〈天道〉的「知天樂者，其生也天行，其死也物化」[71]，也就是人已死之後便重新轉成為物，人化為物，隨物而化。另一方面，〈齊物論〉的「莊周夢為蝴蝶」一段中云「周與胡蝶，則必有分矣。此之謂物化」[72]。依據此文獻，莊周或是莊周，或是蝴蝶，蝴蝶或是蝴蝶，或是莊周，兩者之間即便發生交流甚或交換，但論點卻彷彿排中律

70　楊儒賓，〈遊之主體〉，《中國文哲研究集刊》，第45期（2014/9），〔1-39〕5; 15-21。

71　郭慶藩，《莊子集釋》，462。

72　郭慶藩，《莊子集釋》，112。

一般，一種狀態不能同時占據兩個不同的位置。此處「物化」
顯然表示物與物之間可能發生萬樣變換，但是各物仍有各物的
特質，它方才可能化為另一種物，此處「物化」也就標記對於
「某某暫且化為某物」、「某某暫且凝聚成為某物」的觀察。

由此觀之，「物化」並非雷同生生不息的流變，並非指一
種「事事無礙」的自然境界，正好經由「物化」被肯定、被設
置的反而是各種物作為其所是的物。若在以上所勾勒的學界
共識來詮釋此經典根據，特別是「必有分」一句，實在令人困
惑，就此而言，物化論所在乎的好像不是物與物之間的無滯
無礙，不是流變，而是物化論所強調乃是某種立足於某物體、
物形之視角性及此視角的必然性。在物與物之間原就有一種呼
應、互換關連為前提之下，此物化論或許恰好企圖進一步地彰
顯這種彼此呼應關係並不等於是自由流通，萬物之間的呼應關
係反而為一種無從消解的陌異性所支配，而且在呼應關係的中
心也透露出一種獨特的時間性，藉由「物化」而相互呼應的萬
物正好必須各自落實於某實物上，以便就此處經由一種「時間
─落差」回應於彼處之其他物品。

除了通常被關注的上段引述的根據之外，《莊子》一書其
實包涵更多重要啟發，讓物化論的基本哲學架構更加明確揭露
出來。我要提出的主張大體如此：「物化」這一觀點大概不圍
繞物理上的變化為主軸，也不涉及某種因果關係下的、機械
性的物質轉換。「物化」所彰顯的反而是，在人與物打交道之
際，有一種自由選擇藉此動態關係湧現出來。由於一切萬物透
過物化是互相聯結的，所以人才可能投入物界，任隨某物。然
而，為了實行這種「任隨」，人必須以某種身體狀態具體回應

照面而來感觸自身之物品。物化論揭露的道理是：對人與物的互動，比起物理學的時間觀、因果論以及物質觀念更為優先的理論觀點乃是身體活動和楊儒賓所曾專注的氣化論。然而，物化上發揮作用的「氣化」從一開始不指涉物理上的變質變形，重點反而在感應關係，也就在人與物之間的流動呼應這種回應論架構。由此觀之，另外還是與「物化」相關的故事又可分成兩組，而且此分類法將更大的問題脈絡，亦即氣化主體或者真人工夫論的整體關懷暫且擱置，以便先集中於本文的問題意識中，也就是環繞個別不同物化現象的結果和執行特徵為主軸[73]：其一、某人在身體勢態上模擬某物的狀態，彷彿就變成該物，化為該物。其二、某人將自身透過身體運動與物界密切聯繫在一起，以便某種程度上任隨該物對其身體運動的引導。

　　屬於第一組文獻的人物例如〈齊物論〉陳述南郭子綦[74]「似喪其耦」的狀貌，以「槁木」比喻其形體，以「死灰」比喻其內心狀態[75]。即使南郭子綦的真人工夫與真人造詣不局限於單純的身體轉化，但就形式而言，《莊子》陳述他的故事，還是為了彰顯屬於第一類型的物化，因而此段文獻並不足以揭露第

---

[73] 感謝賴錫三提醒注意物化論的形式觀點與物化論的整體意義之間固有的差異性。然而，由於本文目標在揭露《莊子》論「與物化」這種與物打交道之行為模式的特色，並非在於根據《莊子》一書完整地重構、詮釋某種物化論哲學，因此暫時不詳細討論這個面向，以便聚焦在各種物化方式的形式特色上。

[74]〈徐无鬼〉篇有同樣的故事，稱之為南伯子綦（郭慶藩，《莊子集釋》，848）。

[75] 郭慶藩，《莊子集釋》，42。

二種類型，即「與物化」。南郭子綦能夠極致減損活生生的身體運動，藉由靜止不動的運動勢態彷彿化為靜止物品。這種對物的模擬能力並非局限於一般概念下的裝扮和模仿，它涉及整個身體性。藉此身體模擬，南郭子綦這個人多少能夠實際化為某物。可是，他之所以作人而居然能夠落實於這樣的物品式身體狀態，乃是因為他從一開始與萬物打交道，而且從一開始與萬物維持一種密切的呼應關係。南郭子綦之能轉成「槁木」與「死灰」也就表示，他能夠以「槁木」和「死灰」的狀態回應於槁木、死灰等物品。南郭子綦所體現的這種物化能力仰賴其業已與世界萬物在互動，他業已處在與萬物現實有親近呼應的關係中。

另此，〈達生〉篇的捕蟲者能夠轉化自己的身體狀態，遂「處身」於「株拘、槁木」[76]，他也就能夠短暫地化為物，以參入物界而在物界中達到某種行為目的。類似的人物還有好些，例如同篇的「痀僂者承蜩」[77]，他也是透過「處身」即身體勢態的轉變，化成「株拘」、「槁木之枝」等物形，進而投入物界。〈田子方〉中「孔子見老聃」一段[78]老聃宛如枯木，也就是「似非人」、「似遺物離人而立於獨也」。此人之所以能如此變形乃源自他從一開始離棄人作為人固有的諸如心知、口言等行為，他反而「遊心於物之初」，也就是設身於物界的源泉，歸回至天地「交通成和而物生」之處。就《莊子》的整體陳述來說，

---

76 郭慶藩，《莊子集釋》，640。

77 郭慶藩，《莊子集釋》，639。

78 郭慶藩，《莊子集釋》，711。

即使老聃的確不僅學會如何將自身身體轉變成枯木一般的物品狀態，而且他作真人的工夫還遠遠地超越孔子，雖然如此，但是光就這段文獻來分析，他的優勢特徵之一確實在於，他隨時能夠透過某種身體模擬實現「人化為物」這樣的成果。〈知北遊〉中當齧缺問道乎被衣之後，齧缺凝聚而宛如成為在睡寐之物，其「形若槁骸，心若死灰」[79]，他也就是廢棄人情而投入物界，而且這樣化為物就是他獨有之「道」。〈庚桑楚〉中南榮趎之所以能如物在冬眠一般長久靜止不動，乃是因為他不在乎「心與形」的差異，隨而能夠捨棄人的感知官能，他彷彿也就將自身縮回到如物品一般的形體狀態[80]。最終，〈達生〉篇還提到有「蹈水之道」[81]的一位善游瀑布的高手，他似乎與水這種流動物體融合為一，使得自身身體變成與液體一般流動而毫無定形那樣的物品。總之，這些人物之「道」正好奠基於捨棄人性而投入物界的技巧，他們人人都能夠轉化成為物品狀態下的存在者，亦即「物化」。這種物化能力都預設個人與物界之間本來業已有著某種密切的互動關連，因而人可以透過近乎演戲的方式將自身身心都轉成物品狀態，也就是能夠「以物回應物」。

　　至於物化作為人與物之間的交換模式，又至於此物化之道的細節與形成條件，值得參考的是第二組文獻。當個人將自身向現實敞開而以「應物而不窮」[82]、「應物无方」[83]的方式面對萬

---

79 郭慶藩，《莊子集釋》，738。

80 郭慶藩，《莊子集釋》，777。

81 郭慶藩，《莊子集釋》，656-657。

82 郭慶藩，《莊子集釋·天運》，513。

83 郭慶藩，《莊子集釋·知北遊》，741。

物時，他應當仰賴自己的氣，而為了將自己的人生收回至氣的層面，他首先得要停止讓人成為人的感知、心思活動，他必須以「心齋」即「氣虛」的狀態來「待物」。〈人間世〉有這段名語：

> 「聽止於耳，心止於符。氣也者，虛而待物者也。唯道集虛。虛者，心齋也。」[84]

依據此引文可以推出兩則關鍵環節：一方面，「心齋」所指的「虛」並非等同於上文所提及第一組文獻中的「死灰」、「槁木」這種似乎是死板的物品狀態，此「虛」既非實質有物體，亦非僵硬不動，此「虛」反而歸結至最有活力、變動最劇的氣，是「氣化」才足以引發的一種無定形之「流虛」。另一方面，個人一旦透過「心齋」將自身收入生命的「氣化」層面而達到「虛」之後，這種狀態正好不將人與萬物現實隔閡起來，不將人拘束在自己的內在境界。相反地，「心齋」和「虛」的最後目的在於要打通與物的交流，要以向萬物豁然開展的「待物」方式取代局限於個人獨我存在的感知、心思活動。易言之，「心齋」標記通往萬物、通往世界之道，而這種面對並擁有世界的狀態也可以被視為某種「物化」。不過，人透過「心齋」所實行的「物化」比上一群人物和故事所彰顯的「化為物」乃更為原本，其哲學意涵也更深厚。這種「物化」落實在通流於身體自我之氣，個人存在經由氣的流動作為管道通往

---

84 郭慶藩，《莊子集釋》，147。

萬物，朝世界敞開。故此，要將這種物化現象回溯至「莊周夢蝶」中物與物之間的自在轉換這種典範實不妥當，闡明這種物化發生來推斷這是個人「任隨物而化」，即個人「與物化」也許比較合理。

　　一樣屬於「與物化」的例證主要還有三個人物可提，即工倕、輪扁以及庖丁。〈達生〉篇名匠工倕能夠捨棄心思所有有目的之考量，轉變自身身體狀態，隨而「與物化」。在某種意義上，工倕能夠將自己的指頭化為如物一般，也就是使指頭達到與物結合的狀態，藉由這種轉化所導出之新的身體自我來介入物界，參與物之化：

　　　　「工倕旋而蓋規矩，指與物化而不以心稽。」[85]

　　在與木材這種物品打交道之際，工倕放棄其正常的個人自我，讓自身身體性被手指頭與物品之間發生的操作關係重新組成。依據「指與物化」可得知，工倕即時因應於周遭物界而實行工作，但此技能取決於他的身手與物之間有某種動態式的回應關係，而這個回應關係早已發揮作用。工倕「與物化」的身體權能並不表示工倕這個人轉成物品狀態，只有人的手指頭與物之間的交流是有某種工程目的，此處的「與物化」似乎僅指出一種技術方法，但由於此「化」是從物我之間發生的運動中湧浮而出的「化」，可以斷定兩點：一、此處「物化」並不表示個人的某種物化，而指涉一般物界的流動變化作為人生的自

---

85 郭慶藩，《莊子集釋》，662。

然環境。再者,個人參與、投入、鑲嵌物化界的流動狀態,此事之所以成為可能乃取決於人的身體自我是否能夠完全自在地跟隨、任隨物界的物化。

眾所周知,〈天道〉篇以木材製造輪子的輪扁如此說明自己獨有的技能:

> 「不徐不疾,得之於手而應於心,口不能言,有數存焉於其間。」[86]

「得之於手」這種「待物」方式應該可以與工倕言「指與物化」相提並論,兩者同樣地將操作、對待物品的態度和方法歸結至身體自我,讓物我關係落實在身手運動上。不過,輪扁還額外加上關鍵的「應於心」。整體看來,輪扁個人雖然沒有提到物品,但有關人參與萬物之化的發生模式,輪扁的敘述補充了珍貴的說明。由此「應於心」觀之,讓人能夠「與物化」的關鍵因素在於,人雖然首先要放棄感知與心思,但人的心並不可以因此與外界切斷關係而封鎖在自身內,人的心臆還是要對外界懷抱一種回應式的態度。唯獨當人採取一個回應態度,經由自身身手來「得之而應之」,此「得」才會成功地實際有所得,人的身手也才可能實際嵌入於物界。只有當個人業已以回應的方式向物界敞開,並回應於物的觸發,個人方才可能達到「與物化」這種物我互動的情境。

在輪扁把木材拿在手中,在他操作外於自身的物品之際,

---

86 郭慶藩,《莊子集釋》,491。

他同時也就得要對自己正在進行的活動以及此活動所接觸到的物品抱著開放且回應的態度。不過，究竟哪一舉先哪一舉次？「得之於手」和「應於心」是否為同一身體運動的兩個面向？而這兩舉之間原就不該有任何先後次序？或者可否將順序顛倒過來，輪扁這個人從一開始得要對自己所操作的物品給出某種回應，他方才能夠經由身體自我的身手運動深入於物界，也才會自物品順利取得引導，進而在自身手中展開其奇妙的技能？或許輪扁操作物品的身體權能根本不適合被當成他個人主動所發揮的技術，若承襲海德格的理念和啟發[87]，更合理的理解便為：輪扁業已是以回應於物的方式「任隨」萬物、「任讓」萬物（sich einlassen auf ⋯⋯），進而「讓」（lassen）物到來，亦「讓」自身身手獲得、收納物界的激發，也就是「讓」自己「與物化」。由此觀之，「得之」之所以成為可能，乃因為個人業已「待物」，而且這種對物的對待又復奠基於「應物」這種對物之回應上，「與物化」之所以可能，取決於人能否首先實質地朝世界敞開並回應世界。總之，輪扁還是必須首先「應之於心」，始能「得之於手」。

　　至關重要的問題在於，該如何理解任隨物化之流動發生的「與物化」。「與物化」指的是個人放棄自我而如同因果脈絡下的機械一般盡然融入自然物界，讓物領導自身活動嗎？還是人與物、指頭與木材之間從一開始有一種時空縫隙或落差，

---

87 Martin Heidegger, "Zur Erörterung der Gelassenheit", M. Heidegger, *Aus der Erfahrung des Denkens*, 2., durchges. Aufl., Frankfurt a. M.: Klostermann, 2002 [GA 13], 37-74.

而且基於這種落差，工倕的「指與物化」才可能成為一種個人
足以鍛鍊成熟的身體權能及對萬物的態度？將工倕的「指與物
化」闡釋為「應物」，即「歡迎物的呼求並回應於物」，合不
合理？若將這兩個工匠的說法與列維納斯思想連結起來，可以
推斷：《莊子》所言「與物化」彰顯人與物之間的一種動態式
的呼應關係，進而揭露回應式互動的可能性。總之，藉由身體
自我、身體運動，個人可以回應於萬物這種「他異者」，透過
回應的模式，個人也就可以與本來是陌生的物界現實奠建某種
聯繫來投入自然界這個物化整體。

　　要是這些推論都合理，最終值得探究的問題是有關這種回
應式的「與物化」彷彿所包含或所預設之縫隙的性質。在互動
當中於物我之間裂開的間際是否類似列維納斯以「時間─落
差」的名義所揭示的基本隔閡？針對此哲學課題，〈養生主〉
篇「庖丁解牛」[88] 這則故事可以提供一些啟發性。眾所周知，庖
丁的屠牛工夫其實不僅等於是卸解牛體的工作，對庖丁本身而
言，這個工夫讓他修養其「進乎技之道」[89]。庖丁與站在文惠公
身邊旁觀整個經過的作者不同，因為庖丁是由內在的視角對其
修道活動提供詳細精準的陳述和分析，尤其揭示出特別值得斟
酌的環節，也就是闡釋「間隙」對其工夫所扮演的關鍵角色：

　　　「彼節者有閒，而刀刃者无厚；以无厚入有閒，恢恢乎

---

88 郭慶藩，《莊子集釋》，117-124。
89 郭慶藩，《莊子集釋》，119。

其於遊刃必有餘地矣，是以十九年而刀刃若新發於硎。」[90]

　　庖丁所描述的其實是一種非常難解的悖論式情形。乍看之下，宰解牲口之高手庖丁居然不要具體碰觸牛體，當他與牛這種物體僅只「以神遇」[91]時，他要與對象物保持一種微妙的距離。可是，即使牛體骨節處的確存在著這樣的「間隙」，但屠刀怎麼可能說「無厚」？庖丁實際上又如何可能與自己正在處理的牛體毫無接觸？答案在視角的轉換：庖丁所闡述的不是眼目可睹的屠宰過程，而是其獨有之「道」。不過，此「道」關鍵不在於時空中果真瓦解的牛體，而在庖丁本身身上發生的工夫。庖丁的練工努力似乎與〈知北遊〉篇提的「日損之道」[92]具有某種親緣關係，此修道工夫圍繞「以无厚入有閒」和「必有餘地」這兩個理念為主軸。庖丁所追求之一整個「道」集中在此「餘地」，此修道工夫之所以可能，乃出在物我之間裂開的一種「有閒」，也就是在人與物具體打交道當中被開闢的縫隙。與常識相反地，庖丁並不企圖稠密貼切地扣緊、掌握牛這具物體的解剖學構造，他關切的反而是自己動刀過程當中自己與對象物之間，也就是在刀刃一物與牛體一物之間湧現出來的空隙、斷裂、隔閡。此裂隙即使再細微不可，但也能保證庖丁的勞動有無限的活動自由，此活動可以不斷地利用一種無限的「餘地」。

---

90 郭慶藩，《莊子集釋》，119。

91 郭慶藩，《莊子集釋》，119。

92 郭慶藩，《莊子集釋》，731：「為道者日損，損之又損，以至於无為，无為而无不為也」。

再來，「有閒」與「餘地」這兩個理念其實將空間與時間融合起來。接上所引，庖丁又提出令人驚訝的、弔詭的一段陳述：

> 「雖然，每至於族，吾見其難為，怵然為戒，視為止，行為遲。動刀甚微，謋然已解，如土委地。」[93]

若由此引文回顧上述「有閒」和「餘地」這種自宰解活動中湧現出來的情況，便可得知，「有閒」和「餘地」所指乃是一種「損之又損之」的無限延續，在進行當中被釋放出來的是一種「無限減損」之「有餘」，使得庖丁身手「行為遲。動刀甚微」，他也就放緩動作，延長時間。換言之，「有閒」、「餘地」這種境界真正所帶出來的是一種內在於動刀活動的「時間—落差」，是牛體未解和已解完畢之間露出來的時間間距。然此時間間距並非局限於單純屬活動經過的時間綿延。類如列維納斯在我與他者之間所揭露的「時間—落差」一般，此時間間距同時也涉及物我之間的這種另類的空隔。理由何在呢？庖丁憑藉「有閒」和「餘地」，花費時間而實行緩慢細微的身手動作。可是，在此宰牛工夫占有一段時間，等於是一番有目的與方向的主動行為的同時，這番勞動就跨越了人與物之間裂開的縫隙。而且，說來弔詭，恰好是經由牛體逐漸瓦解，亦藉由「以无厚入有閒」這種悖論情況，在某種意義下，此過程或此發生便也就貫穿時間而把人與物逐漸連結起來。

---

93 郭慶藩，《莊子集釋》，119。

　　由物我關係來觀之，該「餘地」即使顯然落實在屠刀與物體之間的空間隔閡，但屠牛活動在此關鍵的「餘地」上同時也實行放緩一舉，而且此放緩等於是時間的質上發生的轉換。再來，此活動所經歷的時間綿延以及此時間質的轉變都不僅牽涉庖丁一個人的行動時間，圍繞彷彿開啟「餘地」的放緩為主軸，整個活動的時間轉變成為人與物共有的時間互動時間。然而，正好在「有餘地」這一特徵來看，正好在「行為遲。動刀甚微」之刻，此互動時間也就透露出一種裂縫。作為人之他異者的物品與人兩者便各處於自己的時間綿延當中，兩者各自所屬時間綿延之間發生一種無從彌補的「時間—落差」。理所當然，此「時間—落差」涉及的並不是物理學觀點下人與物這兩件物之間有時間差距這種神祕觀點，這裡「時間—落差」指涉的是內在於屠宰活動本身，內在於此物我互動之經過而裂開的落差。這就是庖丁所言「每至於族」和「吾見其難為，怵然為戒」之間，又復在「吾見其難為，怵然為戒」與「視為止，行為遲。動刀甚微」之間，被屠宰工夫本身所開闢的「時間—落差」。

　　在「每至於族」和「吾見其難為」之間，又復在「怵然為戒」與「行為遲」之間，究竟為何有「時間—落差」，這究竟是何種「時間—落差」？歸根究柢，此「時間—落差」源自牛體此物給庖丁所導出的抵抗狀態，它根植於物和人之間的一個本質性的隔閡。此「時間—落差」所標記的是人對物的回應業已為「遲來」的、「被動」的回應。易言之，此「時間—落差」指涉在屠宰勞動這種「回應」當中自物品那裡浮現的「陌異性」。假如「有閒」、「餘地」等觀點既表示物我關係有著一個

空間縫隙，但這組觀念卻同時也顯露一種在回應式屠宰活動上
出現的「時間—落差」。原因在於，整個屠宰活動本來不是單
獨庖丁一個人在進行的主動行為，而是人與物之間落實的一種
呼應發生。然而，這個呼應發生不是別的，這就是庖丁「與物
化」之道。庖丁從一開始回應於萬物，因此他也自始處於「逆
時顛倒」的情境，透過「行為遲。動刀甚微」的放緩一舉，庖
丁其實試圖將此原本的「時間—落差」逆轉收回，他致力「逆
時」而返回至其自身業已所處之「預先」，以就此處終究「與
物化」。

五、總結與瞻望

為了批判並糾正歐洲哲學的「物化」概念，以上是經由列
維納斯的回應思想、現象學對「觸發」的探討、日本庭園的美
學體驗以及《莊子》的物化論等階段，鋪陳了一條跨文化的思
路。這其中列維納斯哲學既是引發對庭園美學與中國古代物化
論之更深入的探究，但反過來列氏的思維卻也是自這兩種不屬
歐洲哲學脈絡的跨文化思維對象獲得某種挑戰、反駁與彌補。
在列維納斯深刻彰顯他人之「絕對他異性、陌異性」的同時，
他另一方面如同歐洲的物化論一般，傾向於系統性地忽略物界
所代表的這個另類的「絕對他異性、陌異性」。在列維納斯聚
焦於人際關係而凸顯出一種原本的、前於任何倫理業已生效的
「回應—責任」時，他又忽略人對物品亦有類似的「回應—責
任」這件事情。故此，以上是借助列維納斯回應論，省思「由
物觀物」這種美學體驗，再來將對《莊子》物化論的分析焦點

自「人化為物」移至「人與物化」，順著列氏的思路闡明人與
物之間的呼應關連。如此下來，最終目標在於針對歐洲的負面
式物化論要初步推展另一種物化論，而且此物化論是正面地肯
定人與物之間發生的交流，亦即人回應於物而「與物化」這種
物化模式。

　　基於這種意義廣泛且正面的物化論，未來可以試圖釐清涵
蓋人際關係以及人與物之關係這兩個脈絡的「回應─責任」的
理念，進而展開對物界的一種倫理學省思。這種倫理學會將人
與物的美學關係以及中國古代的修養論這兩種因素連結起來，
在人對人的倫理學「承認」之核心處發掘出另一種更為原本的
「承認」之必要：為了尊重、承認他人，人不但必須首先業已
將自身存在向世界現實敞開，而且也必須業已尊重、承認物界
這種另類的「他異者」。對萬物世界的肯定乃介於美學和倫理
學之間，同時也介於人與物打交道、操作物品的實踐以及人對
自身所追求的修養工夫之間。最終，「對萬物的新承認」並非
雷同近來興起所謂的「新唯物論」（new materialism）。人若以
「回應於物」並「與物化」的模式承認萬物，這樣的生活態度
其實足以具體改善歐洲當代文明所落入的狹義下物化之後的危
機，它會將當代人重新自全面被宰制的世界，亦即從全面化的
功能主義、經濟主義和行政邏輯這種窘境中引回至更完整的、
尊重人性的生活世界。

第九章

由王陽明的「知行合一」
論身體自我與意識哲學

一、意識、世界與身體

　　自從柏拉圖對「理型」的構想以及基督教神學對「精神」
的偏重以來，歐洲哲學對心理活動的專注根深柢固。基於這
種「精神主義」，哲學作為哲學理然根植於「意識」或「理
性」的自我透明，並以其為最高目標，也就是哲學理論一直
圍繞著「純粹悟性觀照」為反思標準，著重「理念」、「觀念」
及「概念」，反而傾向於貶低或忽略「身體」，甚至系統性地
誤解人的身體，或將其全然從真理的範圍中排除。直至費爾
巴哈（Ludwig Feuerbach, 1804-1872）與馬克思（Karl Marx,
1818-1883）針對工具理性的全面性對象化趨勢，重新訴求個
人於自身身體存在上才能發揮的「感性」（Sinnlichkeit）作為
個人的尊嚴所在，以及尼采終於將傳統排序顛倒而主張「身
體是個大理性」[1]之前，歐洲哲學對種種豐富難解的身體現象體
現嚴重的盲目狀況。哲學通常將身體歸結至純精神的脈絡，
將身體視為精神之相反、界限抑或精神的昏暗邊緣，並將其化
約為「物體」，亦即「擴延物」。甚至古代亞里斯多德主義與
斯多葛學派對個人與實踐的關注也好，或近代蒙泰涅（Michel
de Montaigne, 1533-1592）和孔狄亞克（Etienne Bonnot de
Condillac, 1714-1780）也罷，這些「樊外」思考努力雖然試圖
更加看重活生生的身體，但卻都無以推翻歐洲哲學的大局勢。

1　Friedrich Nietzsche, *Also sprach Zarathustra*, F. Nietzsche, *Kritische Studienausgabe*,
　　ed. G. Colli/M. Montinari, 15 Bde., 2., durchges. Auflage, München: DTV, 1988
　　〔= KSA〕, IV, 39: "Der Leib ist eine große Vernunft"（〔德〕尼采著，《查拉圖
　　斯特拉如是說》，錢春綺譯，北京：三聯，2007，31）.

　　由於「意識哲學」（Bewußtseinsphilosophie）的霸權，一直到19世紀後半葉，整個歐洲思維的發展中，哲學不僅忽略了身體現象，而且因為相同理由一直錯過「世界」與「現實」這兩個概念的完整意涵。當「精神」、「意識」或「主體性」開始運作思考時，這種「思考著的我」都業已被拋入所謂的世界，它業已關連到所謂的現實。即使有史以來所有以意識為核心之哲學潮流都致力解釋此「超越關連」所代表的謎團，但直至胡塞爾的現象學，主體意識被拋入世界這一原本情境一直是依據笛卡兒的古典「我思─我在」（cogito sum）被歸結至意識活動本身。根據這種暗藏於歐洲哲學最古老信念之基源中的、可以以康德批判主義為代表的觀念論傾向來說，要是沒有具有悟性的主體，要是沒有去知覺、思考世界對象的主體意識實際在運作，所謂的現實便根本不存在，或者至少世界真相、現實事物自身根本無從被接觸、被認知到。早期胡塞爾現象學依然承襲這種意識哲學立場，而且甚至對晚年的胡塞爾來說，其所謂的「生活世界」基本上仍然僅是所有科學探討和哲學反思作為意識活動與意義建立均所必須預設並涉及之最廣大的「意義界域」（Sinnhorizont）。

　　易言之，乍看之下似乎是完全開放多元、而且牽涉各種行為脈絡和身體情形的這個「生活世界」，從一開始它便僅只被規定為求知努力與意義給予相關的單位，胡塞爾所構想的「生活世界」仍然只不過是意識活動本身作為意識活動所不可缺乏的環節，它就是自意識哲學的角度被衍生的一個理論觀點，但並非涵蓋尤其是海德格、梅洛龐蒂、華登菲等現象學家之後才陸陸續續從生活世界這個實際的現象脈絡中所挖掘出來的種種

層面，例如感知、情感、行為、言語表達、社會等具體情境，而且也不充分將「身體自我」（leibliches Selbst）這一觀點納入考量。哲學豈能將世界和現實均只不過視為思維本身所連帶、意識作為意識所開啟的「視域」，亦即當其為圍繞意識活動運轉並發揮作用的「界域」或「意蘊脈絡」看？

等到胡塞爾之後的現象學運動更深入來省思意識與世界的聯繫之後，所謂的現實才不再受限於「意識對象」這種身分。一旦哲學所標榜的那個思考著的或感知著的「意識我」實質地落入了身體，它也一舉立刻離棄面對著意識對象的那個主體的位置，進而被其所面對的對象界所包圍、收入。眾所周知，依據海德格在《存有與時間》（Sein und Zeit）對人的存在方式所進行的分析，轉化成為身體自我的意識我不再能以純精神運作為其性質，它勢必歸屬某種多元且更為具體的「處身情境」（Befindlichkeit）作為其基本存在狀態，此自我才得以發現到自身，而且此自我並非設立自身的「主體性」，而是落實於身體、以「被拋狀態」（Geworfenheit）業已在場的「此有」（Dasein）。恰好由於身體自我被顯露出，所以胡塞爾的認知論架構被海德格也擴大，進而發現到有某種「情韻」（Stimmung），一直不斷地在貫穿支配一整個身體自我，而且此整面「情態」（Gestimmtheit）才是人最原本通往世界、開顯現實的管道。再者，海德格也特別標榜「日常狀態」（Alltäglichkeit）對哲學的啟發優先性，不再以傳統存有論的觀察者，即理論家這種身分為出發點，來談世界萬物，他反而關注人如何首先且通常透過身手的「操勞」（Besorgen）以及其固有的行為、價值脈絡來接觸到「上手狀態」下的具體事物。

　　另外，到某種程度梅洛龐蒂是於《行為的結構》（*La structure du comportement*）與《知覺現象學》（*Phénoménologie de la perception*）這兩本專書中來延續海德格的這條思路，就行為、活動脈絡來思考人與「周圍世界」（Umwelt）的呼應並互動關係，隨而將胡塞爾初步曾所探討過的「運動感知」（kinesthèses）這一觀點再進一步向生活實踐上的種種具體「任務」（tâche）擴充。一旦古典的意識主體徹底被轉成梅洛龐蒂所謂「化為肉的主體」（sujet incarné）[2]，一旦圍繞「身體自我」被敞開的、更廣泛的那種生活場域被現象學所關注並肯定，世界、現實等環節所指也不再是置於主客「對立情況」（le face à face）的意識對象，反而接續胡塞爾的「生活世界」有一個加倍具體的「周遭」（milieu），於多層面上為「肉」（chair）這一名目所涵蓋的糾纏來包容、侵襲、干擾、貫穿人的一整個意識活動。由此觀之，所謂的意識我不僅有所關連之視域或意義界域，就此意識我的存在深層而言，它就業已隸屬於某種具體「處境」（Situation），而且在意識主體落入了身體之後，它甚至是裸裎地「暴露於世界面前」（être exposé au monde）[3]。

　　經由胡塞爾之後現象學所經歷的這個重大轉向和調整，原來歸屬意識哲學的現象學運動就向非意識的場域打開了一個窗口，也就是新興的身體現象學始終不得不離棄意識哲學

2　Maurice Merleau-Ponty, *Phénoménologie de la perception*, Paris: Gallimard, 1945, 64（〔法〕莫里斯・梅洛龐蒂著，姜志輝譯，《知覺現象學》，北京：商務，2003，82：「具體化主體」）。

3　Merleau-Ponty, *La prose du monde*, Paris: Gallimard, 1969, 191（〔法〕莫里斯・梅洛龐蒂著，楊大春譯，《世界的散文》，北京：商務，2005，155）。

的圈圍，以便某種意義下歸回到蘇格拉底前期哲學的局面，藉由身體現象為切入點，重新省思不隸屬意識、亦非依賴意識的那個世界和現實。同時，依循胡塞爾晚期已所開始構想的轉折，焦點是由古典意識主體的「主動性」逐漸移到意識活動本身所隱含的「被動性」以及種種「觸發」（Affektion）現象。海德格、梅洛龐蒂、華登菲等人向身體自我的突破，對「被動性」的關懷破除了近代種種主體性哲學的魔力，也拓開了對人之嶄新的詮釋。包含知覺、思維、感情、意志及行為等向度的一整個「在世存在」，藉此就可以根據海德格的觀點，被視為一種「引入屬己情境而發生」（Ereignis），或者又復依照華登菲延續列維納斯倫理學思維的說法，人與世界萬物的關係可以被理解為一種圍繞身體自我為軸心的「回應發生」（Antwortgeschehen）。

　　以上大概勾勒的這個哲學、現象學轉向其實不僅止於關係當代歐洲思維、身體現象學所鋪陳的這個新省思場域，甚至也開闢了通往非歐洲哲學思想傳承的通道，而且此新情形對介於中西之間這種思想部署的跨文化哲學以及一整個當代華語思維特別有利。由此當代背景而觀之，無論是儒道還是佛，中國古代幾乎所有思想立場在當代思維中都獲得一架新的展演舞台。由於現象學以對現象的描寫及對切身體驗的專注觀察為核心方法，因此現象學有可能多少捨離任何純概念式反思模式實然所受之歷史限制，相較於被固定哲學語境和所應用之概念的特殊傳統所拘束之其他哲學進路，現象學也就更適合作為當代跨文化思考的理論架構，而且尤其是第二次世界大戰後之後蓬勃發展出來的身體現象學，對諸如道家、禪宗、心學等研究領域

特別有啟發性。對我來說，關鍵在於「身體自我」這一觀點取代了古典的「意識我」，震動了理論與實踐之間的古典劃分：世界所指乃是藉由「運作著的身體」來觸發意識活動的超越世界，而且此世界同時也勢必經由種種行為實行在時空中「化為肉」，世界乃為意識所歸屬身體自我具體所承擔開顯的現實。有鑑於這樣的基本思維架構，一旦中國思想某種程度上一直以來不分屬心思的理論和落實於身體自我之具體實踐、亦不嚴格地分開身與心，隨而都追求某種「知行合一」為哲學思考的目標，在現象學領域上，這樣的哲學導向便可以避免陷入一百多年來所謂的比較哲學分配給它的身分，即偏重實踐而無理論深度的思想，而能夠獲得一條通往當代歐洲理論思考的堅固可行橋梁。

　　本文目標在於要從身體現象學的視角來探究王陽明的心學思想，而且為了又再從中國古代傳承導出反向跨文化哲學批判，將特別專注這兩則課題：其一、由陽明學來觀「格物致知」乃表示，世界萬物皆歸結於心，皆為人的意識活動所產生，因而根本無超越的、外在於意識的世界，以致心學等同於某種「主觀觀念論」，遂而適合以意識哲學甚或以某種心理學進路來探究它？還是毋寧推論，陽明學所標榜的其實就等於說，世界是在人的心思中成形，現實恰好是在廣義下的意識活動中才獲得「超越的現實」這種存有身分，亦即世界是在人的意識活動當中成其為世界，而心理活動才能揭露、體認萬物之理？其二、為了解決這個問題，若以「身體自我」這一觀點來解構傳統意識哲學所預設的「意識我」、「超驗我」，進而詮釋心學所謂的「心」與「意」，這樣一來是否更為適當的出發

點？雖然前人已經揭示闡明心學上身體所扮演的重要角色[4]，以我看來，這些嘗試稍微不足之處在於其或隱或顯地多半仍然預設類似笛卡兒主義一般的某種身心二元劃分，多半也圍繞所謂「禮義的身體」來釐清心學的工夫論。迄今陽明學研究恐怕尚未充分體察到的是，「我」不僅擁有一具身軀，「我」不如同歐洲傳統所謂的靈魂一般暫時來寄寓於一具身軀，但「我」又不完完全全局限於儒學所著重的內聖外王，亦即「我」的身體不應該被化約為內在於心之涵養的一種妥當的展演罷了。值得納入考量的乃是現象學的觀點，亦即自我一整個就「是」這具身體，「我」就是作為一個「身體自我」才成為「我」。易言之，或許不夠被著重的是「意識我」本身既有的身體性和世界性[5]，而這一點正好就是現象學與古典意識哲學背道而馳的特點。然而，這同時又意味著，當王陽明描述人與物、心與理的關係時，這種關係根本不隸屬於某種形上學、存有論或認知論架構，反而研究者從一開始要以身體自我所標誌的具體行為作為探索脈絡，又必得要從工夫論的實踐角度來研究心學的若干主張才合理。

---

4 例如陳立勝著，《王陽明「萬物一體」論——從「身一體」的立場看》，台北：台灣大學出版中心，2005；陳立勝著，《「身體」與「詮釋」：宋明儒學論集》，台北：台灣大學出版中心，2011。

5 根據海德格思想，聶雅婷曾經走進這個路線（聶雅婷，〈身體意識的體現真理與生活世界——理論與實踐合一的化身——陽明學說〉，《哲學論集》，第41期〔2008/7〕，33-52），但她主要還是將「心」，即某種「意識我」，視為「此有」與生活世界之間的樞機，並未充分諸如梅洛龐蒂、華登菲等身體現象學研究成果，難以「身體自我」為主軸。

二、意識與世界的交錯關係

　　眾所皆知，胡塞爾現象學的關鍵在於「意向性」（Intentionalität），而且透過「所思內涵」（noematischer Gehalt）任何意向性對象最終關連到感官知覺所給予的對象，也就是關連至生活世界為最後的界域。然而，依據《內時間意識現象學》（*Phänomenologie des inneren Zeitbewußtseins*）可得知，一切意識活動並非靜態情形，反而均歸屬一個時間序列，而整個「意識流」（Bewußtseinsfluß）的所有內容又復勢必源自感官知覺所給予的「原印象」（Urimpression），因此透過胡氏所謂的「原信念」（Urdoxa），整個意識內容也就關連到一場「超越的現實」（transzendente Wirklichkeit），亦即梅洛龐蒂稱謂之「隸屬知覺信念的世界」（le monde de la foi perceptive）。最終，意識就是藉由身體自我作為「時空取向的零點」（Nullpunkt der raum-zeitlichen Orientierung）鑲嵌於此知覺場域。世界若依賴意識，反過來意識也需要超越的世界。總之，雖然胡塞爾現象學依然隸屬傳統意識哲學與主體哲學的脈絡，但透過「意向性」一觀點，胡塞爾也已經破解了此思考架構，進而察覺到於意識內部發揮作用的那種「超越」（Transzendenz），亦即承認意識活動實然所具備的世界性。那麼，難道王陽明的「意所在之事」[6]不就與現象學所關注的意向性以及對超越現實的原信念

6　王守仁，《大學問》，黎明文化事業公司編輯部編著，《王陽明傳習錄及大學問》，台北：黎明，1986，191（以下王陽明引文均取自此版本，碼亦皆指此版本）；《傳習錄》下，第1節，116。

有一些相似嗎？若由此現象學架構來觀之，王陽明的學說與此思考架構呈現不少交集。

毋庸置疑，王陽明語錄中有一些文獻，看起來是與歐洲的古典意識哲學以及某種觀念論架構相吻合，彷彿主張「有意識才有世界」、「世界針對意識才是世界」、「世界不外乎意識中的世界理念」這種立場。一言以蔽之，意識就是現實真相，而意識以外無物可言。有關這種極端主張，有格言紀錄為證：

> 「心即理也。天下又有心外之事，心外之理乎？」[7]
> 「心在物則為理〔……〕心即理〔……〕，心理是一箇。」[8]
> 「心之體，性也，性即理也。〔……〕理雖散在萬事，而實不外乎一人之心。〔……〕心即理耳。」[9]

由此觀之，宋明理學上至關重要的「格物」這種工夫宛如可以合理地捨棄外在事物為對象，進而返回至人自身所心存之性理，以便透過某種內向的反省努力企圖得理。引此語錄又載此斷定：

> 「天下之物本無可格者；其格物之功，只在身心上做。」[10]

---

7 《傳習錄》上，第3節，4。
8 《傳習錄》下，第122節，165。
9 《傳習錄》中，〈答顧東橋書·第四〉，66。
10 《傳習錄》下，第119節，164。

> 「若草、木、瓦、石無人的良知，不可以為草、木、
> 瓦、石矣。」[11]

然而，反過來說，某種意義下「良知」所自之人的心思、意識活動也必須依賴世界對象，需要與「物理」發生聯繫才行，因為只有在世界千事萬物上圍繞「良知」為主軸，任何修身工夫才可能實質有效。心學的立足點的確非等同於某種狹義之觀念論立場，因為唯有當超越意識的世界確實被肯定為前提之後，個人意識方才有機會「著」上現實事物為其具體內容，進而推展其本有的「良知」。看來，王陽明所主張乃恰好與古典觀念論相反，「意」就是指意識活動所不可或缺的意向性，個人所懷之「意」必須落實於具體對象物和具體事務課題上，此「意」才得以發揮其向「誠意」的鍛鍊努力。對此問題，語錄有此斷言為證：

> 「意未有懸空的，必著事物，故欲誠意，則隨意所在某
> 事而格之，去其人欲而歸於天理，則良知之在此事者無蔽
> 而得致矣。此便是誠意的工夫」[12]

換句話說，甚至就陽明心學的脈絡來說，「格物」作為進修方法乃非指某種返回至心的內向反省，它並非為局限於意識活動對自身進行之省思力行所取代。王陽明其實與程朱學派一

11《傳習錄》下，第74節，144。

12《傳習錄》下，第1節，116。

致，他一樣肯定對外在現實的探索和考驗，他只不過特別堅持強調的是：「格物」這種工夫的焦點並非被「格」的那個物本身，需要以「格」的方式被「歸於正」[13]的「物理」所涉及的，反而是心與物的關係，整個「格物」工夫所牽涉的就是意識與「意所在之事」，即意向性對象，在兩者之間被展開的態度。易言之，陽明學完全著重於「格物」的倫理學意蘊，而致力排除任何關切物作為物的存有論、形上學誤解。

人始終身處在世界中，而是透過其具體行為，不斷地以身體運動就物我之間給「良知」開闢一種實質且非虛空的裂隙，以便讓「良知」落實並成長在於人對種種事物所採取之具體態度和對待上，猶如一種具體的、「化為肉」之「之間」一般。故此《傳習錄》有言：

> 「然欲致其良知，亦豈影響恍惚而懸空無實之謂乎？是必實有其事矣，故致知必在於格物。〔……〕凡意之所發，必有其事，意所在之事謂之物。〔……〕苟不即其意之所在之物而實有以為之，則是物有未格，而好之之意猶為未誠也。」[14]

與其說現實僅為意識所產生，倒不如說超越的世界乃「意之所發」，也就是超越現實來「觸發」意識活動，始使得其「致良知」的努力發作。由此觀之，陽明學的這種

13《大學問》，191。
14《大學問》，191。

「觸發論」與胡塞爾晚年知覺理論對「被動綜合」（passive Synthesis）所察覺則有一些相似處。然眾所皆知，胡氏的整個論述僅只涉及在知覺這種意識活動中發揮作用的「運動感知動機」（kinästhetische Motivation）[15]，胡氏的「觸發論」所試圖解釋的乃是，某種知覺對象如何首先業已經帶出一種「觸情」（Anmutung）或「觸發力」（affektive Kraft）[16]為「動機」（Motivation），也就是對象物如何首先激發意識的「專注活動」（Aufmerken）[17]。之後意識某種意義下才「主動地」來「回應」（antworten）於此「朝向我前來的勢力」[18]，實際形成種種「聯想綜合」（assoziative Synthesis）[19]，以便經由這種半是被動半是主動的過程，最終對該對象物取得所謂的感官認知。

王陽明的「觸發論」與胡塞爾的思考脈絡不同在於，心學的「觸發論」並非歸屬認知論脈絡，但就心學的實踐脈絡來用「運動感知動機」、「觸情」及「觸發力」，反而更為適合：這裡物我之間的關連從一開始牽涉現實物與意識我的具體互動，也就是牽涉種種身體運動與行為，而且特別值得注意的是，

---

15 Edmund Husserl, *Analysen zur passiven Synthesis. Aus Vorlesungs-und Forschungsmanuskripten, 1918-1926*, ed. M. Fleischer, The Hague: Nijhoff, 1966 [Hua XI], [§ 3] 13.

16 Husserl, *Analysen zur passiven Synthesis*, [§ 13] 50; [§ 28] 131-132.

17 Edmund Husserl, *Ideen zu einer reinen Phänomenologie und phänomenologischen Philosophie. Zweites Buch: Untersuchungen zur Konstitution*, ed. M. Biemel, Den Haag: Nijhoff, 1953 [Hua IV], [§ 56] 220-228.

18 Hua XI, [§ 13] 50: "eine auf das Ich hingehende Tendenz, deren Gegenwirkung eine antwortende Tätigkeit des Ich ist".

19 Hua XI, [§ 18] 76.

這種「觸發」被歸結到一個具體的媒介，即「氣」。看來恰好是有同一個氣既在人身上化為氣息，又落實於世界萬物之間為造化之萬樣流變的承載者，因而此氣就可能於物我之間「流通」，並且發揮一種感通作用，心學的那種「觸發論」遂而獲得更合理的根原，而且氣的「流通」既然源自意識與超越世界實為「一體」，所以這個「觸發論」所歸結的是物我彼此平等的關係。有關氣的觀點，語錄有幾則說法為證：

> 「蓋天、地萬物與人原是一體。〔……〕只為同此一氣，故能相通耳。」[20]

再者，這個學生提問也受到老師的肯定：

> 「可知充天塞地中閒，只有這個靈明。〔……〕我的靈明，便是天、地、鬼、神的主宰。天沒有我的靈明，誰去仰他高？地沒有我的靈明，誰去俯他深？〔……〕離卻我的靈明，便沒有天、地、鬼、神、萬物了；我的靈明，離卻天、地、鬼、神、萬物，亦沒有我的靈明。如此，便是一氣流通的，如何與他間隔得？」[21]

最終，心學與僅只關切求知活動而毫無修養工夫論的現象學截然不同的是，基於意識與世界之間的平衡交流，王陽明沿

20《傳習錄》下，第74節，144。
21《傳習錄》下，第137節，171。

著物我之間發生的「感通」這一理路，推出學習的方法以及學習的目標。透過學習的鍛鍊，人所致力實現的情形是整個修練工夫的可能性條件所在，亦即自身與世界萬物之原本的合為一體。歸根究柢，就學習的根源與目標而言，物我、意識與世界的隔閡根本不存在：

> 「夫理無內外，性無內外，故學無內外。」[22]

與其說這種構思等於某種冥契主義，倒不如說在「格物致知」的鍛鍊過程當中，心學的學者便是經由日常的省思工夫，來體認外在世界事物與自身本性所共有之「物理」，而且他必須一直重新切身體驗到此理。易言之，當學者致力於透過自身身體完全具體地「體認」萬物之理，也就是當他承受並「體存」超越世界所隱含之「物理」時，這是否就意味著：世界在意識中成其為世界？原因在於學者不但要明白「學是學存天理；心之本體即是天理，體認天理，只要自心地無私意」[23]，而且此學習模式未必是內向反省，它反而落實於具體的知覺活動，也就是落實於照面而來的事物身上。這種情況似乎與《莊子・氣物論》所言的「心齋」及「虛而待物」有一些相似，但心學更明顯地強調是各種身體活動作為這種「物我合為一體」勢必所落實的場域。接著以上所引述一段，王陽明的語錄也就提出這種「一體」既等於是一種具體的「體當」，而且也牽涉

22《傳習錄》中，〈答羅整菴少宰書〉，101。

23《傳習錄》上，第99節，43。

著於事物的某種「見」，強調學者只要「體當自心所見，不成去心外別有箇見」[24]。藉由這種學習工夫，世界萬物作為知覺對象其實都早已經在人的心思中有其理，世界之理確實是為人性所擁有，所以只要「志切」，便可以於自身心性中看透萬物之理，而「目視、耳聽皆在此，安有認不真的道理！」[25]。看來，對這種心與物之間的「合為一體」，身體自我就是扮演關鍵角色。因此，恰好是為了避免基於對「心」、「意」採取過於狹隘的理解，從一開始陷入某種常見的意識哲學偏見，受某種觀念論式架構的限制，若有關這一點稍微參考梅洛龐蒂身體現象學，並不過分。

要是人能依據萬事萬物、依照意識對象來「體認天理」，這種人與外在現實的「合為一體」莫非近於梅洛龐蒂所關注的「肉」這一現象？「肉」所標誌的乃是意識與世界萬物之間的「可轉換性」，即「能見者與可見的、能觸摸者與被觸摸者的可轉換性」[26]，也就是「能觸摸者與可觸摸的之間的交錯關係」[27]以及「能觸摸者被記入於可見的，能見者被記入於可觸摸的」[28]。梅氏又指出，「我們肉的定義就是能見者與可見的之

24《傳習錄》上，第99節，44。

25《傳習錄》上，第99節，44。

26 Maurice Merleau-Ponty, *Le visible et l'invisible*, Paris: Gallimard, 1964, 194: "reversibilité du voyant et du visible, du touchant et du touché"（〔法〕莫里斯・梅洛龐蒂著，羅國祥譯，《可見的與不可見的》，北京：商務，2008，182：「可逆性」）.

27 Merleau-Ponty, *Le visible*, 176: "recroisement du touchant et du tangible"（《可見的與不可見的》，165：「再交叉」）.

28 Merleau-Ponty, *Le visible*, 188: "inscription du touchant au visible, du voyant au

型態轉換」[29]。按照梅洛龐蒂後期圍繞「世界的肉」（la chair du monde）[30]所發表的各種探索，人與世界的主客對立根本不合於事實，基本上人的身體自我與「世界的肉」的存有深度之間是有一種共鳴一般的交流，使得「化為肉的主體」業已經歸屬於其所知覺的現實對象，即其所思考「化為肉的意義」（sens incarné）[31]那裡。

三、王陽明論心與身

上一節的討論隱藏著一個很重要的假定，亦即身體現象學對身體自我的探究不但有助於理解陽明學的基本架構，而且心學本身並非局限於狹義下的意識哲學論述，反而從一開始就涉及一整個身體自我。陽明學的確本來有屬己的一種身體論，乃非常值得進一步關注。在王陽明的文獻資料看來，當他將「心」視為一己之代表，又稱其為人自身之「主宰」時，他並非要斷定，意識哲學所構想的「意識我」甚或「超驗我」雷同人的一整個「自我」本身，反之，王陽明充分明晰地釐清

---

tangible"（《可見的與不可見的》，177：「加入」）.

29 Maurice Merleau-Ponty, *L'Œil et l'esprit*, Paris: Gallimard, 1964, 34: "la métamorphose du voyant et du visible, qui est la définition de notre chair"（〔法〕莫里斯・梅洛龐蒂著，龔卓軍譯，《眼與心》，台北：典藏，2007，94）.

30 Merleau-Ponty, *Le visible*, 169; 302-304（《可見的與不可見的》，157、317-320）.

31 Merleau-Ponty, *Phénoménologie*, 193（《可見的與不可見的》，219：「具體化的意義」）.

心與身、意識活動與身體自我之間固有之一種糾纏關係。王陽明所論身體並非等同於笛卡兒主義所謂的「物體」（corpus, res corporea），反而是較近乎現象學所關注之「活生生的身體」（Leib, corps vivant），也就是與胡塞爾所謂「運作著的身體」（fungierender Leib）乃具有親緣關係。基於這樣的身體觀，王陽明特別強調，修身努力所得要倚靠的不僅為心中的工夫，反而當某個人致力於面對世界萬物來推展自己的「良知」或「仁」之時，他勢必要藉由自身身體的活動來進行這樣的工夫。

　　例如說，《傳習錄》有載此挑戰提問：「真己何曾離著軀殼？」[32]。然而，培養一個完整的身體自我，這其實就等於是一切工夫的第一個步驟和課題。因此，王陽明接著又不得不指責其學生說「恐汝連那軀殼的己也不曾為」。所謂「軀殼的己」指的基本上是「耳、目、口、鼻、四肢」等，亦即人為了知覺和行動所需運用之器官。然而，「軀殼」這個詞容易引起誤會，指的並非被對象化的身體，即「形體」或「肢體」這一面向，而且重點也不在於身體器官本身的有無，反而在於其活生生的應用。易言之，王陽明的「軀殼」其實接近於胡塞爾所謂的「身體性」（Leiblichkeit），梅洛龐蒂所謂的「肉」以及華登菲以「身體自我」這一名目所涵蓋的現象群。然而，所謂的身體自我必定就需要一個意識我伴隨著它，此自我的身體才能成為「運作著的身體」。故此，該段語錄也就繼續闡明這種身心互補關係：

32《傳習錄》上，第125節，58。

> 「若無汝心，便無耳、目、口、鼻。所謂汝心，亦不專
> 是那一團血肉；〔……〕這心之本體，原只是箇天理，原
> 無非禮。這箇便是汝之真己，這箇真己是軀殼的主宰。若
> 無真己，便無軀殼。」[33]

另外，語錄又復反向來闡明身心之間交錯、互賴情形。作為「真己」的「心」即便有別於身體自我的物體一面，但此「心」同時也不可以被化約為「純意識」，因為此「心」就是有賴於「運作著的身體」而進行感知活動。王陽明所謂的「心」即使當作「真己」，但它卻仍然得要是一個「化為肉」的「真己」，因為此「真己」既是一個活動著的自我，而且它又勢必得要借助身體來關連至外在的世界萬物。要是無身體自我將此「心」承載並帶入到感知脈絡，讓其落實於一場具體的知覺處所，亦即梅洛龐蒂所謂的「現象場域」（champ phénoménal），恐怕根本無「心」亦無「真己」可言。王陽明特別強調：

> 「心不是一塊血肉，凡知覺處便是心。」[34]

基於這些文獻已可充分明白，王陽明所構想的自我從一開始不可能局限於意識哲學的範圍內，它不可能雷同於某種「意識我」，否則這個自我將無從通往世界萬物，它將無法建立任何「仁」所不可或缺的世界關係。換言之，王陽明所講的

33《傳習錄》上，第125節，58。
34《傳習錄》下，第123節，166。

「我」就是藉由身體落實並糾纏於世界中的身體自我，而且到某種程度，此身體自我中作為「主宰」的「真己」和「軀殼的己」居然是平等的，兩者必須均勻地協合，組成一個完整的自我。王陽明就闡明此平等互賴關係說：

> 「耳、目、口、鼻、四肢，身也，非心安能視、聽、言、動？心欲視、聽、言、動，無耳、目、口、鼻、四肢亦不能。故無心則無身，無身則無心。」[35]

然而，王陽明的身體自我並非局限於某種心理學所主張的身心合作，也並非局限於德勒茲所斥為「有器官的身體」，亦即某種被心理、精神所運用的有機體。為了避免落入這種古典身心二元論的刻板立場，王陽明甚至更敏銳地顧慮自我作為自我乃既有的世界性。他將內在於「運作著的身體」、內在於身體自我的身心關係以接近於梅洛龐蒂的方式揭露出來說：

> 「目無體，以萬物之色為體；耳無體，以萬物之聲為體；鼻無體，以萬物之臭為體；口無體，以萬物之味為體；心無體，以天地萬物感應之是非為體。」[36]

不僅耳、目等器官被認為「無體」，而且器官作為器官完完全全地融入於其所感知之內容。甚至「心」也不例外，心

35《傳習錄》下，第1節，116。
36《傳習錄》下，第77節，145。

思、心理活動、意識活動均必得投入萬物並寄寓於世界，方才取得一個實質的「體」。易言之，人作為一個身體自我乃是全身鑲嵌於其所感知的對象物之中，人是盡然融入其身所處之周遭環境，而且甚至「真己」的意識我亦無所不同，由於「心」本身亦「無體」，即無存有之處，所以它必須落入一個身體自我，以便又再經由身體的感應作用來投入世界萬物。此情形豈不近乎梅洛龐蒂曾所構想、物我之間當作仲介的「肉」所標記的情況，亦即「我所是的這個可感知的存有物與所有其他於我身上來感覺自身的那些剩餘的，這兩者之間的不可區分狀態」[37]？能感知的身體自我就是可感知的世界，但倒過來梅氏又主張世界在自我這裡，即「世界在我肉之核心處」[38]。

然而，對王陽明來說，身與心之間的糾纏關係不僅涉及感知活動，而且更為重要的，其所關切的身體自我另外也鋪陳使得任何行為及任何工夫成為可能的實際基礎。人都得要歸回至自身身體，得要藉由自己切身所取得的體驗來認識世界，並倚靠此具體經驗來展開自身行為。舉例來說，人人都必須先已切身地踏上路了，切身地對路況取得種種體驗，他們才可能學會走路，順利地安排整個行走活動：

> 「路岐之險夷，必待身親履歷而後知，豈有不待身親履

---

[37] Merleau-Ponty, *Le visible*, 309: "indivision de cet être sensible que je suis et de tout le reste qui se sent en moi"（《可見的與不可見的》，326）.

[38] Merleau-Ponty, *Le visible*, 179, note："le monde est au cœur de ma chair"（《可見的與不可見的》，168注腳）.

歷而已先知路岐知險夷者耶？」[39]

類似走路一般，所有牽涉「良知」之可能性的個別知識均必須首先歸結到身體自我針對世界萬物所發揮的具體行為，而且整個「良知」因此必須深入地根植於身體自我面對萬物所發生之諸如飲食男女等欲望和渴求中，此「良知」才會是實質可靠的、名實相符的「良知」：

「夫人必有欲食之心，然後知食〔……〕食味之美惡，必待入口而後知，豈有不待入口而已知食味之美惡者耶？」[40]

總結以上，王陽明的心學不僅並非唯某種意識哲學或心理學思想，王陽明是將身體自我，亦即人之存在所不可缺少省略的身體性完全納入考量。他所構思之修身之道通通牽涉到身體活動，其修身工夫乃是個人藉由自身身體在某個具體周遭、處境中所追求實行之修養努力。由此觀之，若借助身體現象學來闡釋心學的論述則不但合理，而且透過這樣的跨文化對話，研究者才有可能凸顯一直以來被中哲學門所忽略或所掩蓋的面向。也許甚至可以由此角度對釐清程朱理學和陽明學之間的爭議這一課題來提供一點貢獻。

39《傳習錄》中，〈答顧東橋書・第三〉，65。
40《傳習錄》中，〈答顧東橋書・第三〉，65。

四、意識與行為

　　談論至此，真正的目的其實在於要釐清「格物致知」的意蘊。可是，在討論意識活動與超越現實之間的關係的時候，不可以依照古典意識哲學的模式，將這兩個環節視為主客相對立一般的情況。理由在於，在心學脈絡來說，一方面意識從一開始就是「化為肉」的意識，即是落實於一個身體自我中的意識，而另一方面，「心」、「意」等字所標記的意識活動原本不歸屬某種認知論架構，在這裡，意識反而牽涉到一個實踐場域，陽明學上意識從一開始而且本質上就涉及人的生活處境。某個人的整個學習、求知工夫時時刻刻都歸結至其行為，也就是關連到人性固有之渴求與衝動，隨而落實在人針對某些具體的任務所展開的作為之上。故此，王陽明主張「知行合一」，斷定：

　　　「未有知而不行者；知而不行，只是未知。」[41]

　　關於「知」與「行」的相通相容情形，他又更詳細闡述說：

　　　「知之真切篤實即是行，行之明覺精察處即是知，知行工夫本不可離。〔……〕真知即所以為行，不行不足謂之

知。」[42]

　　特別值得關注的是，「知」與「行」的互補關係並不局限
一種理論訴求、思考架構而已，此關係必須一直不斷地實現於
一種「知行工夫」上，也就是說學者必須於每個當下就其具體
的行為脈絡一直重新來尋求所謂的「知」，而另一邊，他同時
得要在自己已所理解通達之事上發揮種種具體行為，這些行為
才可能有助於「致善」的修身工夫。

　　對王陽明來說，單直求知的那種理論性的意識活動根本無
意義，而且這樣的意識努力所可能達成的知識，其實僅是一種
名實不符、有缺欠的虛假知識。某人凡是「真切篤實」地知
道，則勢必都奠基於歐洲哲學所謂的具體經驗之上，它必須歸
結到某個實質的生活處境，而且甚至可以進一步推論，陽明學
所瞄準的那種真實切確的知識，必須根植於胡塞爾所謂的「切
身體驗」，它才有意義。從以上所引述的一段語錄資料接下來
所提的例證亦不難以看出的是，這個「知行合一」非常具體地
歸結到某人某時某刻身所處的那個特殊的日常境遇，這個「知
行合一」勢必源自具體周遭此時此處給人帶來的餓、寒冷、疼
痛等感觸。易言之，「知行合一」的根源在於在身體自我上發
揮效力的某種「觸發」。王陽明也就此情形非常扎實地闡明：

　　　　「夫人必有欲食之心，然後知食，欲食之心即是意、即
　　　是行之始矣；食味之美惡，必待入口而後知，豈有不待入

42《傳習錄》中，〈答顧東橋書‧第四〉，66。

口而已知食味之美惡者耶？必有欲行之心，然後知路，欲
行之心，即是意、即是行之始矣。」[43]

　　總之，在王陽明論意識與世界的關係時，其學說全部所預
設的是一個工夫論脈絡，也就是他從一開始將對「良知」的修
身努力回溯到時空下一場具體的行為處境作為任何工夫的實然
起源和必然條件。基於這樣的實踐哲學部署，王陽明呼籲學
者，他必須首先肯定自己於某個當下所業已被拋入的、整體的
「處身情境」，隨而就其自身於此當下業已所面臨的事情來進行
「格物」的工夫。凡是認真的學習工夫當中，學者務必要將自
己此時此刻所面對的那些具體的世界事物「格」起來，也就是
要就自己身所處之日常境遇來「正其不正，以歸於正」[44]。

五、結論：一種日常化的哲學工夫

　　王陽明所構想的無非是一種獨特的哲學工夫，而這種哲學
修練的特點在於，其當然所包含的學習事業不能光透過讀書活
動和思考努力被實現。陽明學所標榜的鍛鍊方法既有別於某種
古典的理論研究，亦不同於一般研究努力。心學的修身工夫既
有別於任何個人心胸中被進行的內向反省，但它亦不局限於外
向探究，此鍛鍊反而必須直接落實於日常生活上，整個工夫才
會成效。因此王陽明對作為一般學問不可或缺的閱讀活動也有

43《傳習錄》中，〈答顧東橋書・第三〉，65。
44《大學問》，191。

所揭示：

> 「讀書不記得如何？〔……〕只要曉得，如何要記得？
> 要曉得已是落第二義了，只要明得自家本體。」[45]

根據王陽明的學說，任何實際的求知活動都必須落實於個人的日常處境，就此實際行為脈絡，即萬樣日常事務，來發揮所謂的「良知」。因此，學者當然不可以滿足於對傳統學說的認識和操作，但他又不可以停留於某種理論性的理解，任何讀書努力最終所必須追求的關鍵反而在於，學者務必得要經由書籍的閱讀又再返回至自身，進而透過所讀的資料來清晰明瞭「自家本體」。借助「下學上達」這種傳統的觀念區分，王陽明再更深入地闡明可以命名為「日常化的哲學工夫」這種修身論立場：

> 「夫目可得見，耳可得聞，口可得言，心可得思者，皆下學也。〔……〕故凡可用功、可告語者皆下學，上達只在下學裡。凡聖人所說，雖極精微，俱是下學。學者只從下學裡用功，自然上達去，不必別尋箇上達的工夫。」[46]

任何向上升的努力務必根植在最平凡的日常脈絡中，亦即必須承擔「下學」的種種辛苦，因為只有當學者願意誠實地探

45《傳習錄》下，第52節，136。
46《傳習錄》上，第25節，19。

究並處理自己在日常生活中時時刻刻業已所面臨的那些煩雜瑣碎事情時，他才有機會「在下學裡」實際完成一個「上達」的學習成果，亦即朝向「致知」和「良知」邁進。

　　總論以上種種觀點，心學所追求「知行合一」的修身工夫並不會遺忘超越意識、超越個人心思的外在世界，這種學習努力反而非常扎實地歸結到人人皆由身體自我所歸屬的現實境遇，在物我之間鋪陳一種感通的場域，進而就此場域追求對世界之態度上的進修與轉化。陽明學的「良知」不但並非局限於人的內心，這種比一般知識對人生乃更為至關重要的「良知」反而觸及海德格在「常人」（Man）及其「日常狀態」（Alltäglichkeit）上所彰顯出來的諸種「操勞」（Besorgen）為其實現場域。不過，根據海德格，「此有」如果有可能達到某種「屬己情境」，它也必須首先返回並投入於其通常所身處的「日常狀態」，就此現有情境來展開其向「屬己情境」（Eigentlichkeit）的自我關照。這樣一來，海氏豈非如同王陽明一樣標榜一種落實於「下學」的「上達」為其倫理學立場？

　　依照陽明學對「良知」所表示，我們個人必定得要自萬樣現實情況和具體事物一直重新取得實質的挑戰和認驗，得要一直不斷地面對種種日常情況來進行非常踏實的「格物」工夫，我們才可能培養一種「真切篤實」的智慧。換言之，心學的整個學習並非立足於對自身的虛假反省，與程朱理學所要求其實是一致的，此修身工夫還是關連到外在世界中的萬物，進而「格物致知」。然而，陽明學的鍛鍊工夫並非等同於某種形上學反思或物理學考察，它所觀察探究並非一般事物的「物理」，此日常工夫牽涉各自不同的周遭境遇，其所關切的就是進行此

工夫之人實然所歸屬的日常處境本身。追求這種哲學工夫的學者猶如現象學家一般必須首先踏實地關連到自己藉由自身身體自我所歸屬的現實處境，返回到自身所「切身體驗」（leibhaftes Erleben）的種種內涵，以便透過種種行為所遭遇的事物，如同現象學家一樣從事緩慢深入的觀察與思考。

只不過，陽明學的學者與胡塞爾所構想的現象學家還是有所不同，他並不滿足於僅只追求某種「嚴格的科學」（strenge Wissenschaft），即對世界與自身的理論掌握而已。若由傅柯晚年思維延續海德格和沙特的哲學引發所圍繞的「自我關懷」（souci de soi）這一當代觀點來讀王陽明的學說，與其將心學的學者與胡塞爾式的哲學家相提並論，倒不如專注其與傅柯共有的實踐導向：陽明學的學者企圖經由其哲學工夫實質投入自我關懷這個脈絡，也就是說他是經由此哲學工夫具體來實行海德格所謂的「操心」（Sorge），以便在最為「屬己」的情境中達成某種自我轉化。

最終，難道當今現象學乃及一整個哲學無所可能向陽明學請教嗎？王陽明的工夫論對於當代哲學的處境如果有重要啟發，此啟發正在於以上所勾勒的「日常化哲學工夫」。對我來說，非常值得斟酌考量的事情會是，我們若現今仍然宣稱自己在認真地從事哲學思考，恐怕便得要有決心離棄那種朝向「嚴格的科學」的、早已經落入了某種危機意識的哲學努力，而且恐怕也免不得到某種程度必須背叛當代學院環境對所謂之「學術」、即專業學問的狹隘限定，才有可能繼續從事哲學思考，亦即從事一種名實相符的省思工夫。然而，我們也只要承襲陽明心學的引導，我們便有機會把現象學探索當成一種自我轉化

的場域看待，進而根據當今的思維條件，投入一種另類的哲學式「自我關懷」，經由種種現象學對具體世界和具體經驗之觀察，來實行一個對當代人與當今生活重新爭取實質意義的「哲學工夫」[47]。

---

47 有關現象學式修練工夫這種構想，更詳細的討論在本書第二章。

徵引書目

中文：

一、專書

〔日〕高楠順次郎等編，《大正新修大藏經》，東京：大正一切經刊行會，1928。

〔宋〕朱熹編，《近思錄》，台北：金楓，1987。

〔宋〕張載，《張載集》，台北：漢京文化，1986。

〔宋〕程頤、程灝撰，《二程全書》，3冊，四部備要江寧刻本影印本，台四版，台北：台灣中華，1986。

〔宋〕黎靖德編，王星賢點校，《朱子語類》，8冊，北京：中華，1994。

〔法〕朱利安（François Jullien）著，卓立譯，《勢：中國的效力觀》，北京：北京大學，2009。

──，林志明譯，《功效論》，台北：五南，2011。

〔法〕莫里斯・梅洛龐蒂（Maurice Merleau-Ponty）著，姜志輝譯，《知覺現象學》，北京：商務，2003。

──，楊大春譯，《世界的散文》，北京：商務，2005。

──，龔卓軍譯，《眼與心》，台北：典藏，2007。

──，羅國祥譯，《可見的與不可見的》，北京：商務，2008。

〔清〕王夫之，《船山全書》，船山編輯委員會編校，16冊，長沙：嶽麓書社，1998。

〔清〕汪榮寶，陳仲夫點校，《法言義疏》，2冊，北京：中華，1987。

〔清〕郭慶藩編，王孝魚點校，《莊子集釋》，4冊，北京：中華，1961。

〔瑞士〕畢來德（Jean François Billeter）著，宋剛譯，《莊子四講》，北京：中華，2014。

〔德〕尼采（Friedrich Nietzsche）著，錢春綺譯，《查拉圖斯特拉如是說》，北京：三聯，2007。

〔德〕阿多諾（Theodor W. Adorno）著，王柯平譯，《美學理論》，成都：四川人民，1998。

——，孫周興譯，《在通向語言的途中》，北京：商務，2005。

——，孫周興譯，《演講與論文集》，北京：三聯，2005。

——，孫周興譯，《林中路》，上海：譯文，2008。

——，陳嘉映、王慶節譯，《存在與時間》，修訂譯本第四版，北京：三聯，2012。

〔德〕漢斯—格奧爾格·加達默爾（Hans-Georg Gadamer）著，洪漢鼎譯，《真理與方法：哲學詮釋學的基本特徵》，修訂譯本，北京：商務，2007。

——，洪漢鼎譯，《真理與方法：補充和索引》修訂譯本，北京：商務，2007。

俞劍華編，《中國古代畫論類編》，修訂本，2冊，北京：人民美術，1998。

夏可君，《平淡的哲學》，北京：中國社會，2009。

陳立勝，《「身體」與「詮釋」：宋明儒學論集》，台北：台灣大學出版中心，2011。

——，《王陽明「萬物一體」論——從「身—體」的立場看》，台北：台灣大學出版中心，2005。

華正人編，《歷代書法論文選》，2冊，台北：華正，1997。

楊家駱主編，《周易注疏》，台北：世界，1987。

劉小晴，《中國書學技法評注》，上海：上海書畫，2002。

黎明文化事業公司編輯部編著，《王陽明傳習錄及大學問》，台北：黎明文化，1986。

二、單篇論文

張祥龍，〈為什麼中國書法能成為藝術〉，葉朗編，《意象》，第4期，北京：北京大學出版社，2013，頁77-91。

楊儒賓，〈遊之主體〉，《中國文哲研究集刊》，第45期，2014年9月，頁1-39。

黃冠閔，〈觸覺中的身體主體性──梅洛龐蒂與昂希〉，《臺大文史哲學報》，第71期，2009年11月，頁147-183。

賴錫三，〈身體、氣化、政治批判─畢來德《莊子四講》與〈莊子九札〉的身體觀與主體論〉，《中國文哲研究通訊》，第22卷第3期（2012年9月），頁59-102。

───，〈《莊子》的物化差異、身體隱喻與政治批判〉，《臺大中文學報》，第40期（2013年3月），頁55-100。

───，〈氣化流行與人文化成──《莊子》的道體、主體、身體、語言、文化之體的體構閱讀〉，《文與哲》，第22期（2013年6月），頁39-96。

聶雅婷，〈身體意識的體現真理與生活世界──理論與實踐合一的化身──陽明學說〉，《哲學論集》，第41期，2008年7月，頁33-52。

龔卓軍，〈庖丁之手：身體思維與感覺邏輯〉，《中國語文論譯叢刊》，第21輯（2007年8月），頁31-52。

日文：

鎌田茂雄、上山春平，《無限の世界觀：華嚴》，東京：角川，1996。

久松真一，《茶道の哲學》，東京：理想社，1973。

小野健吉，《日本庭園─空間の美の歷史》，東京：岩波，2009。

世阿弥，《風姿花伝》，東京：岩波，1958。

西谷啟治，《西谷啓治著作集》，東京：創文社，1987。

西田幾多郎，《西田幾多郎哲學論集》，上田閑照編，4冊，東京：岩波，1987。

大橋良介，《「切れ」の構造：日本美と現代世界》，東京：中央公論
　　社，1986。

木村清孝，《初期中國華嚴思想史》，東京：春秋社，1978。

木村清孝，《中國華嚴思想史》，京都：平樂寺書店，1992。

外文：

一、專書

Adorno, Theodor W., 1973. *Ästhetische Theorie*. Frankfurt a. M.: Suhrkamp.

Aristoteles, 1936. *Aristotelis Categoriae et Liber de Interpretatione*. Ed. L.
　　Minio-Paluello. London: Oxford UP.

Barthes, Roland. 1970 *L'empire des signes*. Paris: Skira.

Benjamin, Walter. 1991. *Aufsätze, Essays, Vorträge* [*Gesammelte Schriften* II.
　　1.], ed. Rolf Tiedemann/Hermann Schweppenhäuser, Frankfurt a. M.:
　　Suhrkamp.

——. 1991. *Kleine Prosa. Baudelaire-Übertragungen* [*Gesammelte Schriften*
　　IV. 1.], ed. Tillman Rexroth, Frankfurt a. M.: Suhrkamp.

Billeter, Jean François. 2002. *Leçons sur Tchouang-tseu*. Paris: Allia.

——. 2004. *Etudes sur Tchouang-tseu*. Paris: Allia.

Boltz, William. 1994. *The Origin and Early Development of the Chinese
　　Writing System*. New Haven: Eisenbrauns.

Chang, Garma C. C. 1979. *The Buddhist Teaching of Totality*. Pennsylvania:
　　Pennsylvania State UP.

Cleary, Thomas F. 1983. *Entry into the Unconceivable: An Introduction to
　　Hua-yen Buddhism*, Honolulu: University of Hawai'i Press.

Cook, Francis H. 1977. *Hua-yen Buddhism: The Jewel Net of Indra*.
　　Pennsylvania: Pennsylvania State UP.

Derrida, Jacques. 1967. *De la grammatologie*, Paris: Les Editions de Minuit.

———. 1967. *Positions*. Paris: Minuit.

———. 1972. *Marges de la philosophie*. Paris: Minuit.

Didi-Huberman, Georges. 1992. *Ce que nous voyons, ce qui nous regarde*. Paris: Editions de Minuit.

Elberfeld, Rolf. 2004. *Phänomenologie der Zeit im Buddhismus: Methoden interkulturellen Philosophierens*, Stuttgart-Bad Cannstadt: frommann-holzboog.

Frank, Manfred. 1985. *Das individuelle Allgemeine: Textstrukturierung und Textinterpretation nach Schleiermacher*. Frankfurt a. M.: Suhrkamp.

———. 1989. *Das Sagbare und das Unsagbare*. Frankfurt a. M.: Suhrkamp.

Gadamer, Hans-Georg. 1990. *Wahrheit und Methode: Grundzüge einer philosophischen Hermeneutik*. Tübingen: J. C. B. Mohr.

———. 1993. *Wahrheit und Methode: Ergänzungen und Register*. Tübingen: J. C. B. Mohr.

Habermas, Jürgen. 1984. *Vorstudien und Ergänzungen zur Theorie des kommunikativen Handelns*. Frankfurt a. M.: Suhrkamp.

———. 1988. *Der philosophische Diskurs der Moderne*, Frankfurt a. M.: Suhrkamp.

———. 1995. *Theorie des kommunikativen Handelns*. 2 Bde. Frankfurt a. M.: Suhrkamp.

Harbsmeier, Christoph. 1979. *Wilhelm von Humboldts Brief an Abel Rémusat und die philosophische Grammatik des Altchinesischen*, Stuttgart-Bad Cannstatt: frommann-holzboog.

Hayakawa, Masao. 1973. *The Garden Art of Japan*. Transl. by R. L. Gage, New York/Tokyo: Weatherhill/Heibonsha.

Heidegger, Martin. 1950. *Holzwege*. Frankfurt a. M.: Klostermann〔GA 5〕.

———. 1954. *Vorträge und Aufsätze*. Pfullingen: Neske.

———. 1959. *Unterwegs zur Sprache*. Pfullingen: Neske.

———. 1983. *Die Grundbegriffe der Metaphysik. Welt-Endlichkeit-Einsamkeit*.

Frankfurt a. M.: Vittorio Klostermann [GA 29/30].

——. 1986. *Sein und Zeit.* unveränderter Nachdruck der 15. Aufl. Tübingen: Niemeyer.

——. 1987. *Zollikoner Seminare: Protokolle-Gespräche-Briefe.* Ed. Medard Boss. Frankfurt a. M.: Klostermann, [GA 89].

——. 1989. *Beiträge zur Philosophie (Vom Ereignis).* Frankfurt a. M.: Klostermann [GA 65].

——. 2005. *Über den Anfang.* Frankfurt a. M.: Klostermann [GA 70].

Heinemann, Klaus Robert. 1979. *Der Weg des Übens im ostasiatischen Mahayana.* Wiesbaden: Harrassowitz.

Herder, Johann Gottfried. 1960. *Sprachphilosophische Schriften.* Ed. E. Heintel, Hamburg: Meiner.

Honneth, Axel. 2005. *Verdinglichung: Eine anerkennungstheoretische Studie.* Frankfurt a. M.: Suhrkamp.

Humboldt, Wilhelm. 1963. *Werke in fünf Bänden*, ed. A. Flitner und K. Giel, 5 Bde., Darmstadt: Wissenschaftliche Buchgesellschaft.

——. 1968. *Wilhelm von Humboldts Gesammelte Schriften*, ed. Königlich Preußische Akademie der Wissenschaften, 17 Bde., Nachdruck, Berlin: W. de Gruyter.

Husserl, Edmund. 1950. *Ideen zu einer reinen Phänomenologie und phänomenologischen Philosophie. Erstes Buch: Allgemeine Einführung in die reine Phänomenologie.* Ed. W. Biemel, Den Haag: Nijhoff [Hua III/1].

——. 1953. *Ideen zu einer reinen Phänomenologie und phänomenologischen Philosophie. Zweites Buch: Untersuchungen zur Konstitution.* Ed. M. Biemel, Den Haag: Nijhoff, [Hua IV].

——. 1966. *Analysen zur passiven Synthesis. Aus Vorlesungs- und Forschungsmanuskripten, 1918-1926*, ed. Margot Fleischer, Den Haag: Martinus Nijhoff [Hua XI].

——. 1976. *Die Krisis der europäischen Wissenschaften und die transzendentale Phänomenologie*. Ed. W. Biemel. Nachdr. d. 2. verb. Aufl. Den Haag: Nijhoff [Hua VI].

——. 1980. *Phantasie, Bildbewußtsein, Erinnerung: Zur Phänomenologie der anschaulichen Vergegenwärtigungen*. Ed. E. Marbach, Den Haag: Nijhoff, 1980 [Hua XXIII].

——. 1991. *Ding und Raum. Vorlesungen 1907*. Hamburg: Meiner.

Jullien, François. 1989. *Procès ou Création. Une introduction à la pensée des lettrés chinois*. Paris: du Seuil.

——. 1992. *La propension des choses*. Paris: du Seuil.

——. 1995. *Le détour et l'accès: Stratégies du sens en Chine, en Grèce*. Paris: Grasset.

——. 1996. *Traité de l'efficacité*. Paris: Grasset.

——. 1998. *Un sage est sans idée ou l'autre de la philosophie*. Paris: du Seuil.

—— / Marchaisse, Thierry. 2000. *Penser d'un dehors (la Chine). Entretiens d'Extrême-Occident*. Paris: du Seuil.

——. 2001. *Du 'temps'. Eléments d'une philosophie du vivre*. Paris: Grasset.

——. 2007. *Chemin faisant, connaître la Chine, relancer la philosophie*. Paris: du Seuil.

——. 2012. *L'écart et l'entre. Leçon inaugurale de la Chaire sur l'altérité*. Paris: Galilée.

——. 2016. *Il n'y a pas d'identité culturelle, mais nous défendons les ressources d'une culture*. Paris: Éditions de l'Herne.

Karlgren, Bernhard. 1923. *Sound and Symbol in Chinese*. London: Oxford University Press.

——. 1957. *Grammata Serica Recensa*. Stockholm: Museum of Far Eastern Antiquities.

Kasper, Ulrike. 2005. *Ecrire sur l'eau. L'esthétique de John Cage*. Paris: Hermann.

Koch, Dietmar. 1992. *Zur Hermeneutischen Phänomenologie. Ein Aufriß.*
Tübingen: Attempto.

Lacan, Jacques. 1999. *Ecrits*, nouvelle édition, 2 tomes, Paris: du Seuil.

Levinas, Emmanuel. 1971. *Totalité et infini. Essai sur l'extériorité.* Leiden:
Martinus Nijhoff.

——. 1972. *Humanisme de l'autre homme.* Paris: Livre de Poche.

——. 1974. *Autrement qu'être ou au-delà de l'essence.* La Haye: Nijhoff.

——. 1978. *De l'existence à l'existant.* Paris: Vrin.

——. 1979. *En découvrant l'existence avec Husserl et Heidegger.* Ed. augm.
Paris: Vrin.

Mall, Ram Adhar. 1989. *Die drei Geburtsorte der Philosophie: China, Indien,
Europa.* Bonn: Bouvier.

Mansfield, Stephen. 2009. *Japanese Stone Gardens. Origins-Meaning-Form.*
Tokyo: Tuttle.

——. 2011. *Japan's Master Gardens: Lessons in Space and Environment.*
Tokyo: Tuttle.

Merleau-Ponty, Maurice. 1938. *La structure du comportement.* Paris: PUF.

——. 1945. *Phénoménologie de la perception.* Paris: Gallimard.

——. 1960. *Signes.* Paris: Gallimard.

——. 1964. *Le visible et l'invisible.* Paris: Gallimard.

——. 1964. *L'Œil et l'esprit.* Paris: Gallimard.

——. 1969. *La prose du monde.* Paris: Gallimard.

Nietzsche, Friedrich. 1988. *Sämtliche Werke: Kritische Studienausgabe.* Ed. G.
Colli/M. Montinari. 15 Bde., 2., durchges. Aufl. München: DTV [=
KSA].

Nitschke, Günter. 1993. *Japanische Gärten. Rechter Winkel und natürliche
Form.* Köln: Taschen.

Obert, Mathias. 2000. *Sinndeutung und Zeitlichkeit. Zur Hermeneutik des
Huayan-Buddhismus.* Hamburg: Meiner.

Odin. Steve. 1982. *Process Metaphysics and Hua-yen Buddhism. A Critical Study of Cumulative Penetration vs. Interpenetration*. Albany: State of New York UP.

Ricœur, Paul. 1990. *Soi-même comme un autre*. Paris: du Seuil.

Ritter, Joachim（ed.）. *Historisches Wörterbuch der Philosophie*. Basel: Schwabe. 1971-2007.

Scheler, Max. 1973. *Wesen und Formen der Sympathie*. 6. Auflage. Bonn: Bouvier.

Schleiermacher, Friedrich. 1977. *Hermeneutik und Kritik*. ed. M. Frank. Frankfurt a. M.: Suhrkamp.

——. 2001. *Dialektik*. Ed. M. Frank, 2 Bde., Frankfurt a. M.: Suhrkamp.

Schmitz, Hermann. 2005. *Die Aufhebung der Gegenwart*［System der Philosophie V］. Bonn: Bouvier.

——. 2005. *Der Leib*［System der Philosophie II/1］. Bonn: Bouvier.

Unger, Ulrich. 2009. *Kleine Schriften*. Ed. H. Stumpfeldt/M. Hanke. Gossenberg: OSTASIEN Verlag.

Waldenfels, Bernhard. 1994. *Antwortregister*. Frankfurt a. M.: Suhrkamp.

——. 1999. *Sinnesschwellen. Studien zur Phänomenologie des Fremden 3*. Frankfurt a. M.: Suhrkamp.

——. 2000. *Das leibliche Selbst. Vorlesungen zur Phänomenologie des Leibes*. Frankfurt a. M.: Suhrkamp.

——. 2004. *Phänomenologie der Aufmerksamkeit*. Frankfurt a. M.: Suhrkamp.

——. 2010. *Sinne und Künste im Wechselspiel. Modi ästhetischer Erfahrung*. Frankfurt a. M.: Suhrkamp.

Wimmer, Franz Martin. 1990. *Interkulturelle Philosophie: Geschichte und Theorie*. Wien: Passagen.

——. 2002. *Essays on Intercultural Philosophy*. Chennai: Satya Nilayam Publications.

二、單篇論文

Boodberg, Peter A. 1937. "Some Proleptical Remarks on the Evolution of Archaic Chinese." *Harvard Journal of Asiatic Studies* 2: 329-372.

——. 1940. "'Ideography' or 'Iconolatry'?" *T'oung Pao* 35: 266-288.

Elberfeld, Rolf. 2007. "Stichwort Transformative Phänomenologie." *Information Philosophie* 5: 26-29.

——. 2008. "Durchbruch zum Plural. Der Begriff der 'Kulturen' bei Nietzsche." *Nietzsche-Studien.* 38:115-142.

——. 2009. "Globale Wege der Philosophie im 20. Jahrhundert. Die Weltkongresse für Philosophie 1900-2008." *Allgemeine Zeitschrift für Philosophie.* 1:149-169.

——. 2014. "Der Körper im japanischen No-Theater." Arno Böhler u.a. (ed.). *Wissen wir, was ein Körper vermag? Rhizomatische Körper in Religion, Kunst, Philosophie.* Bielefeld: Transcript, 103-117.

Foucault, Michel. 1994. "Michel Foucault et le zen: un séjour dans un temple zen." Defert, Daniel/Ewald, François (ed.). *Michel Foucault, Dits et écrits 1954-1988.* III 1976-1979. Paris: Gallimard.

Kern, Iso. 1998. "Die Vermittlung chinesischer Philosophie in Europa." Schobinger, Jean-Pierre (ed.). [Grundriß der Geschichte der Philosophie] *Die Philosophie des 17. Jahrhunderts. Band 1. Allgemeine Themen. Iberische Halbinsel. Italien.* Basel: Schwabe, 225-295.

Kwan, Tze-wan. 2011. "Abstract Concept Formation in Archaic Chinese Script Forms: Some Humboldtian Perspectives," *Philosophy East & West,* 61:3, 409-452.

Obert, Mathias. 2005. "Philosophische Sprache und hermeneutisches Sprechen: Kritische Überlegungen zur chinesischen Sprache und ihrer Beschreibung aus philosophischer Sicht." *Zeitschrift der deutschen morgenländischen Gesellschaft,* 155 (2005.12), 545-575.

——. 2012. "Interkulturalität und philosophische Grundfragen? Polylog im chinesischsprachigen Denken der Gegenwart." Gmainer-Pranzl, Franz/ Graneß, Anke (ed.). *Perspektiven interkulturellen Philosophierens*. Wien: facultas.wuv, 2012, 341-355.

——. 2015. "Philosophische Sprache und hermeneutisches Sprechen: Kritische Überlegungen zur chinesischen Sprache und ihrer Beschreibung aus philosophischer Sicht." *Zeitschrift der deutschen morgenländischen Gesellschaft*, 155 (2005.12): 545-575.

Pörtner, Peter. 2000. "mono - Über die paradoxe Verträglichkeit der Dinge." R. Elberfeld, G. Wohlfart (ed.). *Komparative Ästhetik. Künste uns ästhetische Erfahrungen zwischen Asien und Europa*. Köln: Chora. 211-226.

原刊說明

　　收入本論文集的期刊論文均以分別於不同刊物發表過，茲僅稍微修飾後轉刊。原來刊登之處等資料如下：

〈普遍理解與個人理解——以現代詮釋學看程朱詮釋學〉：李
　　明輝、邱黃海主編，《理解、詮釋與儒家傳統：比較觀點》
　　（《當代儒學研究叢刊23》），台北：中研院文哲所，2010：
　　95-128

〈意義、時間與自我——從哲學詮釋學的角度看唐代華嚴宗思
　　想〉：《東吳哲學學報》，19期（2009/2）：1-27

〈介於翻譯和身體模擬之間的詮釋學〉：《東吳哲學學報》，第
　　33期（2016/2）：31-61

〈歐洲漢學與跨文化思維〉：楊雅惠主編，《垂天之雲：歐洲漢
　　學與東／西人文視域的交映》，高雄：國立中山大學人文
　　研究中心，49-80

〈轉化現象學與跨文化哲學思考〉，《國立政治大學哲學學
　　報》，25期（2011/1）：47-68

〈華語思維與文字動勢〉：《漢學研究》，第33卷第2期
　　（2015/6）：103-132

〈逆轉收回與任讓狀態：從《莊子》與海德格批判當代性〉：何

乏筆編，《若莊子說法語》，台北市：台大人社高研院東亞
儒學研究中心，2017：237-286

〈由列維納斯的回應思維與日本石庭來談論《莊子》「與物
化」〉：《台大文史哲學報》，第87期（2017/8）：151-178

〈由王陽明的「知行合一」論身體自我與意識哲學〉：《中山人
文學報》第39期（2015/7）：39-57

漢學與跨文化思維

2020年11月初版　　　　　　　　　　　　　　　定價：新臺幣580元
有著作權·翻印必究
Printed in Taiwan.

著　　　者	宋	灝
叢書主編	沙　淑	芬
校　　對	潘　貞	仁
封面設計	沈　佳	德

出　版　者	聯經出版事業股份有限公司	副總編輯	陳　逸	華
地　　　址	新北市汐止區大同路一段369號1樓	總編輯	涂　豐	恩
叢書主編電話	(02)86925588轉5310	總經理	陳　芝	宇
台北聯經書房	台北市新生南路三段94號	社　長	羅　國	俊
電　　　話	(02)23620308	發行人	林　載	爵
台中分公司	台中市北區崇德路一段198號			
暨門市電話	(04)22312023			
台中電子信箱	e-mail：linking2@ms42.hinet.net			
郵政劃撥帳戶第0100559-3號				
郵撥電話	(02)23620308			
印　刷　者	世和印製企業有限公司			
總　經　銷	聯合發行股份有限公司			
發　行　所	新北市新店區寶橋路235巷6弄6號2樓			
電　　　話	(02)29178022			

行政院新聞局出版事業登記證局版臺業字第0130號

本書如有缺頁，破損，倒裝請寄回台北聯經書房更換。　ISBN　978-957-08-5623-1 (精裝)
聯經網址：www.linkingbooks.com.tw
電子信箱：linking@udngroup.com

國家圖書館出版品預行編目資料

漢學與跨文化思維/宋灝著 . 初版 . 新北市 . 聯經 .
2020年11月 . 376面 . 14.8×21公分
ISBN　978-957-08-5623-1（精裝）

1.哲學　2.詮釋學　3.現象學　4.跨文化研究

100　　　　　　　　　　　　　　　　　109014225